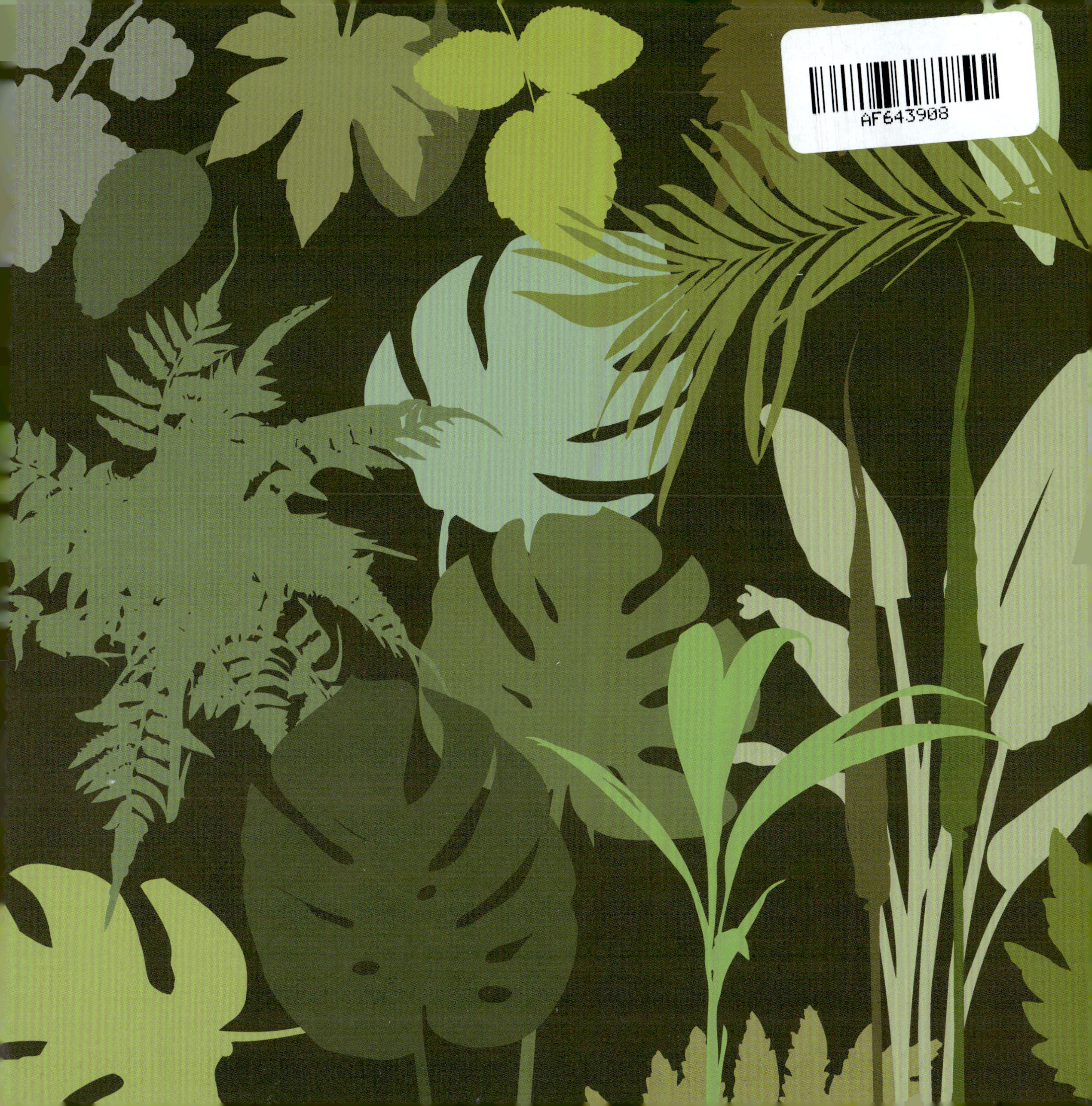

IMPRESSUM

Herausgeber: Annette Danielsen I www.annetted.dk
Originaltitel Tæt på ækvator
August 2021

Strickdesign: Annette Danielsen | www.annetted.dk | www.facebook.com/AnnetteDStrik
Übersetzung: Dörte Dietrich, www.wollwerkstatt-kiel.de
Styling: Gitte Damgaard Nielsen
Modell: Maya Celeste Padillo Olesen
Modellfotos: Sanne Berg | www.sanneberg.dk
Inspirationsfotos: Annette Danielsen
Gestaltung: Randi Schmidt | www.randis.dk
Satz: : Anne Gäng, LV MediaPro im Landwirtschaftsverlag GmbH
Titelgestaltung: Bettina Tiedemann, LV MediaPro im Landwirtschaftsverlag GmbH
Druck: Westermann Druck Zwickau GmbH

ISBN: 978-3-7843-5719-5

annette d

RANDIS.DK

Inspiration Bali

Stricken mit Annette Danielsen

Inhalt

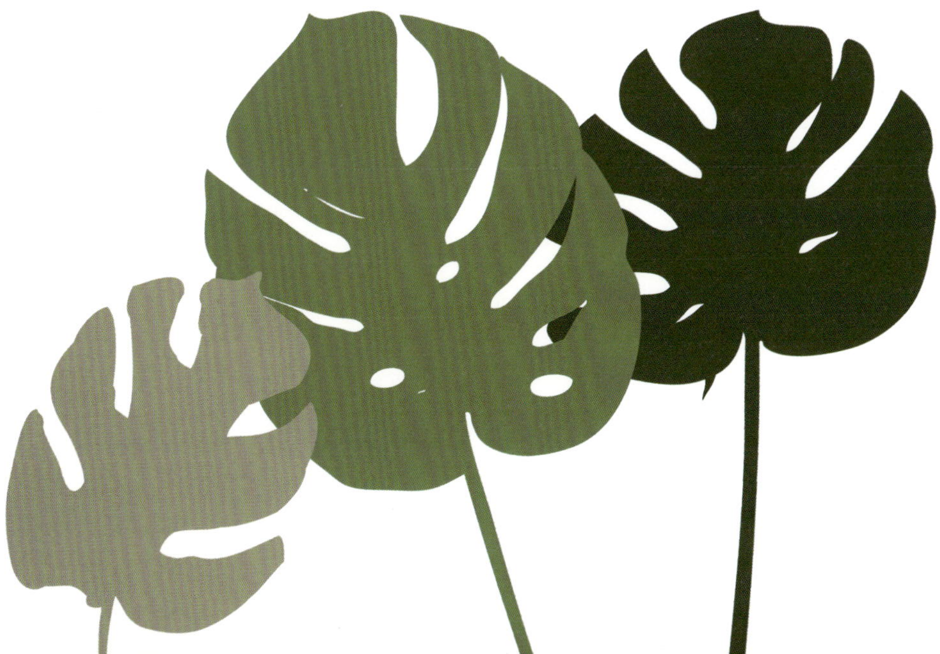

ABKÜRZUNGEN/ ERKLÄRUNGEN

abh	abheben
abhFh	abheben mit dem Faden hinter der Masche
abhFv	abheben mit dem Faden vor der Masche
abk	abketten
abn/ Abn	abnehmen / Abnahme(n)
anschl	anschlagen
beg	beginnen
HilfsNd	Hilfsnadel
HinR	Hinreihe = Außenseite
li	links
M	Masche(n)
Nd	Nadel(n)
R	Reihe(n)
Rd	Runde(n)
re	rechts
RückR	Rückreihe = Innenseite
str	stricken
U	Umschlag (den Faden von vorne nach hinten über die rechte Nadel legen)
verschr	verschränkt
wdh	wiederholen
zun/ Zun	zunehmen / Zunahme(n)
zus	zusammen
zw	zwischen

ZunL linksgeneigte Zun:	Mit der li Nd von vorne unter dem Querfaden zwischen 2 M einstechen und den hinteren Schenkel des Umschlags re oder li str.
ZunR rechtsgeneigte Zun:	Mit der li Nd von hinten unter dem Querfaden zwischen 2 M einstechen und den vorderen Schenkel des Umschlags re oder li str.
1 neue re:	Den Querfaden vor der nächsten M auf die li Nd heben und re verschr str
1 neue li:	Den Querfaden vor der nächsten M verdreht auf die li Nd heben und li str
2aus1M str	1 M aus dem vorderen Maschenbogen re str, dann eine 2. M aus dem hinteren Maschenbogen derselben M re verschr str

KORREKTUREN

www.annetted.dk
Die Korrekturen für die dänische Ausgabe wurden in der deutschen Ausgabe bereits berücksichtigt.

VERWENDETE GARNE

Die Informationen zu den Garnen finden Sie unter:
www.isagerstrik.dk.
Sie können die Garne und Bücher bei den dort empfohlenen Isager Geschäften in Deutschland kaufen.

URHEBERRECHT

DANK

Vielen Dank an alle, die hinter mir stehen und an alle, die anbieten, meinen Koffer auf der nächsten Reise zu tragen...

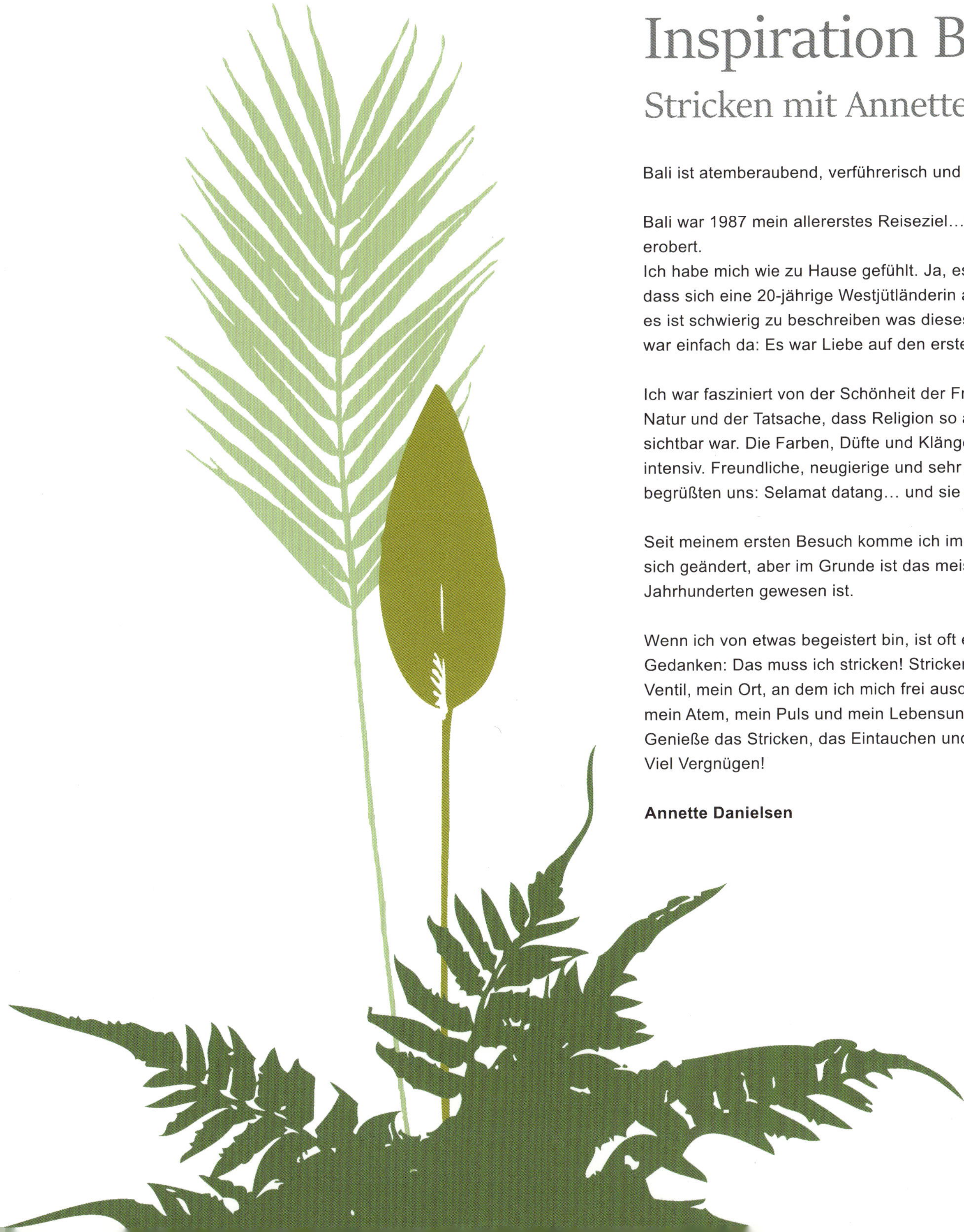

Inspiration Bali

Stricken mit Annette Danielsen

Bali ist atemberaubend, verführerisch und macht süchtig.

Bali war 1987 mein allererstes Reiseziel... und Bali hat mich im Sturm erobert.
Ich habe mich wie zu Hause gefühlt. Ja, es klingt ziemlich seltsam, dass sich eine 20-jährige Westjütländerin auf Bali zu Hause fühlt, und es ist schwierig zu beschreiben was dieses Gefühl ausgelöst hat - es war einfach da: Es war Liebe auf den ersten Blick...

Ich war fasziniert von der Schönheit der Frauen, der Üppigkeit der Natur und der Tatsache, dass Religion so allgegenwärtig im Alltag sichtbar war. Die Farben, Düfte und Klänge waren verführerisch und intensiv. Freundliche, neugierige und sehr gastfreundliche Menschen begrüßten uns: Selamat datang... und sie meinten es aufrichtig.

Seit meinem ersten Besuch komme ich immer wieder zurück. Vieles hat sich geändert, aber im Grunde ist das meiste so, wie es war – und seit Jahrhunderten gewesen ist.

Wenn ich von etwas begeistert bin, ist oft einer meiner ersten Gedanken: Das muss ich stricken! Stricken ist mein Katalysator, mein Ventil, mein Ort, an dem ich mich frei ausdrücken kann. Stricken ist mein Atem, mein Puls und mein Lebensunterhalt.
Genieße das Stricken, das Eintauchen und die Gelassenheit.
Viel Vergnügen!

Annette Danielsen

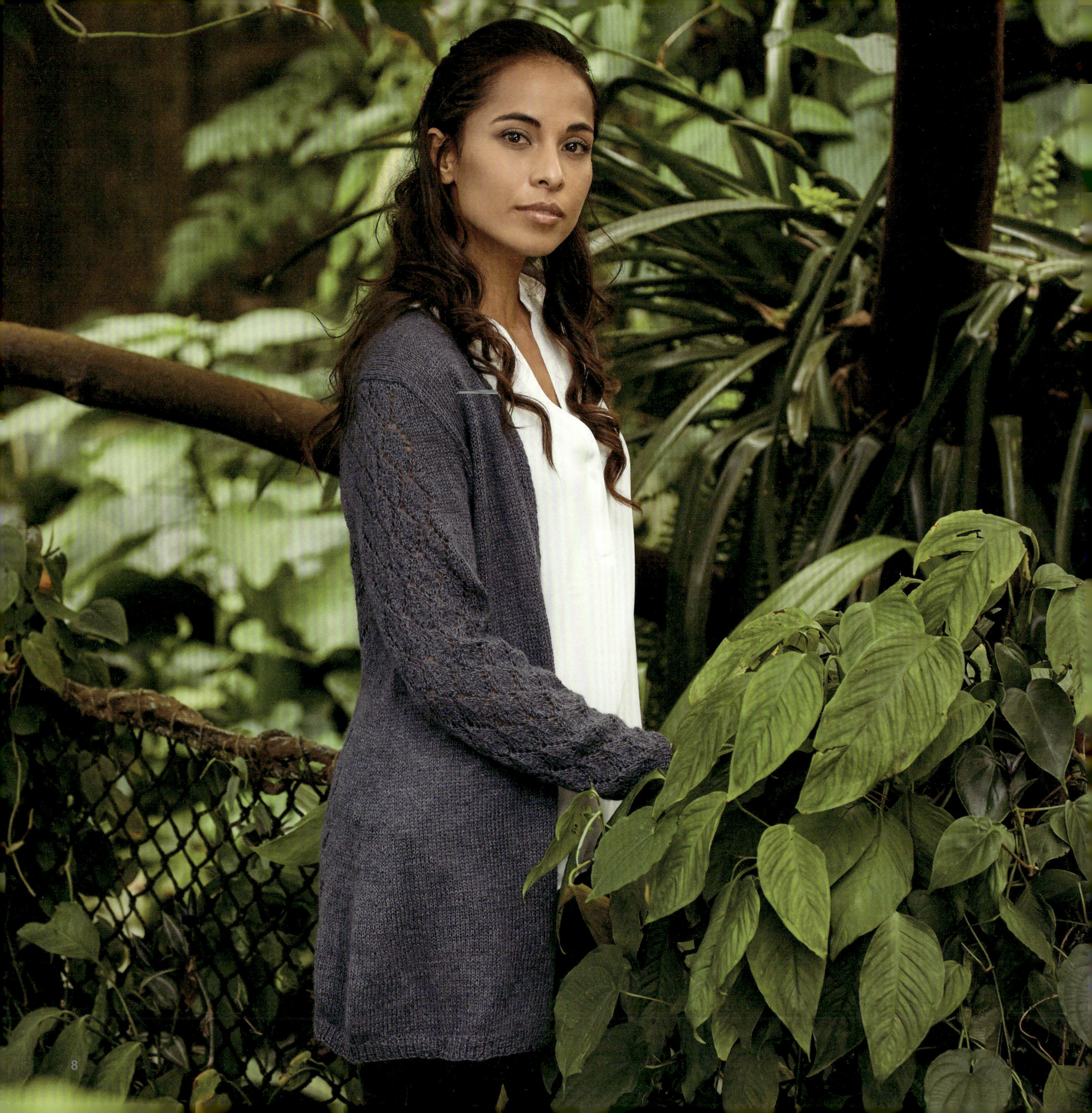

Agung

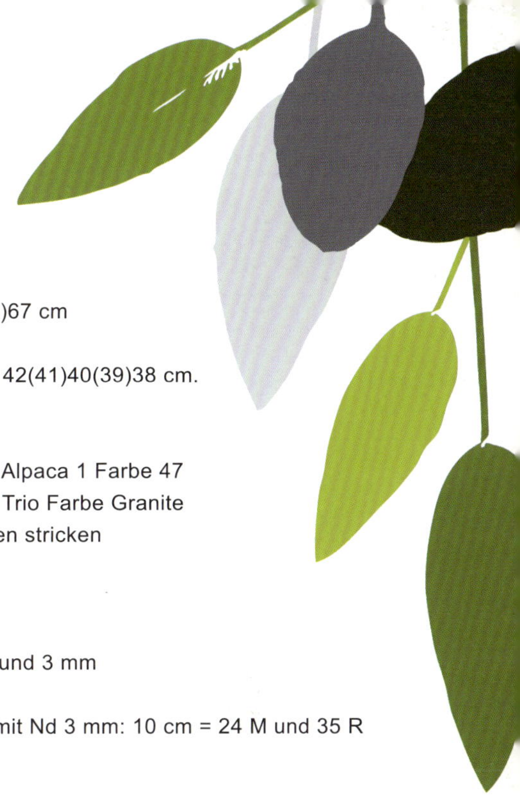

Der Vulkan Agung ragt stolz und mächtig dem Himmel entgegen. Er wird mit großer Ehrfurcht betrachtet – und nicht ohne Grund. Er ist Heimat der drei größten Hindu Götter: Dem schöpferischen Brahma, dem bewahrenden Vishnu und dem zerstörerischen Shiva. Die Götter fordern von den Menschen in Harmonie mit der Natur zu leben. Halten sie sich nicht daran, werden sie von den Göttern mit Ascheregen und todbringender Lava aus dem Agung bestraft.

Gr.: S(M)L(XL)XXL

Halbe Oberweite: 49(52)57(60)67 cm
Länge: 66 cm
Ärmellänge ab Armausschnitt: 42(41)40(39)38 cm.

Material
150(200)200(200)250g Isager Alpaca 1 Farbe 47
200(200)200(250)250g Isager Trio Farbe Granite
Mit je 1 Faden beider Qualitäten stricken

7 Knöpfe

Rund- und Strumpfnadeln 2½ und 3 mm

Maschenprobe in glatt rechts mit Nd 3 mm: 10 cm = 24 M und 35 R

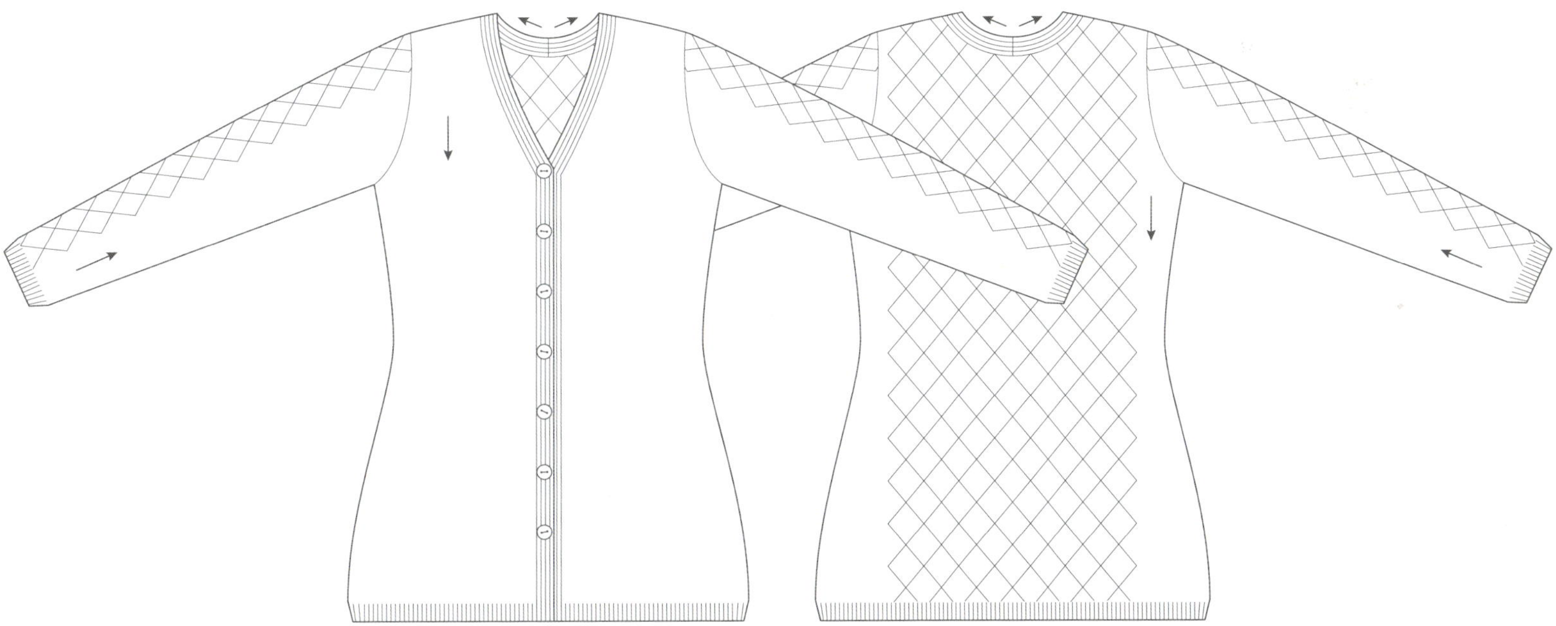

Die Jacke wird von oben nach unten gestrickt.

RÜCKEN

23 M für die rechte Schulter mit Nd 3 mm und beiden Qualitäten anschl.
In Reihen hin und zurück str.

Reihe 1 (RückR):
1 re – 1. DiagrammR str – 1 re.
Reihe 2: 1 re – 2. DiagrammR str – 1 re.
Auf diese Weise fortsetzen und nach der 7. DiagrammR (RückR) enden.

Die Fäden abschneiden und die M stilllegen.

Die linke Schulter genauso str.
Die Fäden nicht abschneiden.

Die rechte Schulter wieder auf die Nd setzen.

Laut Diagramm weiter str und dabei die erste und letzte M in allen R re str:
23 M der linken Schulter str – 27(37)37(37)47 neue M anschl – 23 M der rechten Schulter str = 73(83)83(83)93 M.

Das Muster über alle RückenM wdh und weiter str, bis die 16 DiagrammR insg 3-mal gestr sind = 48 R.

Weitere 1(1)1(1)9 R im Muster str.

Die Arbeit misst ca. 14(14)14(14)16 cm.

In der HinR mit Zun für die Armausschnitte beg.
Die neuen M in den HinR re und in den RückR li str.
Die erste und letzte M in allen R re str.

Die Zun beidseitig 5(5)8(8)8-mal mit 2aus1M (s. Abk.) aus der letzten M jeder R str = 83(93)99(99)109 M.

Beidseitig am Ende jeder R 4(4)5(5)5 mal 2 neue M anschl = 99(109)119(119)129 M.

Die Fäden abschneiden.
Die M stilllegen.

RECHTES VORDERTEIL

10 M mit Nd 3 mm und beiden Qualitäten für den rechte Kragenrand anschl.
In Reihen hin und zurück str.

Reihe 1 (RückR): 1abhFv (s. Abk.) – *1 li – 1 re*.
Von * bis * wdh. Enden mit 1 re.
Reihe 2: *1 re – 1 li*. Von * bis * wdh. Enden mit 2 re.

Reihe 1 – 2 wdh, bis 27(33)33(33)41 R gestr sind.
Die letzte R ist eine RückR.
Die Fäden abschneiden.

Von der Außenseite 23 M aus dem Anschlag der rechten Rückenschulter heraus str und weiter eine HinR über den Kragen str: 2 li zus – *1 re – 1 li*. Von * bis * wdh. Enden mit 2 re = 32 M.

Weiterhin den Kettrand in der 1. KragenM str, die nächsten 8 M in Rippen wie bisher str.
Reihe 1 (RückR): 1abhFv – *1 li – 1 re*.
Von * bis * insg 4-mal str – 22 li – 1 re.
Reihe 2: 23 re – *1 li – 1 re*.
Von * bis * insg 4-mal str – 1 re.

Reihen 1 – 2 wdh, bis insg 7(7)15(15)3 R gestr sind.

Zun str (HinR): 22 re – 1ZunL (s. Abk.) re str – eine Markierung setzen – 1 re – *1 li – 1 re*.
Von * bis * insg 4-mal str – 1 re = 33 M.
Die neuen M in den HinR re und in den RückR li str.

Die Zun vor der Markierung insg 8(11)9(9)14-mal in jeder 6.(4.)4.(4.)4. R str = 40(43)41(41)46 M.

Nach der letzten Zun noch 0(2)2(2)2 R str.

Die Zun vor der Markierung fortsetzen und zusätzlich Zun am Armausschnitt str. Dafür 5(5)8(8)8-mal aus der letzten M jeder RückR 2aus1M (s. Abk.) str = 46(50)53(53)58 M.

Die Zun vor der Markierung fortsetzen und am Armausschnitt am Ende der RückR 4(4)5(5)5-mal 2 M anschl = 55(60)65(65)70 M.

Die Fäden abschneiden und die M stilllegen.

LINKES VORDERTEIL

Für den Kragenrand 10 M mit Nd 3 mm und beiden Qualitäten anschl.
In Reihen hin und zurück str.

Reihe 1 (RückR): 2 re – *1 li – 1 re*.
Von * bis * wdh.
Reihe 2: 1abhFv – *1 re – 1 li*.
Von * bis * wdh. Enden mit 1 re.

Reihe 1 – 2 wdh, bis insg 27(33)33(33)41 R gestr sind.
Die letzte R ist eine RückR.

Eine HinR str: 1abhFv – *1 re – 1 li*.
Von * bis * insg 3-mal str – 1 re – 2 li zus – weitere 23 neue M aus der AnschlagR der linken Rückenschulter heraus str = 32 M.

Reihe 1 (RückR): 1 re – 22 li – *1 re – 1 li*.
Von * bis * insg 4-mal str – 1 re.
Reihe 2: 1abhFv – *1 re – 1 li*.
Von * bis * insg 4-mal str – 23 re.

Reihe 1 – 2 wdh, bis insg 7(7)15(15)3 R gestr sind.

Zun str (HinR): 1abhFv – *1 re – 1 li*.

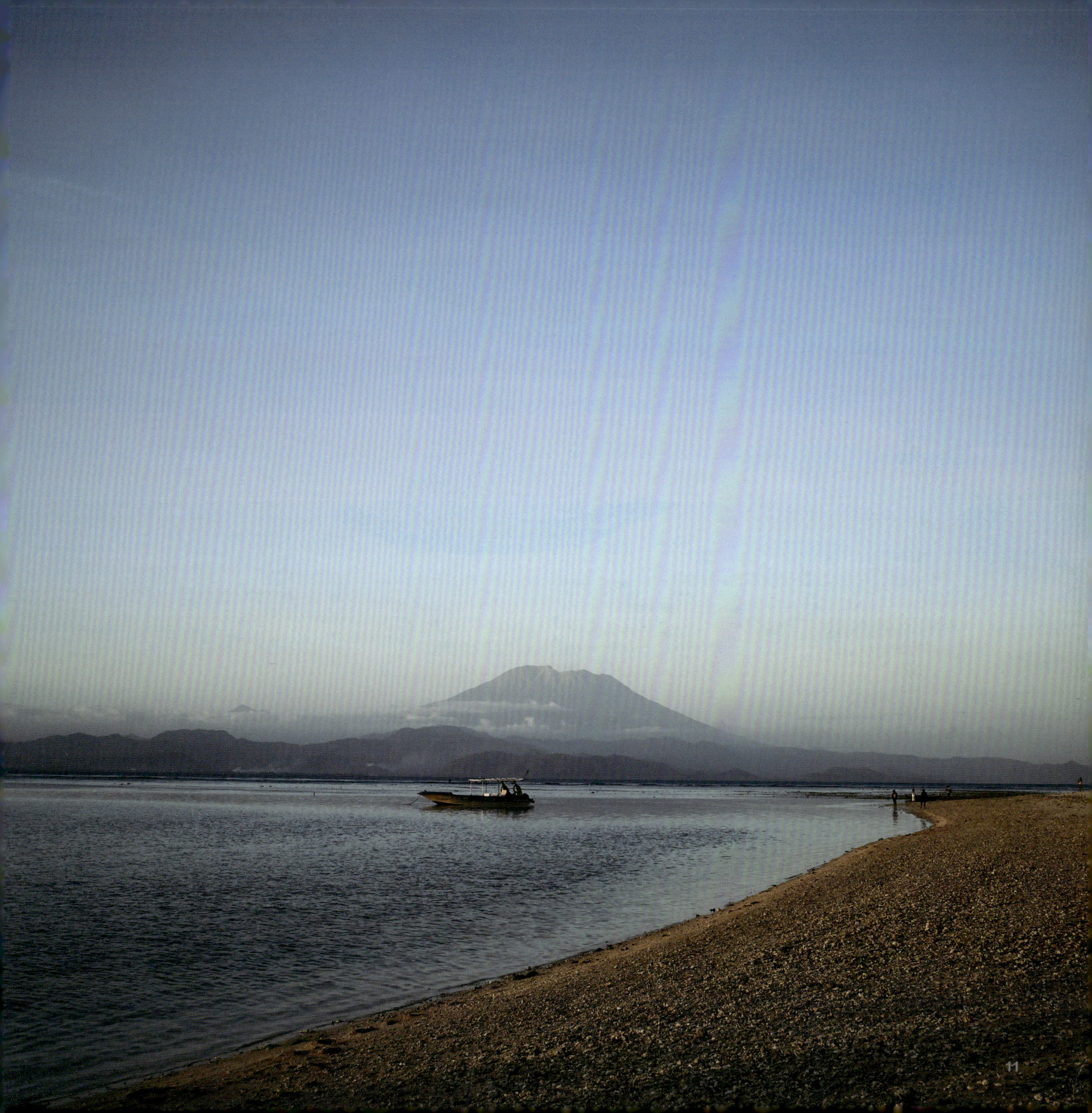

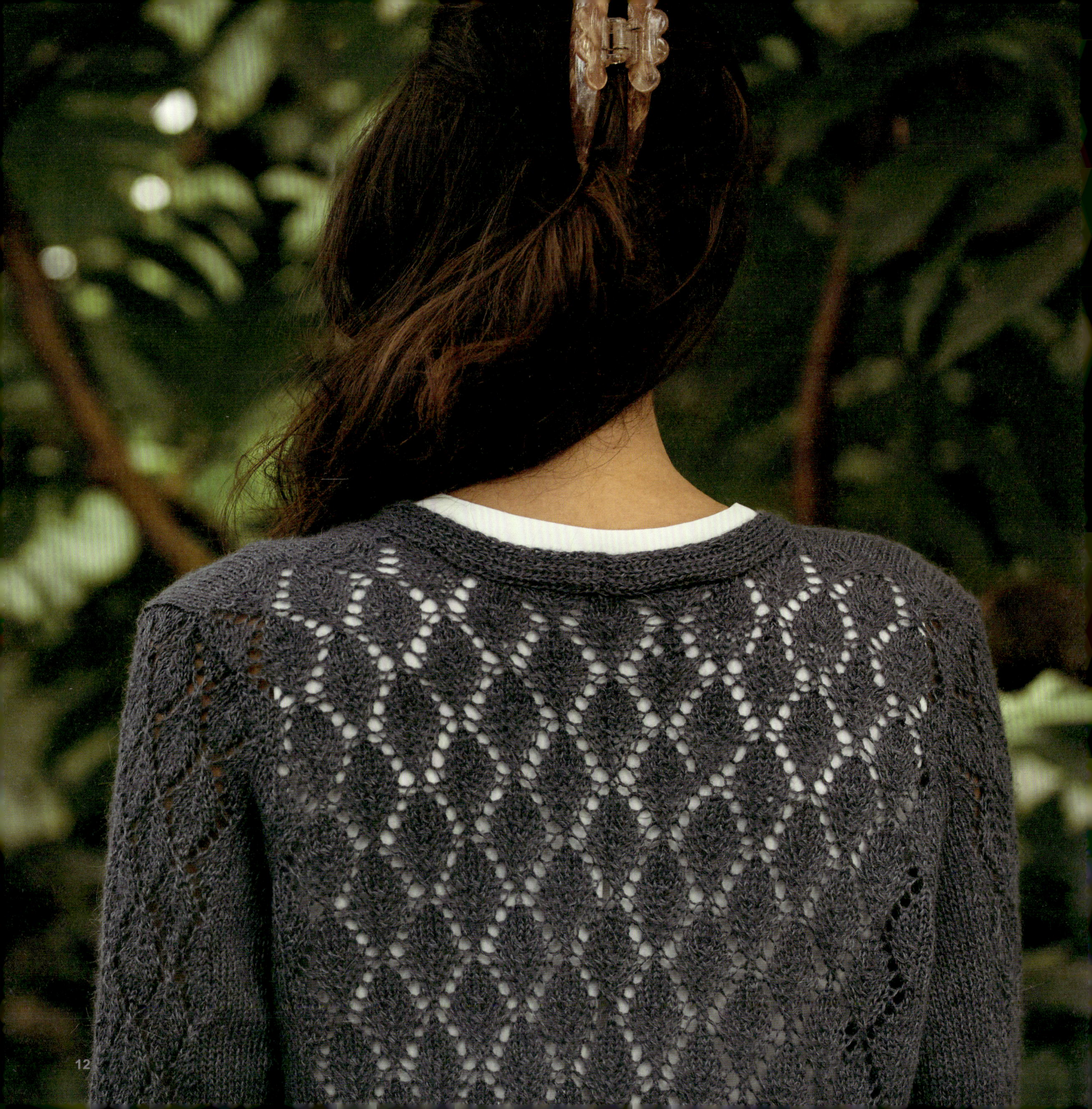

Von * bis * insg 4-mal str – 1 re – eine Markierung setzen – 1 ZunR (s. Abk.) re str – 22 re = 33 M.
Die neuen M in den HinR re und in den RückR li str.

Die Zun nach der Markierung insg 7(11)9(9)14-mal in jeder 6.(4.)4.(4.)4. R str = 39(43)41(41)46 M.

Nach der letzten Zun noch 5(1)1(1)1 R str.

Die Zun nach der Markierung fortsetzen und zusätzlich Zun am Armausschnitt str. Dafür 5(5)8(8)8-mal aus der letzten M jeder HinR 2aus1M str = 46(51)53(53)58 M.

Die Zun nach der Markierung fortsetzen und am Armausschnitt am Ende der HinR 4(4)5(5)5-mal 2 M anschl = 55(60)65(65)70 M.

KÖRPER

Wieder über alle Teile str.

Am linken Vorderteil beg.
Reihe 1 (HinR): 1abhFv – *1 re – 1 li*.
Von * bis * insg 4-mal str – 46(51)56(56)61 re – 8(8)8(18)18 neue M anschl – über die RückenM str: 14(14)19(19)19 re – 71(81)81(81)91 M laut Diagramm – 14(14)19(19)19 re – 8(8)8(18)18 neue M anschl – über die rechten VorderteilM str: 46(51)56(56)61 re – *1 li – 1 re*.
Von * bis * insg 4-mal str – 1 re.
Es sind 225(245)265(285)305 M auf der Nd.

Reihe 2 mit 1. Knopfloch: 1abhFv – 1 li – 1 re – 2 li zus – 2 M anschl – 2 re verschr zus – 1 li – 1 re – 1 li bis zu den letzten 9 M str – *1 re – 1 li*.
Von * bis * insg 4-mal str – 1 re.

Das Knopfloch insg 7-mal in jeder 22.(22.)20.(20.)20. R str.

Reihe 3: 1abhFv – 8 M in Rippen – 68(73)83(93)98 re – 71(81)81(81)91 M im Muster laut Diagramm – 68(73)83(93)98 re – 8 M in Rippen – 1 re.

Reihen 2 – 3 wdh, bis 17(17)17(17)13 R gestr sind.

1. Abn (HinR): 1abhFv – 8 M in Rippen – 44(49)54(54)59 re – 2 re verschr zus – Markierung setzen – 8(8)8(18)18 re – Markierung setzen – 2 re zus –12(12)17(17)17 re – 71(81)81(81)91 M im Muster – 12(12)17(17)17 re – 2 re verschr zus – Markierung setzen – 8(8)8(18)18 re – Markierung setzen – 2 re zus – 44(49)54(54)59 re – 8 M in Rippen – 1 re = 221(241)261(281)301 M.

9(9)7(7)7 R wie bisher str.

Das Muster am Rücken laut Diagramm str.
2. Abn (HinR): 1abhFv – 8 M in Rippen – bis 2 M vor die Markierung str – 2 re verschr zus – bis zur nächsten Markierung str – 2 re zus – bis 2 M vor die nächste Markierung str – 2 re verschr zus – bis zur nächsten Markierung str – 2 re zus – bis zu den letzten 9 M str – 8 M in Rippen – 1 re = 217(237)257(277)297 M.

Insg 5-mal Abn in jeder 10.(10.)8.(8.)8. R str = 205(225)245(265)285 M.

9(9)9(9)7 R wie bisher str.

1. Zun (HinR): 1abhFv – 8 M in Rippen – bis zur Markierung str – 1 ZunR vor der Markierung – bis zur nächsten Markierung str – 1 ZunL nach der Markierung – bis zur Markierung str – 1 ZunR vor der Markierung – 1 ZunL nach der Markierung – bis zu den letzten 9 M str – 8 M in Rippen – 1 re = 209(229)249(269)289 M.

Insg 10-mal Zun in jeder 8. R str = 245(265)285(305)325 M.

Ohne Zun weiter str, bis das Diagramm ab den Schultern insg 14-mal gestr ist.
Mit einer 1. DiagrammR enden.
Die Arbeit misst ab dem Nacken ca. 64 cm.

Zu Nd 2½ mm wechseln.

Reihe 1 (HinR): 1abhFv – *1 re – 1 li*.
Von * bis * wdh. Enden mit 2 re.
Reihe 2: 1abhFv – *1 li – 1 re*. Von * bis * wdh.

Reihen 1 – 2 wdh, bis insg 8 RippenR gestr sind.
Die letzte R ist eine RückR.
In der HinR im Rippenmuster locker abk.

ÄRMEL

44(46)46(50)50 M mit beiden Qualitäten und StrumpfNd 2½ mm anschl und zur Runde schließen.

8 RippenRd str: *1 re – 1 li*. Von * bis * wdh.
Zun str: 2(3)3(1)1 re – *1 ZunL – 5(4)4(4)4 re*.
Von * bis * wdh. Enden mit 1 ZunL – 2(3)3(1)1 re = 53(57)57(63)63 M.

Zu StrumpfNd 3 mm wechseln.

Runde 1: 11(13)13(16)16 re – 31 M laut 1. DiagrammR str – 11(13)13(16)16 re.

Insg 6(12)12(12)6 Rd str, dabei die mittleren 33 M laut Diagramm str.

1. Zun str: 1 re – 1 ZunL – re bis zur letzten M str – 1 ZunR – 1 re = 55(59)59(65)65 M.
Die neuen M re str.

Insg 17(15)20(22)24-mal Zun in jeder 8.(8.)6.

(5.)5. Rd str = 87(87)97(107)111 M.

Ohne Zun weiter str, bis der Ärmel ca. 42(41)40(39)38 cm misst.
Mit einer ungeraden DiagrammR enden.

Im Muster weiter str und dabei für die Armkugel abk: 3 M abk – die Rd zu Ende str = 84(84)94(104)108 M.
Wenden.
Am Anfang der RückR auch 3 M abk – die R zu Ende str = 81(81)91(101)105 M.

In Reihen hin und zurück str.
Beidseitig am Anfang der R noch 0(0)0(1)1-mal 3 M abk = 81(81)91(95)99 M.

Beidseitig am Anfang der R 3(3)4(4)4-mal 2 M abk = 69(69)75(79)83 M.
Beidseitig am Anfang der R 16(16)16(16)19-mal 1 M abk = 37(37)43(47)45 M.
Beidseitig am Anfang der R 1(1)1(2)-mal 2 M abk = 33(33)39(39)33 M.
Beidseitig am Anfang der R 0(0)1(1)0-mal 3 M abk = 33 M.
Beidseitig am Anfang der R 2-mal 5 M abk = 13 M.
Die letzten M abk.

Den zweiten Ärmel genauso str.

DIAGRAMM

- □ In den HinR re - in den RückR li str
- // 2 re zus
- \\ 2 re verschr zus
- ⋏ 3 re zus: 2 M gleichzeitig re abh – 1 re – die 2 abgeh M über die gestr M heben
- ∩ U

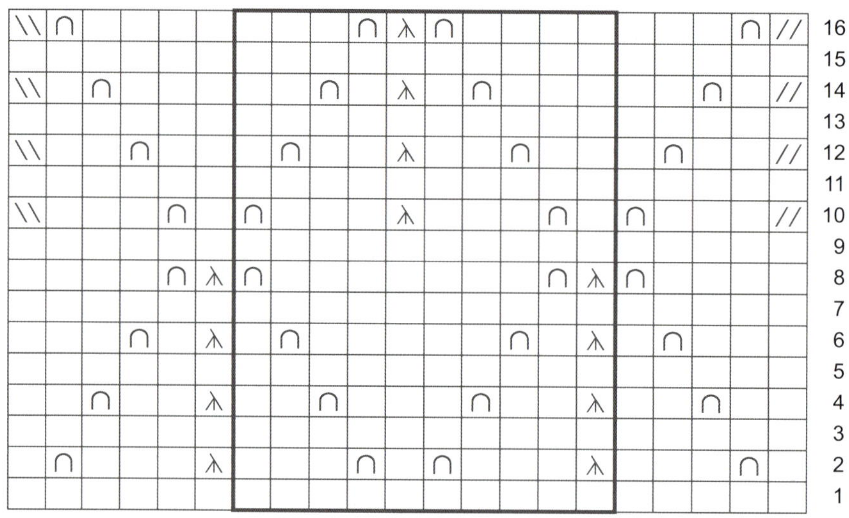

Rapport

FERTIGSTELLUNG

Den Kragen an die NackenM nähen.
Die Öffnungen unter den Ärmeln schließen.
Alle Fäden vernähen und die Knöpfe annähen.

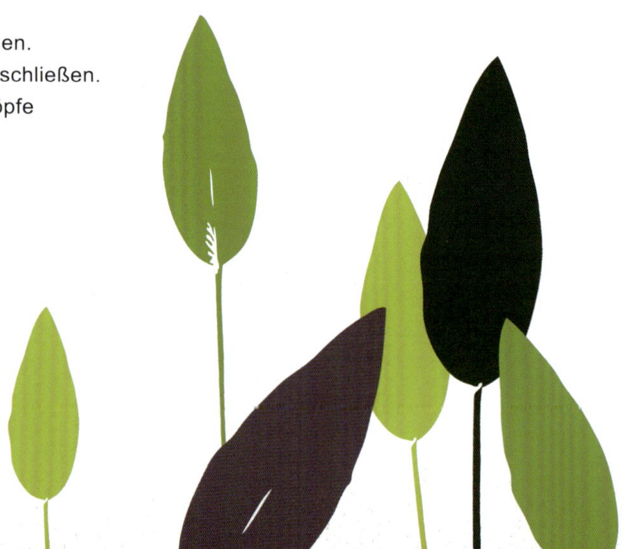

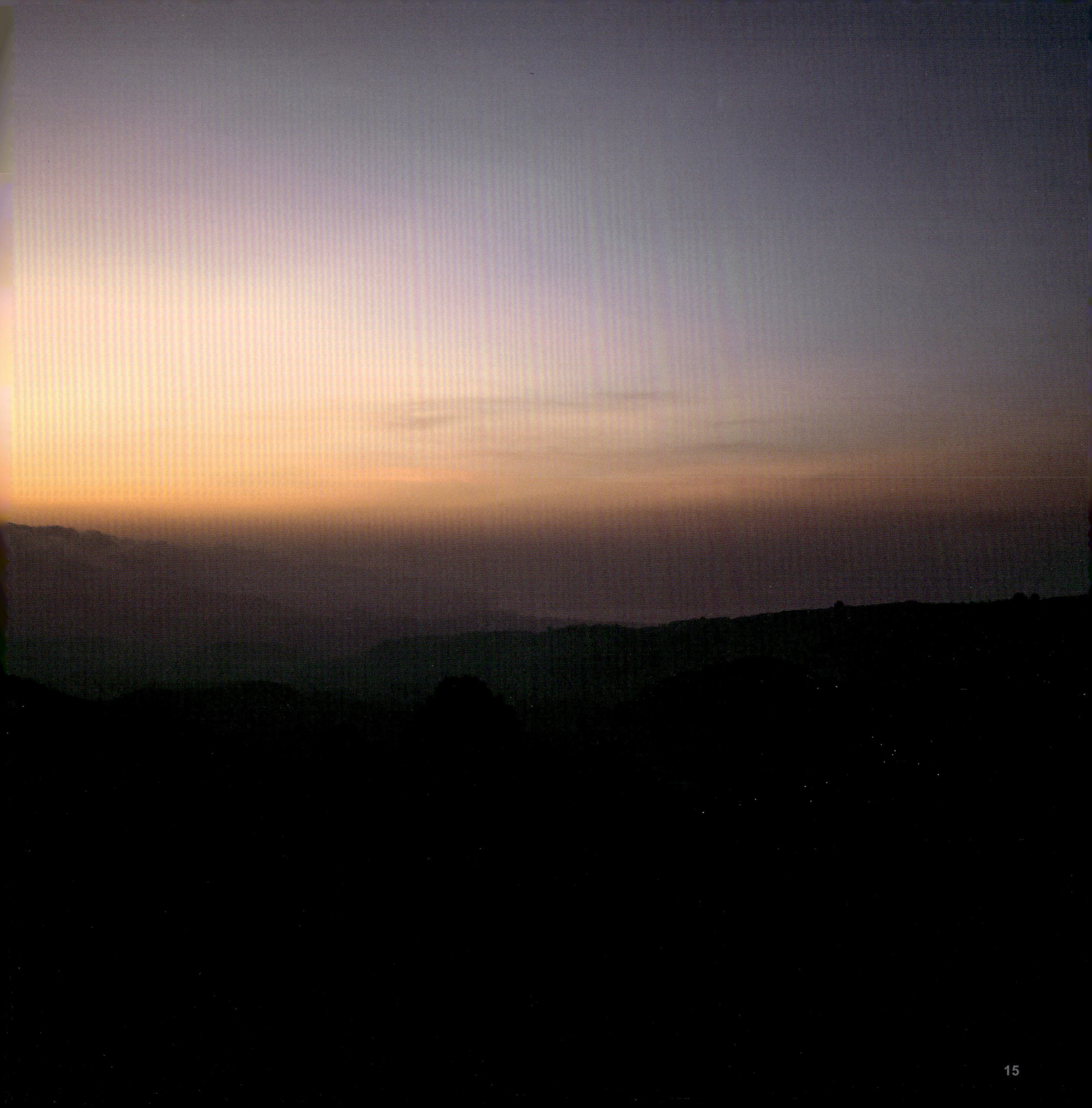

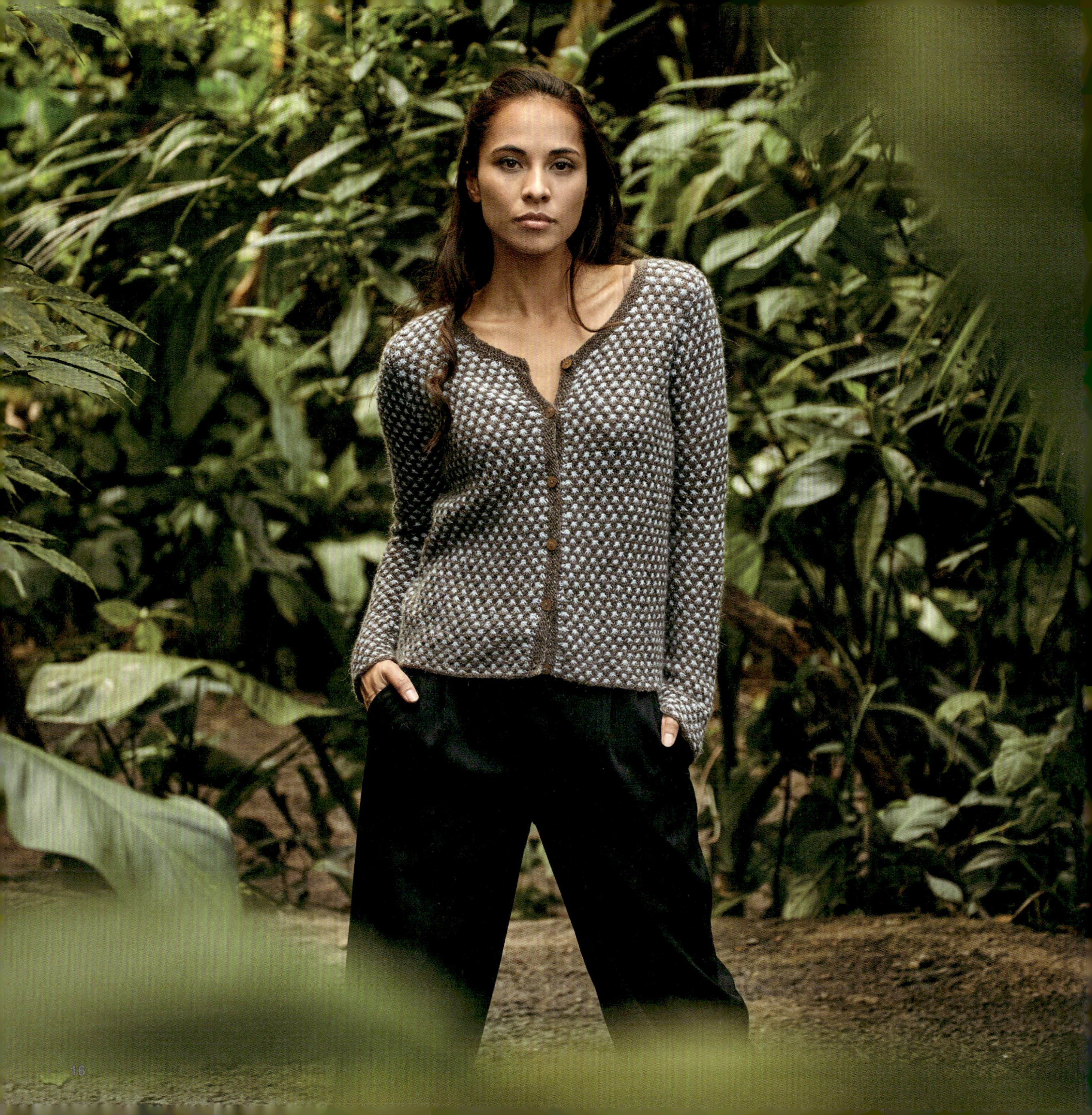

Blaue Hortensie

Blumen sind ein wichtiger Bestandteil der balinesischen Religion. Die blaue Hortensie wird als Opfergabe verwendet.

Einer meiner Lieblingsorte auf Bali ist Munduk – ein kleines, verschlafenes Bergdorf mitten auf der Insel. Hierher kommen nicht so viele Touristen und die, die hierher finden kommen miteinander ins Gespräch. Das Tempo ist langsamer, die Temperaturen sind niedriger, sodass es hier frischere Luft und kühlere Nächte gibt. Die Umgebung von Munduk bietet schöne Wandertouren zwischen Wasserfällen, Bergseen und Hortensienfeldern. Die blauen Hortensienblüten sind ein faszinierender Anblick mitten in dem ganzen Grün.

Gr.: S(M)L(XL)XXL

Halbe Oberweite: 47(50)54(60)63 cm
Länge: 56 cm
Ärmellänge ab Armausschnitt: 44(43)43(42)41 cm

Material
A: 100(100)100(100)150g Isager Alpaca 1 Farbe 11
B: 100(150)150(150)150g Isager Trio Farbe Frost
C: 150(200)200(200)200g Isager Tweed Farbe Walnut
A + B mit je 1 Faden zusammen verstricken

6 Knöpfe

Rund- und Strumpfnadeln 3 und 3½ mm

Maschenprobe in glatt rechts mit Nadel 3½ mm und C: 10 cm = 24 M und 32 R
Maschenprobe im Muster mit Nd 3½ mm: 10 cm = 24 M und 38 R

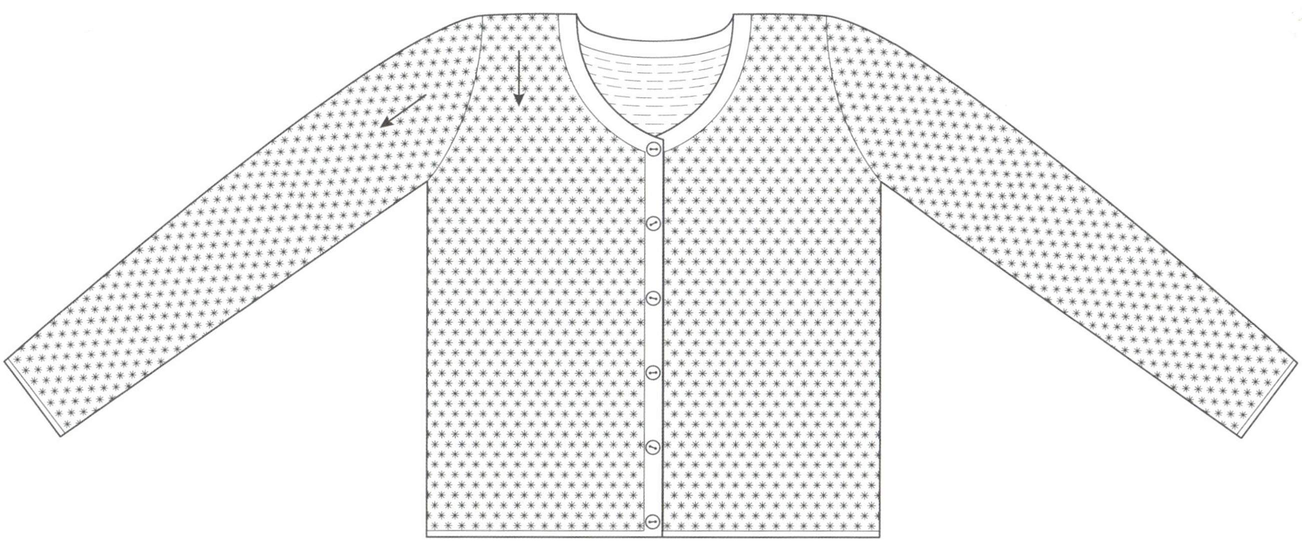

Stern: 3 M li zus str, aber nicht von der linken Nd heben – Umschlag – dieselben 3 M wieder li zus str.

Die Jacke wird von oben nach unten gestrickt.

RECHTE RÜCKENSCHULTER

17(21)21(21)25 M mit C und Nd 3½ mm anschl.
1 RückR re str.

1. Sternenmuster mit A + B str.
Reihe 1: 4 re – *1abhFh (s. Abk.) – 3 re*.
Von * bis * wdh. Enden mit 1 re.
Reihe 2: 1 re – *Stern – 1abhFv* (s. Abk.).
Von * bis * wdh. Enden mit Stern – 1 re.

Mit C str.
Reihen 3 – 4: 2 R re str.

2. Sternenmuster mit A + B str.
Reihe 5: 2 re – *1abhFh – 3 re*.
Von * bis * wdh. Enden mit 1abhFh – 2 re.
Reihe 6: 1 re – 1 li – *1abhFv – Stern*.
Von * bis * wdh. Enden mit 1abhFv – 1 li – 1 re.

Mit C str.
Reihen 7 – 8: 2 R re str.

Wieder Reihen 1 – 2 mit A + B str = 3. Sternenmuster.
Die Fäden abschneiden und die M stilllegen.

LINKE RÜCKENSCHULTER

Die linke Schulter genauso str, aber die Fäden nicht abschneiden.

RÜCKEN

Eine HinR mit C str:
Die 17(21)21(21)25 M der linken Schulter re str – 43 neue M anschl – die 17(21)21(21)25 M der rechten Schulter re str = 77(85)85(85)93 M.
1 R re mit C str .

4. Sternenmuster mit A + B wie Reihen 5 – 6 str.
2 R re mit C str.
5. Sternenmuster mit A + B wie Reihen 1 – 2 str.
2 R re mit C str.

Das Muster fortsetzen, bis insg 9(10)10(10)11 Sternenmuster gestr sind.

Im Muster weiter str und für die Armausschnitte beidseitig am Ende jeder C-Reihe 7(7)9(9)9-mal 2 neue M anschl = 105(113)121(121)129 M.
Die A + B-Reihen ohne Zun str.
Die neuen M in das Muster einfügen.
Nach einer Sternenreihe enden.

Beidseitig am Ende jeder C-Reihe 1(1)1(3)3-mal 4 neue M anschl = 113(121)129(145)153 M.

Noch 1 Sternenmuster str.
Es sind nun 17(18)20(22)23 Sternenmuster gestr.
Der Rücken misst ab den Schultern ca. 17(18)21(23)24 cm.
Die Fäden abschneiden und die M stilllegen.

RECHTES VORDERTEIL

Von der Außenseite 17(21)21(21)25 M mit C und Nd 3½ mm aus dem Anschlag der rechten Rückenschulter heraus str.
1 RückR re str.

1. Sternenmuster mit A + B str.
Reihe 1: 2 re – *1abhFh – 3 re*.
Von * bis * wdh. Enden mit 1abhFh – 2 re.
Reihe 2: 1 re – 1 li – *1abhFv – Stern*.
Von * bis * wdh. Enden mit 1abhFv – 1 li – 1 re.

Mit C str.
Reihen 3 – 4: 2 R re str.

2. Sternenmuster mit A + B str.
Reihe 5: 4 re – *1abhFh – 3 re*.
Von * bis * wdh. Enden mit 1 re.
Reihe 6: 1 re – *Stern – 1abhFv*.
Von * bis * wdh. Enden mit Stern – 1 re.

Mit C str .
Reihen 7 – 8: 2 R re str.

Wie die Rückenschultern str, bis 6(6)6(7)8 Sternenmuster gestr sind.

Das versetze Sternenmuster weiter str und für den Halsausschnitt am Ende der C-HinR 4(5)5(4)4-mal 2 neue M anschl = 25(31)31(29)33 M.

Gr. S(XL)XXL:
Noch 1 Sternenmuster str.
Am Ende der C-HinR 2 neue M für den Halsausschnitt anschl und nun auch am Ende der C-RückR für den Armausschnitt 2 neue M anschl = 29(33)37 M.

Alle Gr.:
3-mal am Ende jeder C-HinR 4 neue M anschl und am Ende jeder C-RückR 2 neue M anschl = 47(49)49(51)55 M.

Keine weiteren M am Halsausschnitt anschl, aber am Ende der C-RückR noch 3(4)6(5)5-mal für den Armausschnitt 2 neue M anschl = 53(57)61(61)65 M.

Am Ende der C-RückR 1(1)1(3)3-mal 4 neue M anschl = 57(61)65(73)77 M.

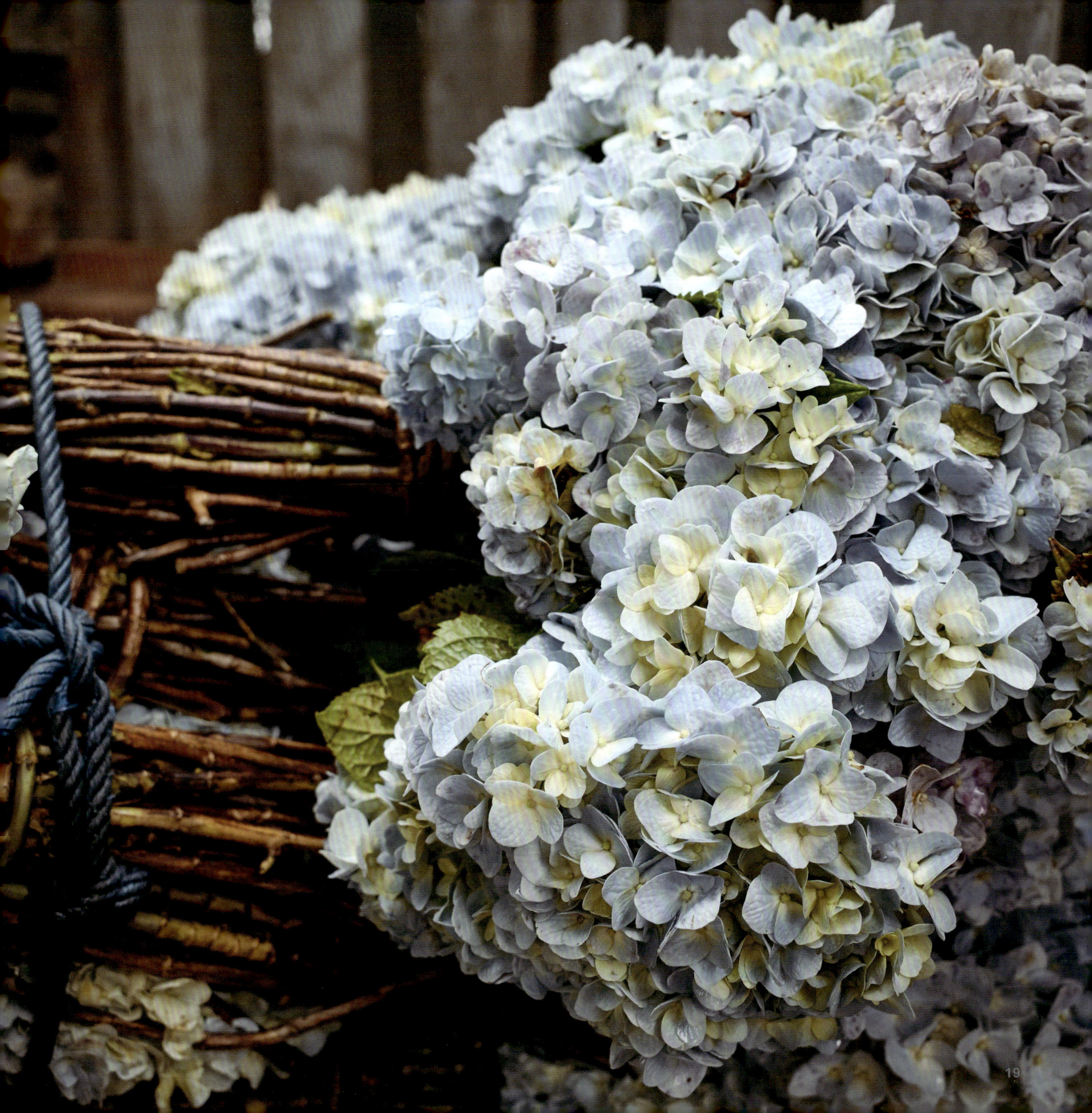

Keine weiteren M anschl.
1 Sternenmuster str.
Es sind nun insg 18(19)21(23)24 Sternenmuster gestr.
Die Fäden abschneiden und die M stilllegen.

LINKES VORDERTEIL

Von der Außenseite 17(21)21(21)25 M mit C und Nd 3½ mm aus dem Anschlag der linken Rückenschulter heraus str.

Wie das rechte Vorderteil str, bis 6(6)6(7)8 Sternenmuster gestr sind.

Das versetze Sternenmuster weiter str und am Ende der C-RückR für den Halsausschnitt 4(5)5(4)4-mal 2 neue M anschl = 25(31)31(29)33 M.

Gr. S(XL)XXL:
Am Ende der C-RückR 2 neue M für den Halsausschnitt anschl und nun auch am Ende der C-HinR für den Armausschnitt 2 neue M anschl = 29(33)37 M.

Alle Gr.:
3-mal am Ende der C-RückR 4 neue M anschl und am Ende der C-HinR 2 neue M anschl = 47(49)49(51)55 M.

Keine weiteren M am Halsausschnitt anschl, aber noch 3(4)6(5)5-mal 2 neue M für den Armausschnitt anschl = 53(57)61(61)65 M.

Am Ende der C-HinR 1(1)1(3)3-mal 4 neue M anschl = 57(61)65(73)77 M.

1 R mit C str.

1 Sternenmuster str.
Es sind nun insg 18(19)21(23)24 Sternenmuster gestr.
Die Fäden nicht abschneiden.

KÖRPER

Mit C über alle Teile str (HinR):
57(61)65(73)77 re über das linke Vorderteil – 3 neue M anschl – 113(121)129(145)153 RückenM re str – 3 neue M anschl – 57(61)65(73)77 VorderteilM re str = 233(249)265(297)313 M.

Im Muster weiter str, bis insg 53 Sternenmuster gestr sind.
Die Jacke misst ab dem Nacken ca. 55 cm.

Zu Nd 3 mm wechseln.
2 R re mit C str.
In der nächsten HinR alle M mit C abk.

ÄRMEL

17(17)17(21)21 M mit C und Nd 3½ mm anschl.
1 RückR re str.

Das 1. Sternenmuster mit A + B str.
Reihe 1: 4 re – *1abhFh – 3 re*.
Von * bis * wdh. Enden mit 1 re.
Reihe 2: 1 re – *Stern – 1abhFv*.
Von * bis * wdh. Enden mit Stern – 1 re.

Mit C str.
Reihe 3: 17(17)17(21)21 re – 4 neue M anschl = 21(21)21(25)25 M.
Reihe 4: 21(21)21(25)25 re – 4 neue M anschl = 25(25)25(29)29 M.

2. Sternenmuster mit A + B str.
Reihe 5: 1 re – 1 li – *1abhFh – 3 re.
Von * bis * wdh. Enden mit 1abhFh – 1 li – 1 re.
Reihe 6: 1 re – 1 li – *1abhFv – Stern*.
Von * bis * wdh. Enden mit 1abhFv – 1 li – 1 re.

Im versetzen Sternenmuster weiter str und beidseitig am Ende jeder C-Reihe 12(14)14(14)16-mal 2 neue M anschl = 73(81)81(85)93 M.

Beidseitig am Ende jeder C-Reihe 1(1)2(2)2-mal 4 neue M anschl = 81(89)97(101)109 M.

Es sind nun insg 14(16)17(17)19 Sternenmuster gestr.
An beiden Seiten eine Markierung setzen.
Hier endet die Armkugel.

6(6)2(2)6 R im Muster str.
Nach einem Sternenmuster enden.

1 R mit C str.
Die 1. Abn str (RückR): 2 re zus – re bis 2 M vor Reihenende str – 2 re zus = 79(87)95(99)107 M.

Die Abn insg 14(10)18(18)12-mal in jeder 12.(12.)8.(8.)8. Rd str = 53(69)61(65)85 M.

Gr. (M)L(XL)XXL:
Danach die Abn noch (6)2(2)12-mal in jeder (8.)4.(4.)4. Rd wdh = (57)57(61)61 M.

Ohne Abn weiter str, bis der Ärmel ab Armausschnitt ca. 44(43)43(42)41 cm misst.
Nach einem Sternenmuster enden.

Zu Nd 3 mm wechseln.
2 R re mit C str.
In der HinR alle M mit C abk.

Den linken Ärmel genauso str.

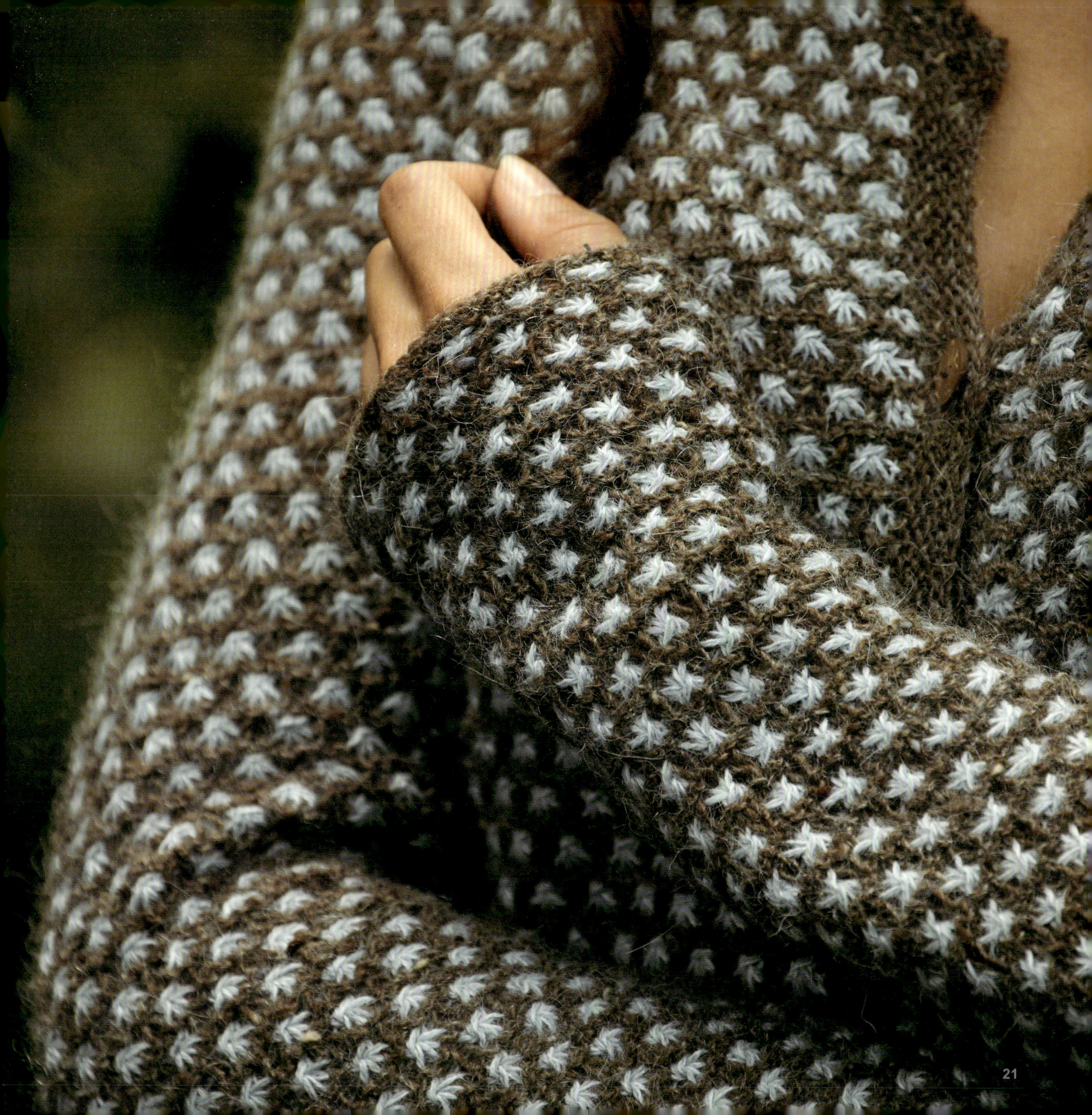

HALSRAND

Mit Nd 3 mm rund um den Halsausschnitt M heraus str.
42(42)42(44)46 M aus dem rechten Vorderteil bis zur Schulternaht str – 55 M aus dem Nacken str – 42(42)42(44)46 M aus dem linken Vorderteil str = 139(139)139(143)147 M.

7 R re str.
In der HinR alle M abk.

LINKER VORDERRAND

86(86)86(84)82 M mit Nd 3 mm aus dem Rand des linken Vorderteils heraus str.
7 R re str.
Alle M in der HinR abk.

RECHTER VORDERRAND

86(86)86(84)82 M mit Nd 3 mm aus dem Rand des rechten Vorderteils heraus str.

3 R re str.
Knopflöcher str: 1(1)1(4)2 re – *2 re zus – 2 M anschl – 2 re verschr zus – 12(12)12(11)11 re*.
Von * bis * wdh. Enden mit 2 re zus – 2 M anschl – 2 re verschr zus – 1 re.

3 R re str.
Alle M in der HinR abk.

FERTIGSTELLUNG

Vor dem Einnähen die Ärmel mit Nadeln in den Armausschnitt heften. Von außen einnähen.
Die Ärmelnähte schließen.
Alle Fäden vernähen und die Knöpfe annähen.

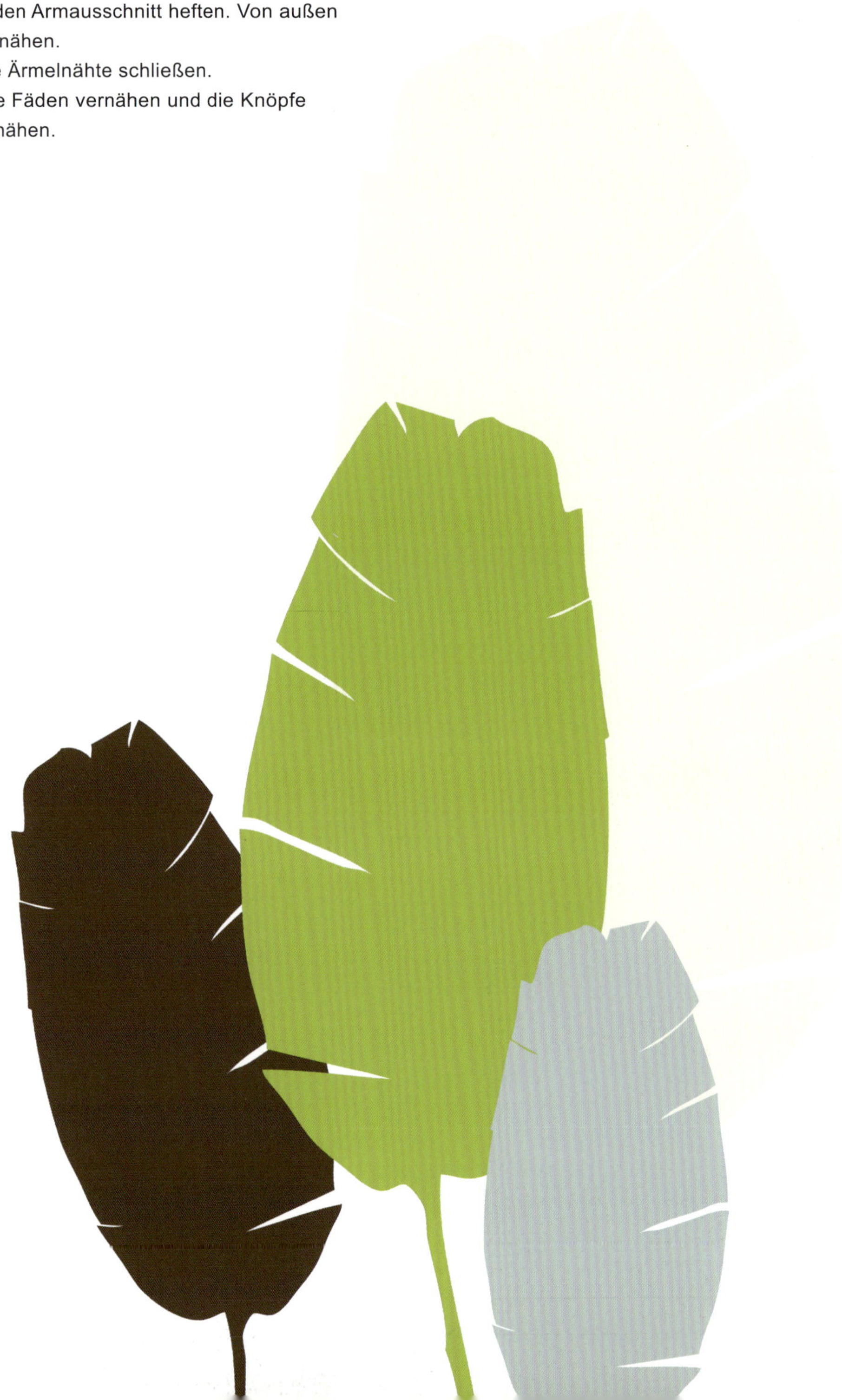

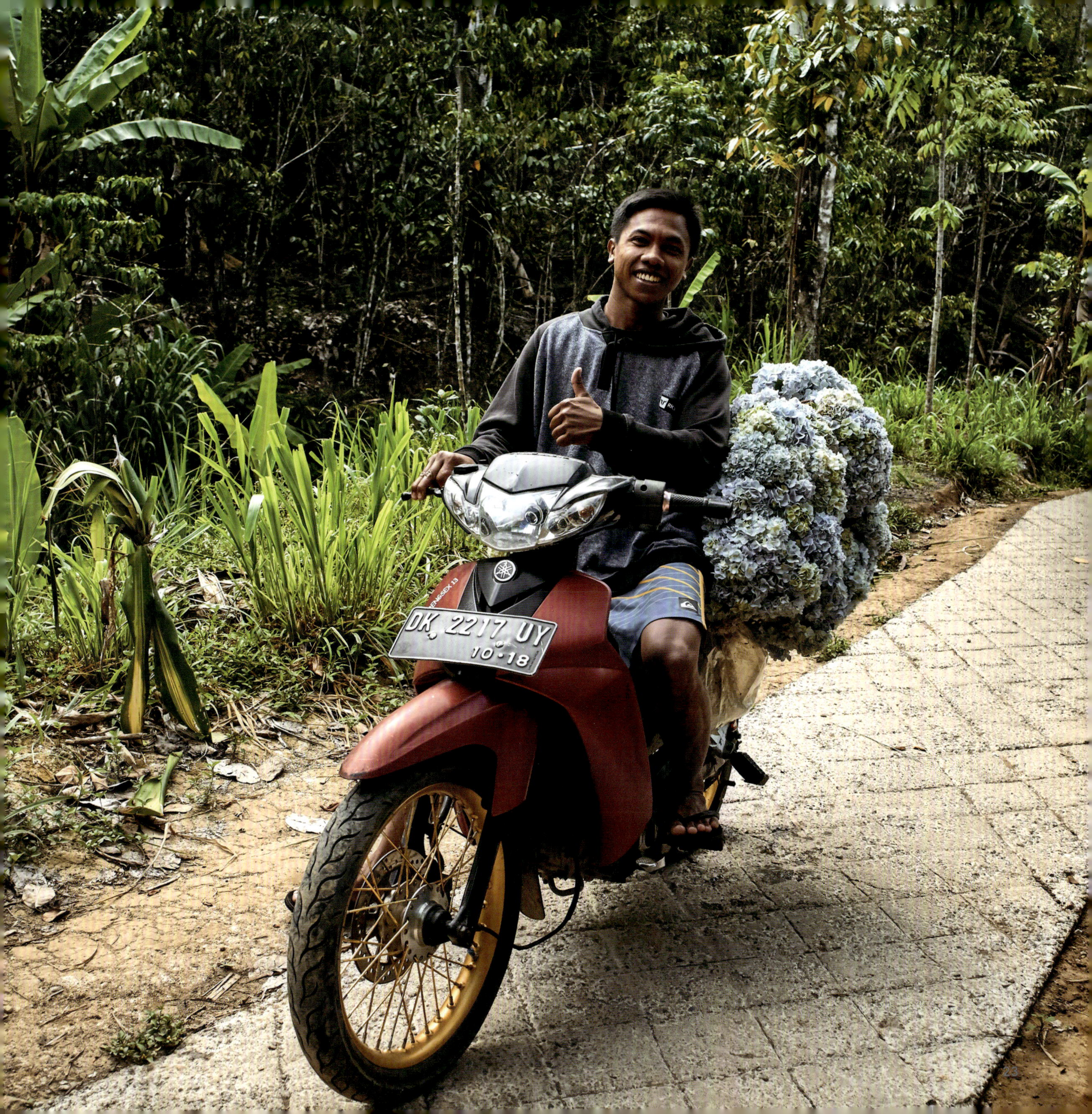
DK 2217 UY
10·18

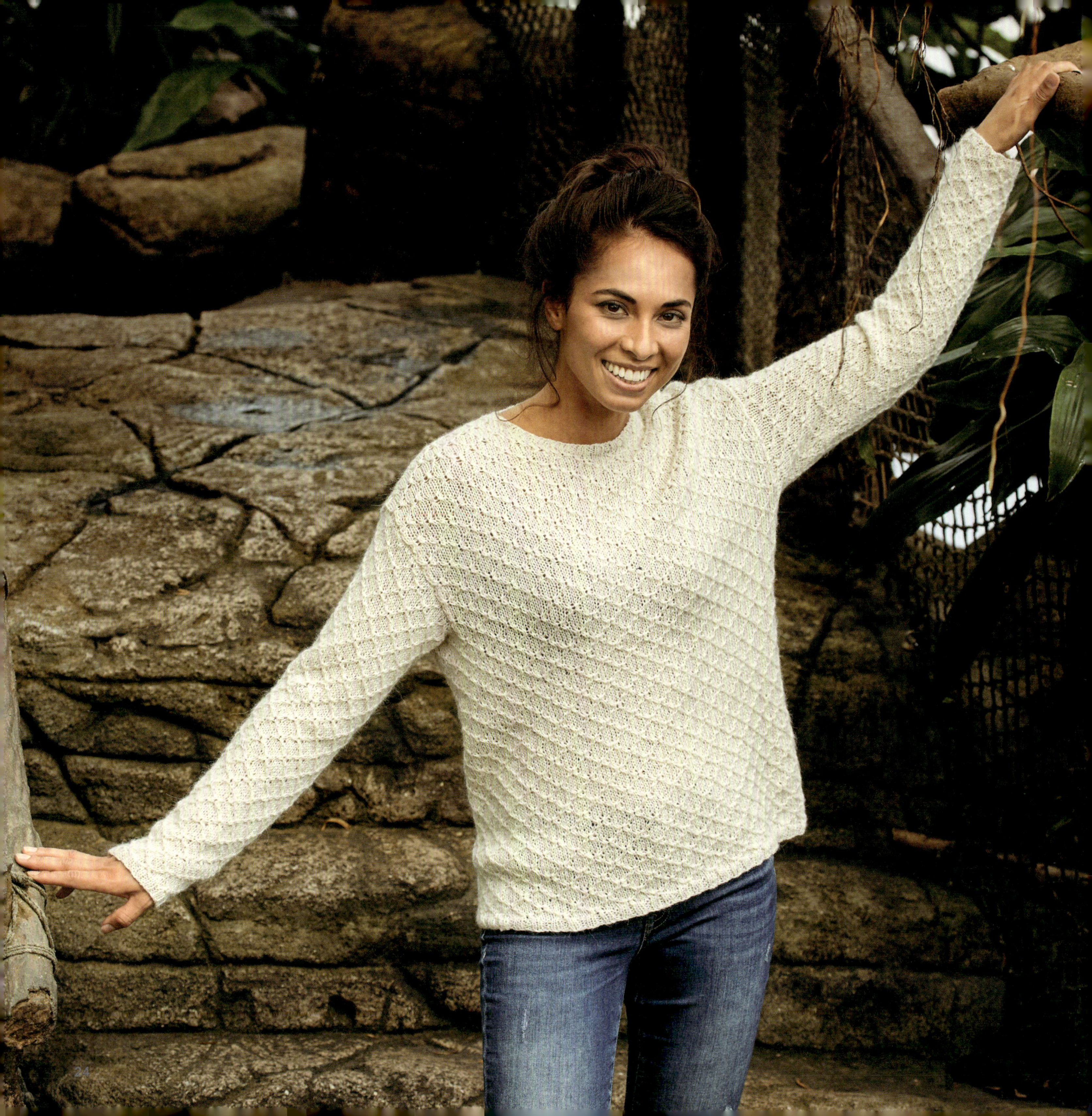

Zeremonie

Tradition, Familie und Religion sind drei wichtige Säulen im Leben eines Balinesen.
Jeden Morgen sieht man die Balinesen in ihren schönen traditionellen Trachten auf dem Weg zum Tempel.
Nach dem Besuch im Tempel wechseln sie zur Alltagskleidung und der Tag beginnt mit dem, was er zu bieten hat. Es ist nicht ungewöhnlich auf Prozessionen hübsch gekleideter Menschen mit Opfergaben zu treffen. Verhält man sich ruhig und bleibt im Hintergrund, bekommt man ein leichtes Nicken: Ja, Du kannst gerne dabei sein.

Dort wo Flussläufe aufeinandertreffen, sind dies heilige Naturorte, an denen den Göttern Opfergaben übergeben werden. Blumen, gegrillte Enten, kleine Körbe mit Reis und vielleicht etwas Süßes werden ins Wasser gelegt. Die Zeremonien, bei denen ich zusehen durfte, dauerten ca. eine Stunde und endeten damit, eine lebende weiße Ente freizulassen.
Ich saß mucksmäuschenstill am Hang und genoss das Erlebnis.

Gr.: S(M)L(XL)XXL

Halbe Oberweite: 50(53)57(61)65 cm
Länge: 60(62)62(63)65 cm
Ärmellänge ab Armausschnitt: 42(42)42(39)39 cm

Material
200(250)250(250)300g Isager Alpaca 2 Farbe E0
150(200)200(200)250g Isager Trio Farbe White

Rund- und Strumpfnadeln 3½ und 4 mm

Maschenprobe im Muster mit Nd 4 mm: 10 cm = 21 M und 30 R

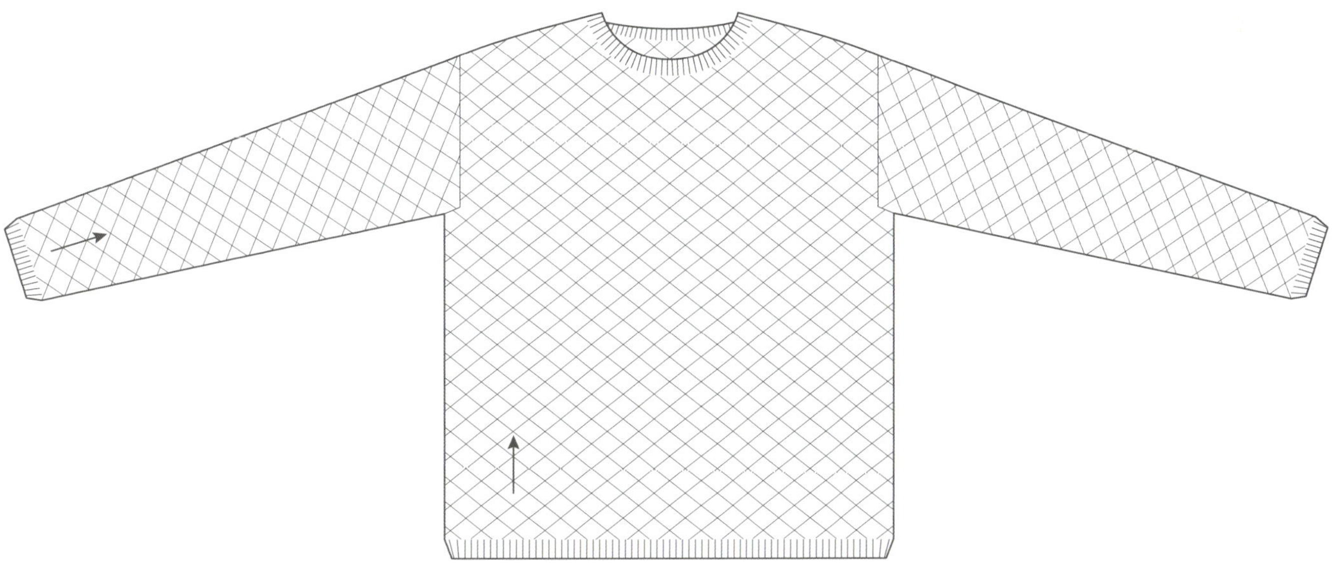

A: Erst die zweite M hinter der ersten M re str und nicht von der li Nd heben, dann die erste M re str und beide M von der li Nd heben.

B: Erst die zweite M vor der ersten M re str und nicht von der li Nd heben, dann die erste M hinter der zweiten M re str und beide M von der li Nd heben.

KÖRPER

208(224)240(256)272 M mit der RundNd 3½ mm und beiden Qualitäten anschl und zur Runde schließen.

4 Rd in Rippen str: 1 re – *2 li – 2 re*. Von * bis * wdh. Enden mit 2 li – 1 re.

Zu Nd 4 mm wechseln.

Im Muster str.
Runde 1: Alle M re str.
Runde 2: *A – B – 4 re*. Von * bis * wdh.
Runde 3: Alle M re str.
Runde 4: *B – A – 4 re*. Von * bis * wdh.

Runde 5: Alle M re str.
Runde 6: *4 re – A – B*. Von * bis * wdh.
Runde 7: Alle M re str.
Runde 8: *4 re – B – A*. Von * bis * wdh.

Runden 1 – 8 wdh, bis die Arbeit ca. 36(35)35(32)32 cm misst.

Nach einer Runde 4 oder 8 enden.

Das Muster fortsetzen und an den Armausschnitten M abk: 97(105)113(121)129 re str – 10 M abk – 94(102)110(118)126 re (die 1. M ist bereits auf der Nd) – 10 M abk (die letzten 3 M gehen über den RdBeginn hinaus).

Vorderteil und Rücken einzeln für sich fertig str.

RÜCKEN

Das Muster in Reihen hin und zurück über die 94(102)110(118)126 RückenM str.
Reihe 1 (HinR): 1 re – im Muster bis zur letzten M str – 1 re.
Reihe 2: 1 re – li bis zur letzten M str – 1 re.

Insg 54(60)60(66)66 R wie die Reihen 1 – 2 str.
Der Armausschnitt misst ca. 18(20)20(22)22 cm.

Das Muster fortsetzen.
Beidseitig am Anfang jeder R insg 4(5)5(6)7-mal 4 M abk = 62(62)70(70)70 M.

Nun die mittleren 38(38)46(46)46 RückenM stilllegen und jede Schulter für sich fertig str.

RECHTE SCHULTER

Das Muster fortsetzen.
Reihe 1 (HinR): 4 M abk – 8 M str (die 1. M ist bereits auf der Nd).
Die Arbeit wenden.
Reihe 2: 8 M str.
Reihe 3: 4 M abk – 4 M str (die 1. M ist bereits auf der Nd).
Die Arbeit wenden.
Reihe 4: 4 M str.
Reihe 5: 4 M abk.
Die Fäden abschneiden.

LINKE SCHULTER

Das Muster fortsetzen.
Reihe 1 (HinR): 12 M str.
Reihe 2: 4 M abk – 8 M str (die 1. M ist bereits auf der Nd).
Die Arbeit wenden.
Reihe 3: 8 M str.
Reihe 4: 4 M abk – 4 M str (die 1. M ist bereits auf der Nd).
Die Arbeit wenden.
Reihe 5: 4 M str.
Reihe 6: 4 M abk.
Die Fäden abschneiden.

VORDERTEIL

Wie am Rücken str, bis insg 46(52)52(58)58 R gestr sind.
Der Armausschnitt misst ca. 15(17)17(19)19 cm.

Die mittleren 8(6)14(12)10 VorderteilM stilllegen und jede Schulter für sich fertig str:

LINKE SCHULTER

Das Muster über die 43(48)48(53)58 M der linken Schulter fortsetzen.
Für den Halsausschnitt 4-mal am Anfang der RückR 2 M abk = 35(40)40(45)50 M.

Dann gleichzeitig 7(8)8(9)10-mal für die Schulter am Anfang jeder HinR 4 M abk und für den Ausschnitt am Anfang jeder RückR noch 1 M abk. Es sind alle M abgekettet.
Die Fäden abschneiden.

RECHTE SCHULTER

Das Muster über die 42(48)50(54)60 M der rechten Schulter fortsetzen.
Mit einer HinR beg.

Für den Ausschnitt 4-mal am Anfang der HinR 2 M abk = 35(40)40(45)50 M.
1 RückR str.

Gleichzeitig 7(8)8(9)10-mal am Anfang jeder HinR 1 M abk und für die Schulter am Anfang jeder RückR 4 M abk.
Die Fäden abschneiden.

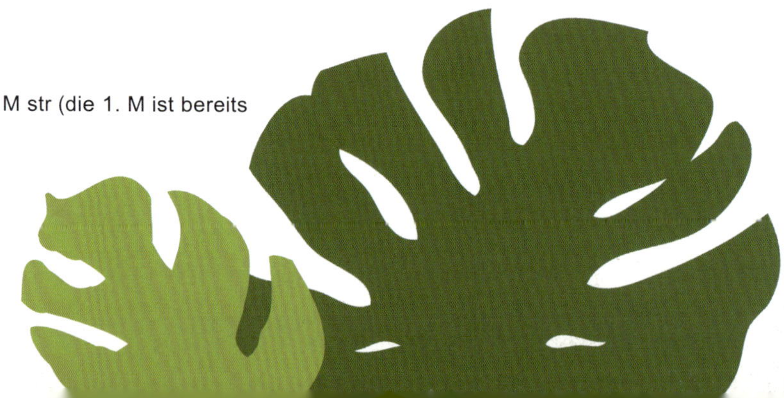

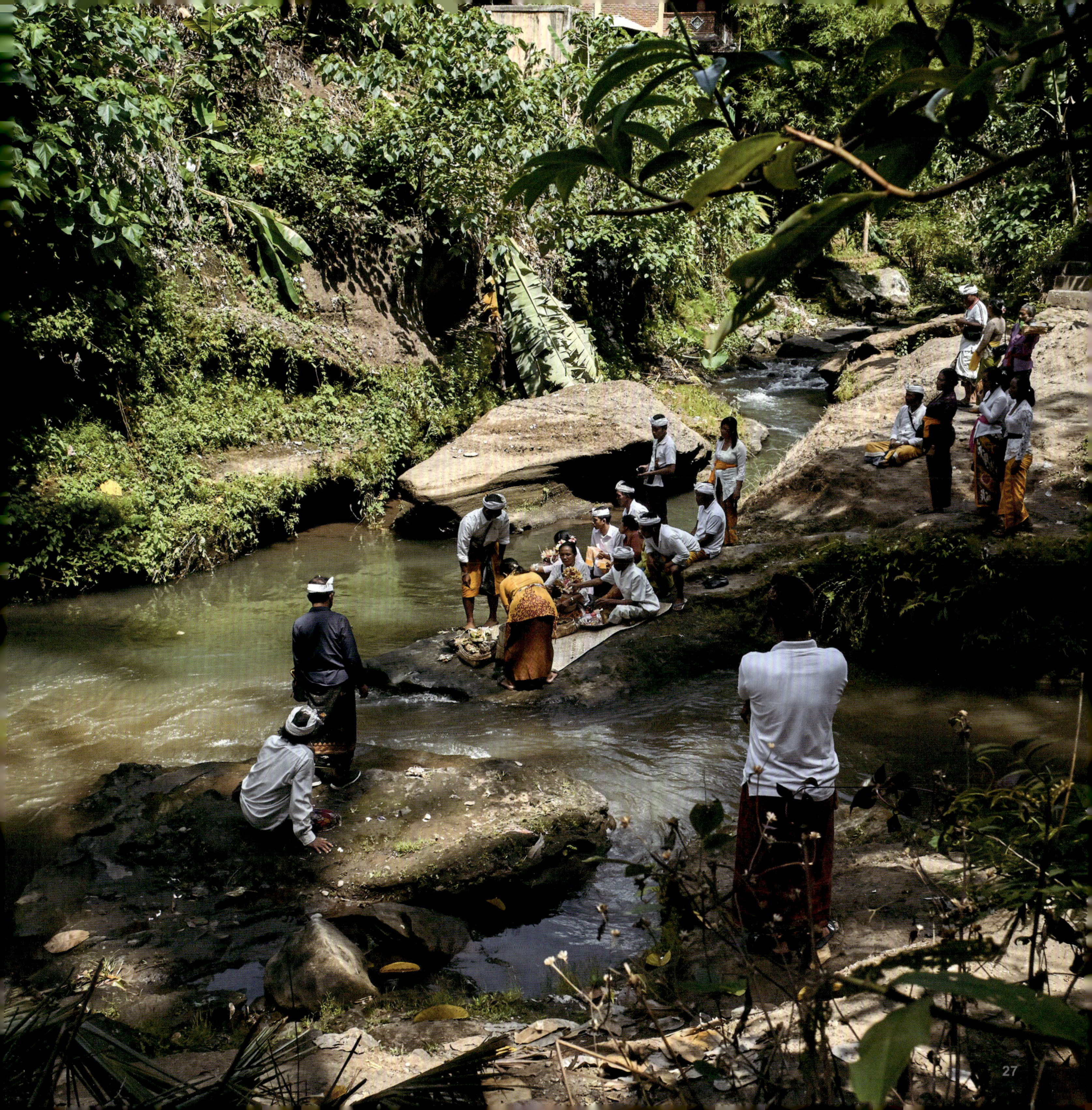

ÄRMEL

44(52)52(60)60 M mit StrumpfNd 3½ mm und beiden Qualitäten anschl.

4 Runden in Rippen str: 1 li – *2 re – 2 li*.
Von * bis * wdh. Enden mit 2 re – 1 li.

Zu Nd 4 mm wechseln.

Im Muster str.
Runde 1 mit 1. Zun: 1 re – 1 neue re (s. Abk.) – re bis zur letzten M str – 1 neue re – 1 re = 46(54)54(62)62 M.
Runde 2: 1 re – *A – B – 4 re*.
Von * bis * wdh. Enden mit A – B – 1 re.
Runde 3: Alle M re.
Runde 4: 1 re – *B – A – 4 re*.
Von * bis * wdh. Enden mit B – A – 1 re.

Runde 5: Alle M re.
Runde 6: 1 re – *4 re – A – B*.
Von * bis * wdh. Enden mit 5 re.
Runde 7: Alle M re.
Runde 8: 1 re – *4 re – B – A*.
Von * bis * wdh. Enden mit 5 re.

Runde 9 mit 2. Zun: Wie Rd 1 str = 48(56)56(64)64 M.
Runde 10: *2 re – A – B – 2 re*. Von * bis * wdh.
Runde 11: Alle M re.
Runde 12: *2 re – B – A – 2 re. Von * bis * wdh.

Runde 13: Alle M re.
Runde 14: *B – 4 re – A*. Von * bis * wdh.
Runde 15: Alle M re.
Runde 16: *A – 4 re – B*. Von * bis * wdh.

Runde 17 mit 3. Zun: Wie Rd 1 str = 50(58)58(66)66 M.
Runde 18: 3 re – *A – B – 4 re*.
Von * bis * wdh. Enden mit A – B – 3 re.
Runde 19: Alle M re.
Runde 20: 3 re – *B – A – 4 re*.
Von * bis * wdh. Enden mit B – A – 3 re.
Runde 21: Alle M re.
Runde 22: 1 re – *B – 4 re – A*.
Von * bis * wdh. Enden mit 1 re.
Runde 23: Alle M re.
Runde 24: 1 re – *A – 4 re – B*.
Von * bis * wdh. Enden mit 1 re.

Runde 25 mit 4. Zun: Wie Rd 1 str = 52(60)60(68)68 M.
Runde 26: 4 re – *A – B – 4 re*. Von * bis * wdh.
Runde 27: Alle M re.
Runde 28: 4 re – *B – A – 4 re*. Von * bis * wdh.

Runde 29: Alle M re.
Runde 30: *A – B – 4 re*.
Von * bis * wdh. Enden mit A – B.
Runde 31: Alle M re.
Runde 32: *B – A – 4 re*.
Von * bis * wdh. Enden mit B – A.

Runde 33 mit 5. Zun: Wie Rd 1 str = 54(62)62(70)70 M.
Runden 34 – 36: Wie Rd 6 – 8 str.
Runde 37: Alle M re.
Runden 38 – 40: Wie Rd 2 – 4 str.

Runde 41 mit 6. Zun: Wie Rd 1 str = 56(64)64(72)72 M.
Runden 42 – 44: Wie Rd 14 – 16 str.
Runde 45: Alle M re.
Runden 46 – 48: Wie Rd 10 – 12 str.

Runde 49 mit 7. Zun: Wie Rd 1 str = 58(66)66(74)74 M.
Runden 50 – 52: Wie Rd 22 – 24 str.
Runde 53: Alle M re.
Runden 54 – 56: Wie Rd 18 – 20 str.

Runde 57 mit 8. Zun: Wie Rd 1 str = 60(68)68(76)76 M.
Runden 58 – 60: Wie Rd 30 – 32 str.
Runde 61: Alle M re.
Runden 62 – 64: Wie Rd 26 – 28 str.

Wieder Rd 1 – Rd 56(56)56(49)49 str = 74(82)82(90)90 M.

Gr.: S(M)L:
1 Rd re str.

Alle Gr.:
Der Ärmel misst ca. 42(42)42(39)39 cm.

Das Muster fortsetzen und gleichzeitig für die Armkugel abk: 4 M abk – Rd zu Ende str.
Wenden und auch am Anfang der RückR 4 M abk – R zu Ende str.

Ab hier in Reihen hin und zurück str.
Fortsetzen, bis beidseitig am Anfang jeder R insg 7(8)8(9)9-mal 4 M abgek wurden = 18 M.
Die letzten M abk.
Die Fäden abschneiden

Den zweiten Ärmel genauso str.

FERTIGSTELLUNG

Die Schultern zusammennähen
Die Ärmel in die Armausschnitte nähen.
Alle Fäden vernähen.

HALSRAND

Die Rücken- und VorderteilM wieder auf eine Nd setzen.
Mit beiden Qualitäten und Nd 3½ mm str.

Rund um den Ausschnitt M heraus str.
An der rechten Schulternaht beg:
4 M bis zu den NackenM heraus str – die 38(38)46(46)46 NackenM re str – 4 M bis zur Schulternaht heraus str – 23(24)24(25)28 M bis zu den mittleren M heraus str – die 8(6)14(12)10 mittleren VorderteilM re str – 23(24)24(25)28 M bis zur Schulternaht heraus str = 100(100)116(116)120 M.

3 Runden in Rippen str: *2 re – 2 li*. Von * bis * wdh.
Im Rippenmuster abk. Die Fäden vernähen.

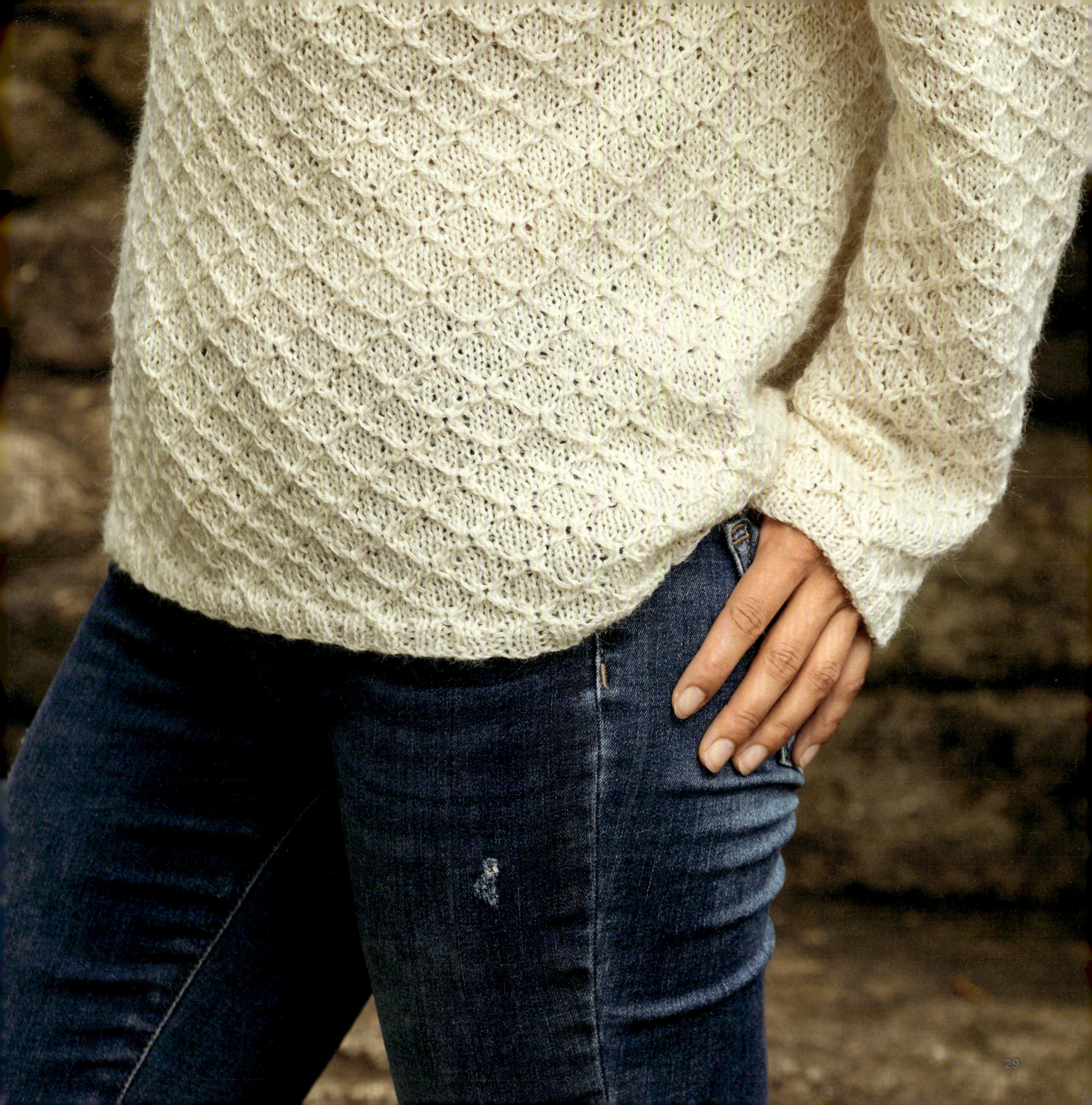

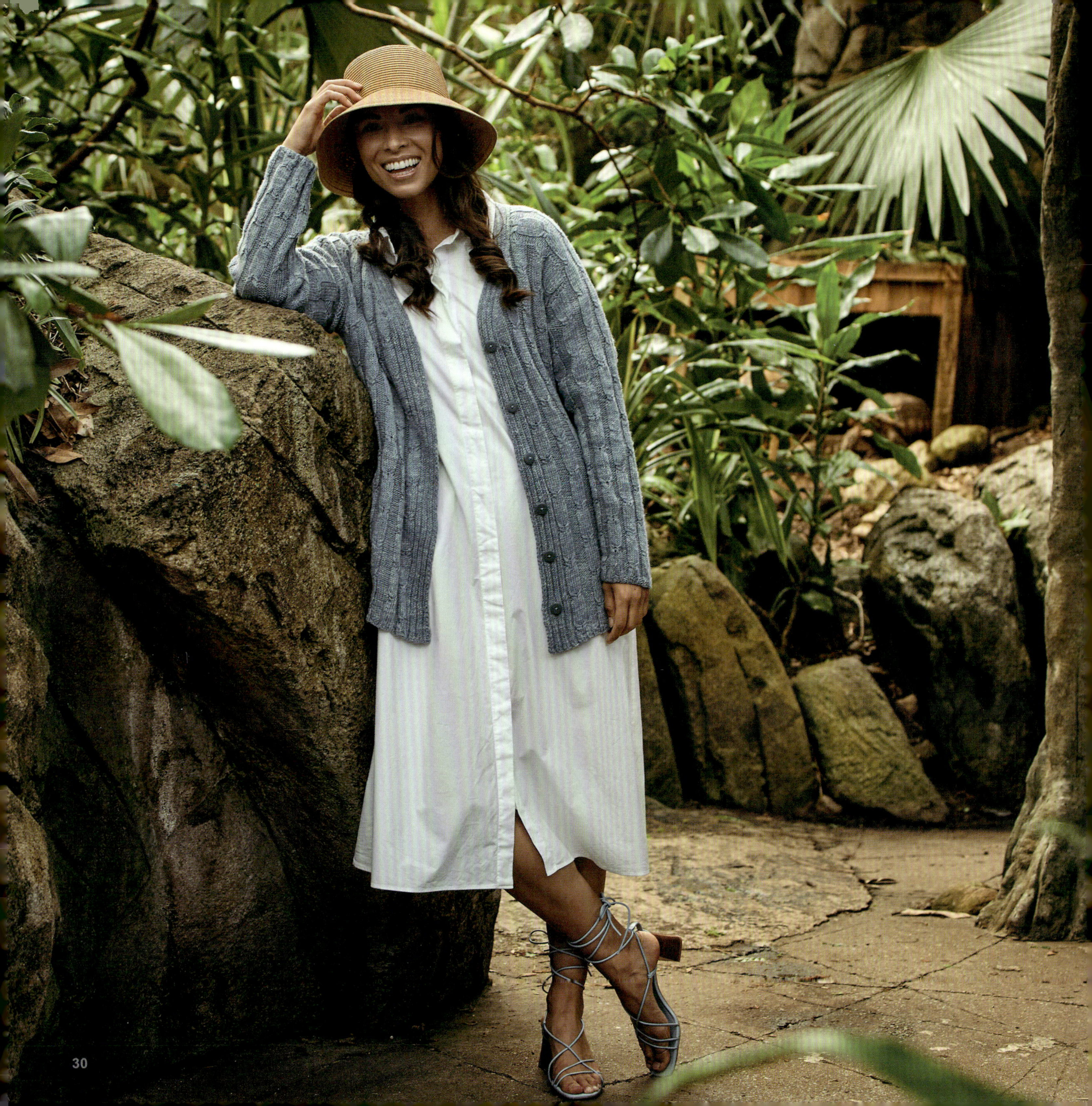

Fischschwärme

Das Meer rund um Bali ist reich an Fischen und hat den Fischerfamilien entlang der Küste schon immer Essen auf den Tisch gebracht. Kleine Boote versammeln sich am Morgen und kommen abends mit Netzen voll mit frischem Fisch nach Hause.
Überschüssiger Fisch wird zur Freude der Touristen auf dem Markt oder an die Restaurants verkauft.

So rosenrot ist das Ganze allerdings nicht mehr. Das Meer um Bali wurde im Laufe der Jahre und nach dem Anstieg der Touristenzahlen immer mehr mit Verschmutzungen belastet. Bali ist etwa so groß wie das dänische Sjælland. Die Einwohnerzahl beträgt knapp 4,5 Millionen Menschen und jedes Jahr kommen noch mehr Menschen auf die Insel. Dies setzt Balis Natur stark unter Druck.

Gr.: S(M/L)XL/XXL

Halbe Oberweite: 50(58)67 cm
Länge: 65(65)68 cm
Ärmellänge ab Armausschnitt: 44(41)39 cm

Material
350(350)400g Isager Merilin Farbe 10

6 Knöpfe

Rund- und Strumpfnadeln 3½ mm

Maschenprobe in glatt rechts: 10 cm = 24 M und 30 R

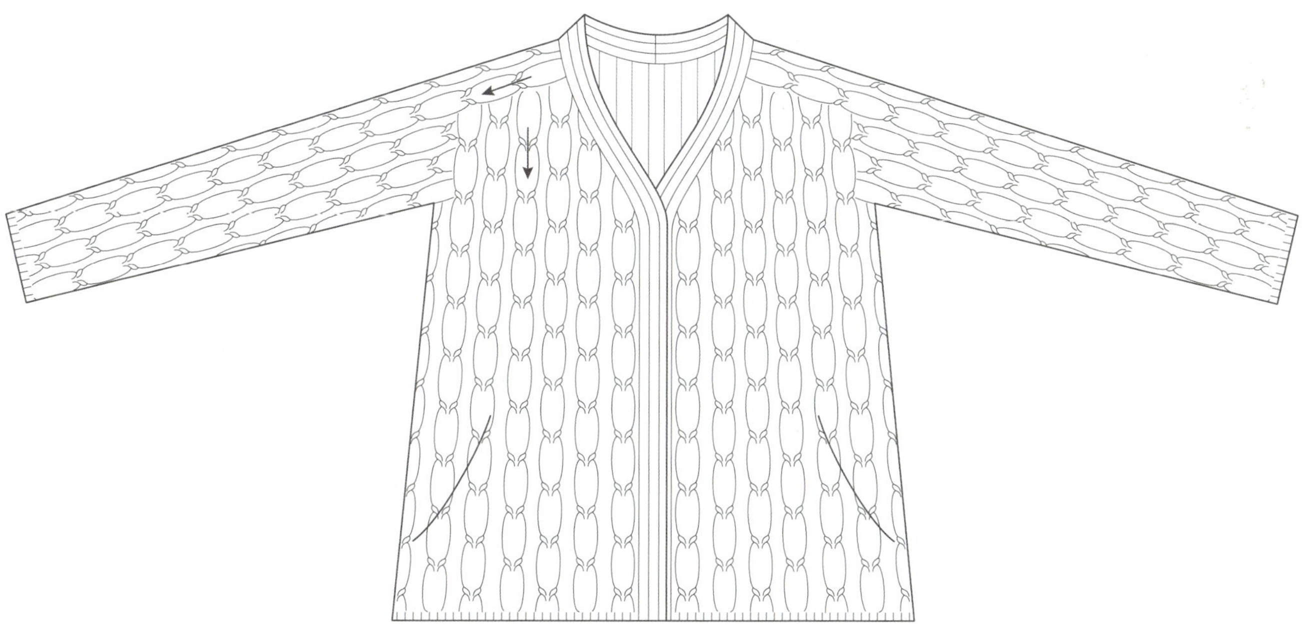

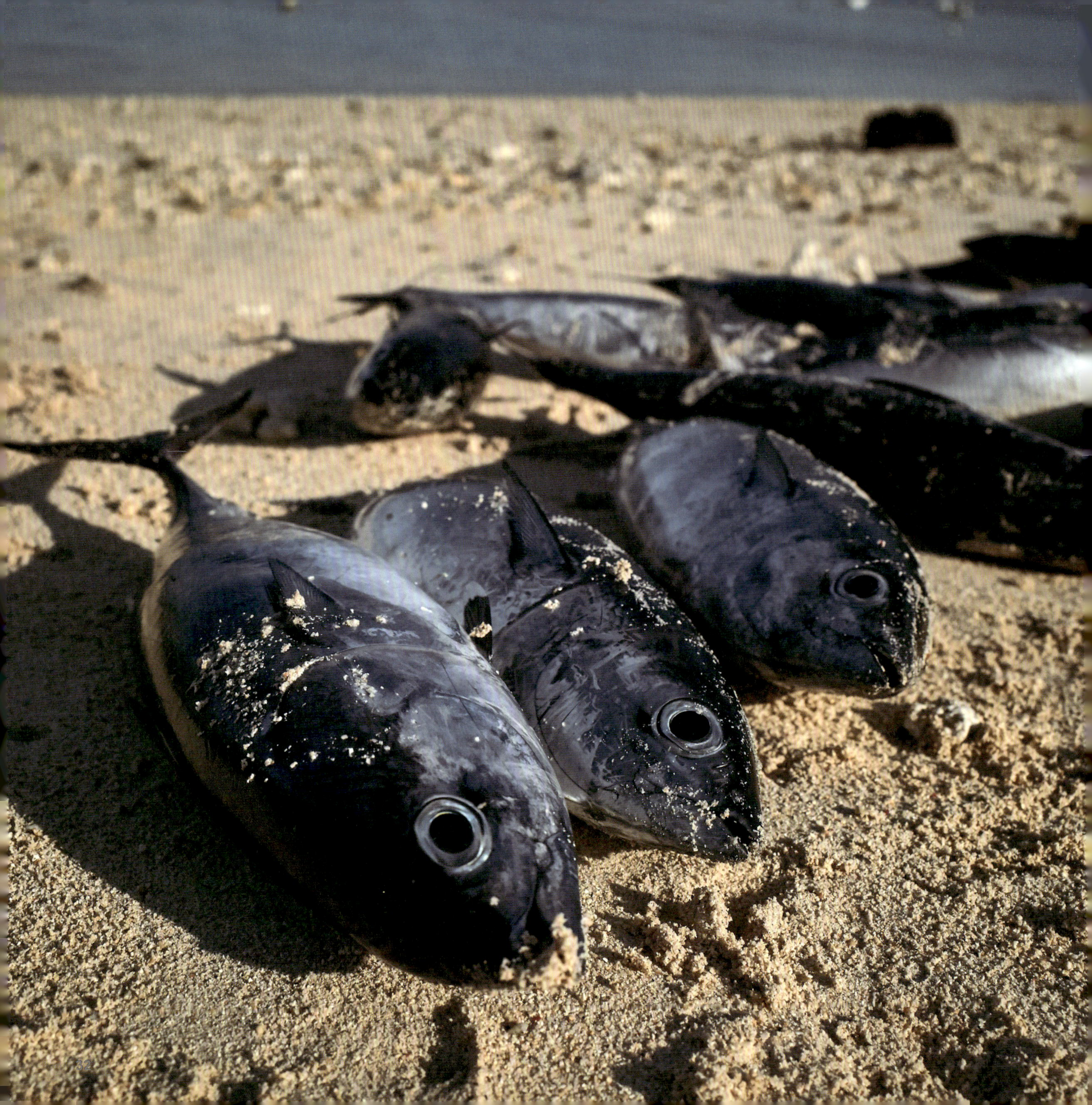

Die Jacke wird von oben nach unten gestrickt.

NACKEN

52 M mit Nd 3½ mm anschl.
Es ist wichtig, das Fadenende 30 cm lang hängenzulassen. Es wird später noch benötigt.

Reihe 1 (RückR): 1 re – 1. DiagrammR str (bei A beg und das Diagramm von links nach rechts lesen) – 1 re.
Reihe 2: 1 re – 2. DiagrammR (bei A1 beg) – 1 re.

Reihen 1 – 2 wdh, bis die 15. DiagrammR gestr ist.
Den Faden abschneiden und die M stilllegen.

RECHTE SCHULTER

Von außen 12 M aus dem linken Rand des Nackenbands heraus str. Bei den stillgelegten M beg.
Anschließend 20 neue M mit Hilfe des 30 cm langen Fadens anschl = 32 M.

Reihe 1 (RückR): 1 re – 1. DiagrammR str (bei A beg) – 1 re.
Reihe 2: 1 re – 2. DiagrammR (bei A1 beg) – 1 re.

Die Reihen 1 und 2 laut Diagramm wdh, bis insg 43(57)69 R gestr sind.
Die letzte Reihe ist die 11.(9.)5. DiagrammR.
An beide Seiten eine Markierung setzen.

ARMKUGEL

Mit den Zun für die Armkugel beg.
Die neuen M in das Muster einfügen.

Reihe 1 (HinR): 1 re – Diagramm – 1 li – 5 neue M anschl = 37 M.
Reihe 2: 1 re – 3 li – 2 re – Diagramm – 1 re – 5 neue M anschl = 42 M.
Reihe 3: 4 re – 2 li – Diagramm – 2 li – 4 re – 5 neue M anschl = 47 M.
Reihe 4: 1 re – Diagramm – 2 re – 4 li – 5 neue M anschl = 52 M.

Die Reihen 1 – 4 insg 3(3)4-mal str = 92(92)112 M.
Die Armkugel ist nun fertig.
Den Faden nicht abschneiden.

RECHTER ÄRMEL

Die Arbeit zur Runde schließen und eine Markierung für den RdBeginn setzen.

10(12)2 Rd im Muster str. Die erste und letzte M li str.
Die 1. ÄrmelAbn str: 2 li zus – im Muster str und 2 M vor der Markierung enden – 2 li zus = 90(90)110 M.

11(11)3 Rd im Muster str.
Die 2. Abn wie die 1. Abn str = 88(88)108 M.

11(11)3 Rd im Muster str.
3. Abn: 2 re zus – im Muster str und 2 M vor der Markierung enden – 2 re verschr zus = 86(86)106 M.

11(11)3 Rd im Muster str.
Die 4. Abn wie die 3. Abn str = 84(84)104 M.

In jeder 12.(10.)6 Rd Abn str.
Die nächsten 4 Abn wie die 3. Abn str = 76(76)96 M.

Die nächsten 3(3)4 Abn wie die 1. Abn str = 70(70)88 M.

Gr. XL/XXL:
Die nächsten 6 Abn wie die 3. Abn str = 76 M.
Die nächsten 3 Abn wie die 1. Abn str = 70 M.

Alle Gr.:
Weiter str, bis der Ärmel ab dem Armausschnitt ca. 43(40)38 cm misst.

Abn str: *2 li zus – 2 re zus – 2 li – 2 re zus – 2 li zus*. Von * bis * wdh = 42 M.

2 Rd Rippen str: 1 li – *1 re – 2 li*.
Von * bis * wdh. Enden mit 1 re – 1 li.
Im Rippenmuster locker abk.

LINKE SCHULTER UND ÄRMEL

20 M anschl und weitere 12 M aus dem rechten Rand des Nackenbands heraus str = 32 M.

Wie die rechte Seite fertig str.

RÜCKEN

Die NackenM wieder auf eine Nd setzen, die Arbeit mit ausgebreiteten Ärmeln hinlegen.
Von der Außenseite 30(40)50 M aus der linken Schulter heraus str, bei der Markierung beg – im Muster über die 52 NackenM str – 30(40)50 M aus der rechten Schulter bis zur Markierung heraus str = 112(132)152 M.

Reihe 1 (RückR): 1 re – 1. DiagrammR str (bei B(A)B beg und das Diagramm von links nach rechts lesen) – 1 re.
Reihe 2: 1 re – 2. DiagrammR str (bei B1(A1) B1 beg und das Diagramm von rechts nach links lesen) – 1 re.

Die Reihen 1 und 2 laut Diagramm wdh, bis insg 41(41)49 R gestr sind.
Mit einer RückR enden.

Der Rücken misst ab den Schultern ca. 12(12)15 cm.
Den Faden abschneiden und die M stilllegen.

KRAGEN RECHTE SEITE

16 M anschl.
Reihe 1 mit Kettrand (RückR):
1abhFv (s. Abk.) – 2 li – *2 re – 2 li*. Von * bis * wdh. Enden mit 1 re.
Reihe 2 mit Knötchenrand: 3 re – *2 li – 2 re*. Von * bis * wdh. Enden mit 1 re.

Die Reihen 1 und 2 wdh, bis insg 49 R gestr sind.
Die Arbeit misst ca. 16 cm.
Nach einer Reihe 1 enden.
Den Faden abschneiden.

RECHTES VORDERTEIL

31(41)51 M aus der rechten Schulter, von der Markierung bis zum Halsausschnitt, heraus str – weiter über die 16 KragenM str: 2 re zus – 1 re – *2 li – 2 re*. Von * bis * wdh. Enden mit 1 re = 46(56)66 M.

Reihe 1 (RückR): 1abhFv – *2 li – 2 re*. Von * bis * insg 3-mal str – 2 li – eine Markierung setzen – Diagramm bei B beg – 1 re.

Reihe 2: 1 re – Diagramm str (bei B1(A1)B1 beg) und vor der Markierung enden – 1 ZunL (s. Abk.) li str – 15 M in Rippen str = 47(57)67 M.
Reihe 3: 15 M in Rippen str – 1 re – Diagramm – 1 re.
Reihe 4: 1 re – Diagramm bis zur Markierung str – 1 li – 1 ZunL li – 15 M in Rippen str = 48(58)68 M.
Reihe 5: 15 M in Rippen str – 2 re – Diagramm – 1 re.

Reihe 6: 1 re – Diagramm bis zur Markierung str – 2 li – 1 ZunL re – 15 M in Rippen str = 49(59)69 M.
Reihe 7: 15 M in Rippen str – 1 li – 2 re – Diagramm – 1 re.

Im Muster weiter str und die Zun in allen HinR laut Muster re oder li str.
Die neuen M in das Muster einfügen.

Weiter str, bis insg 20 Zun gestr sind = 66(76)86 M.

Gr. XL/XXL:
8 R im Muster ohne Zun str.

Alle Gr.:
Nach einer RückR enden.
Den Faden abschneiden und die M stilllegen.

KRAGEN LINKE SEITE

16 M anschl.
Reihe 1 mit Knötchenrand (RückR): 1 re – *2 li – 2 re*. Von * bis * wdh. Enden mit 2 li – 1 re.
Reihe 2 mit Kettrand: 1abhFv – *2 re – 2 li*. Von * bis * wdh. Enden mit 3 re.

Reihen 1 und 2 wdh, bis insg 49 R gestr sind.
Die Arbeit misst ca. 16 cm.
Nach einer Reihe 1 enden.
Den Faden abschneiden.

LINKES VORDERTEIL

Mit einer HinR beg.
Über die KragenM str: 14 M in Rippen – die letzten 2 M re zus str – weitere 31(41)51 M aus der linken Schulter bis zur Markierung heraus str = 46(56)66 M.

Reihe 1 (RückR): 1 re – laut Diagramm (bei B(A)B beg) bis zu den letzten 15 M str – eine Markierung setzen – die letzten 15 M in Rippen str.

Reihe 2: 15 M Rippen str – nach der Markierung 1 ZunR (s. Abk.) li str – Diagramm (bei B1 beg) und vor der letzten M enden – 1 re = 47(57)67 M.

Im Muster weiter str und in jeder HinR die Zun nach der Markierung laut Muster re oder li str, bis insg 20 Zun gestr sind = 66(76)86 M.
Die neuen M in das Muster einfügen.

Gr. XL/XXL:
8 R im Muster ohne Zun str.

Alle Gr.:
Nach einer RückR enden.

KÖRPER

Den Rücken und das rechte Vorderteil wieder auf die Nd setzen.

Nun über alle Teile im Muster und mit dem ersten Knopfloch str (HinR):
66(76)86 M über das linke Vorderteil str – 8 neue M anschl – 112(132)152 RückenM str – 8 neue M anschl – 56(66)76 M über das rechte Vorderteil str – 2 re verschr zus – 2 M anschl – 2 re zus – 6 M wie bisher str = 260(300)340 M.

23 R im Muster und mit Rippen an den vorderen Rändern str.

In der nächsten R (HinR) das 2. Knopfloch wie das 1. Knopfloch str.

1. Zun str (RückR): 23 M wie bisher str – *1 ZunL re str – 20 M wie bisher str*.
Von * bis * wdh. Enden mit 1 ZunL re str – 37 M wie bisher str = 271(313)355 M.
Die neuen M in das Muster einfügen.

22 MusterR str
In der nächsten R (HinR) das 3. Knopfloch str.

2. Zun str (RückR): 34 M wie bisher str - *1 ZunL re str – 21 M wie bisher str*.
Von * bis * wdh. Enden mit 1 ZunL re str – 27 M = 282(326)370 M.

Nach der 2. Zun noch 11 R str.

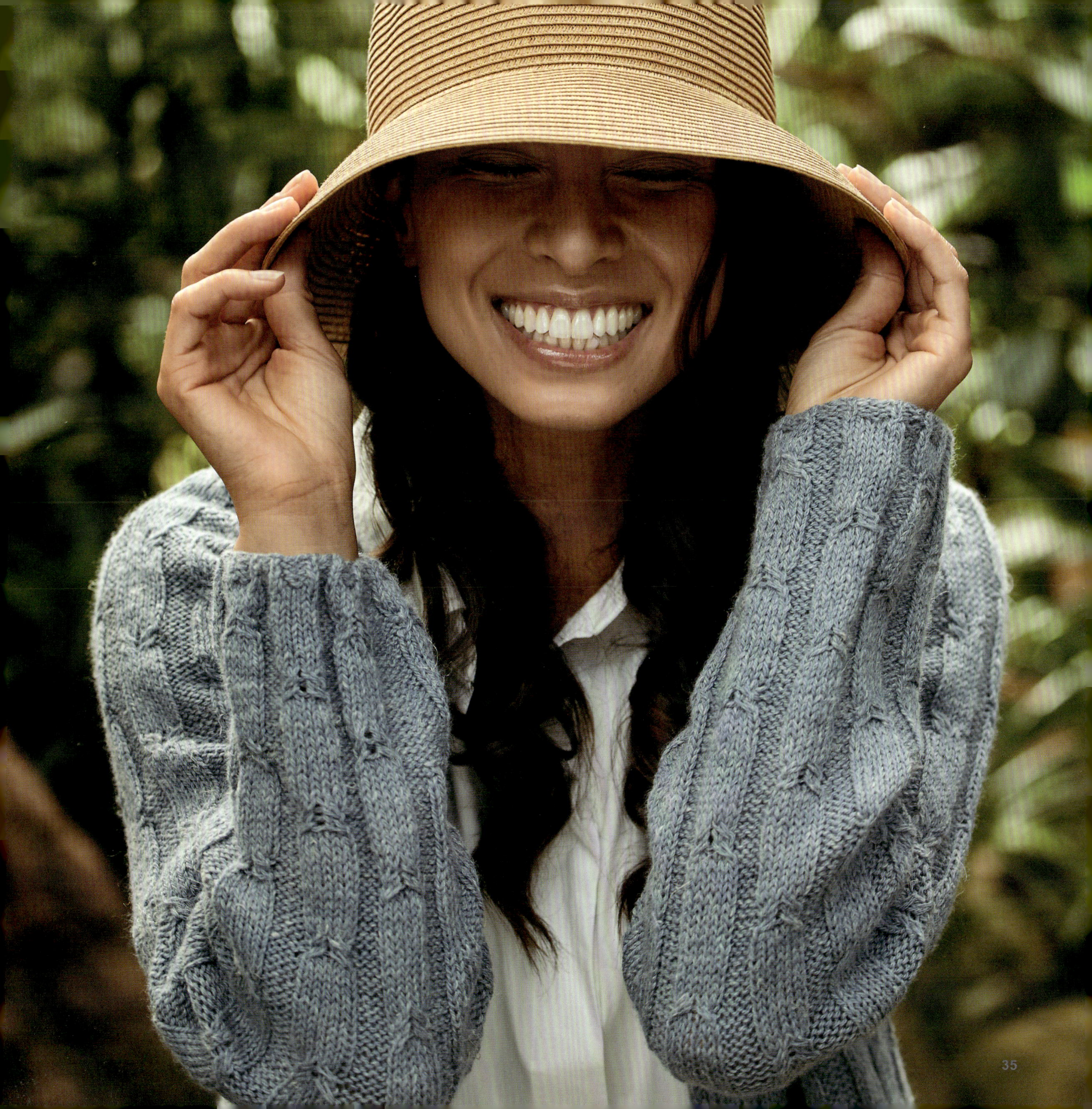

RECHTE TASCHE

Reihe 1 (RückR): 61 M im Muster str.
Wenden. Die restlichen M stilllegen.
Reihe 2: 1abhFv – 2 re – eine Markierung setzen – 1 ZunR li str – die R wie bisher zu Ende str = 62 M.
Die neuen M in das Muster einfügen.

Reihe 3: Im Muster bis zu den letzten 4 M str – 1 re – 2 li – 1 re. Wenden.

8 R im Muster str und dabei in allen HinR nach der Markierung ZunR laut Muster re oder li str = 66 M.

Reihe 12 mit 4. Knopfloch (HinR): 1abhFv – 2 re – 1 ZunR re str – im Muster bis zu den letzten 10 M str – 2 re verschr zus – 2 M anschl – 2 re zus – 6 M im Muster str = 67 M.

Reihe 13 mit 3. Zun str: 23 M im Muster str – 1 ZunL re str – 22 M im Muster str – 1 ZunL re str – 18 M im Muster str – 3 li – 1 re = 69 M.
Wenden.

22 R im Muster str und dabei in allen HinR nach der Markierung ZunR laut Muster re oder li str = 80 M.

5. Knopfloch str (HinR): 1abhFv – 2 re – 1 ZunR li str – im Muster bis zu den letzten 10 M str – 2 re verschr zus – 2 M anschl – 2 re zus – 6 M im Muster str = 81 M.

4. Zun str: 35 M im Muster str – 1 ZunL re str – 23 M im Muster str – 1 ZunL re str – die R im Muster zu Ende str = 83 M. Wenden.

12 R im Muster str und dabei in allen HinR nach der Markierung ZunR laut Muster re oder li str = 89 M.
Nach einer RückR enden.
Den Faden abschneiden und die M stilllegen.

TASCHENBEUTEL UND RÜCKEN

23 M anschl.
Reihe 1 (RückR): 1 re – 6 li – 5 re – 6 li – 5 re – im Muster eine RückR über die 160(204)248 RückenM str – 23 M anschl = 206(250)294 M.
Die restlichen 61 M stilllegen. Sie werden später wieder mitgestrickt.

In Reihen hin und zurück über die 206(250)294 M str.
Reihe 1 (HinR): 7 re –*5 li – 6 re*.
Von * bis * wdh. Enden mit 1 re.
Reihe 2: 1 re – *6 li – 5 re*.
Von * bis * wdh. Enden mit 6 li – 1 re.
Im Muster weiter str.

Insg 11 R str. Die letzte R ist eine HinR.

3. Zun str: 7 M im Muster str – *1 ZunL re str – 22 M im Muster str*.
Von * bis * wdh. Enden mit 1 re = 215(261)307 M.

23 R str. Die letzte R ist eine HinR.

4. Zun str: 19 M im Muster str – *1 ZunL re str – 23 M im Muster str*.
Von * bis * wdh. Enden mit – 1 ZunL re str – 12 M = 224(272)320 M.

12 R str. Die letzte R ist eine RückR.

Die mittleren 128(176)224 RückenM und die letzten 48 TaschenM stilllegen.
Über die ersten 48 M 16 R im Muster hin und zurück str.
Die M abk und den Faden abschneiden.

Über die anderen 48 TaschenM 16 R im Muster hin und zurück str. Mit einer HinR beg.
Die M abk und den Faden abschneiden.

LINKE TASCHE

Die 61 M des linken Vorderteils wieder auf eine Nd setzen.

Reihe 1 (RückR):
1abhFv – 2 li – 58 M im Muster str.
Reihe 2: Im Muster bis zu den letzten 3 M str – 1 ZunL li str – eine Markierung setzen – 3 re = 62 M.
Die neuen M in das Muster einfügen.

Reihe 3: 1abhFv – 2 li – die R im Muster zu Ende str.

9 R im Muster str und dabei in allen HinR vor der Markierung ZunL laut Muster re oder li str = 67 M.

Reihe 13 mit 3. Zun (RückR):
6 M im Muster str – 1 ZunL re str –
22 M im Muster str – 1 ZunL re str –
die R im Muster zu Ende str = 69 M.

23 R im Muster str und dabei in allen HinR vor der Markierung ZunL laut Muster re oder li str = 81 M.

4. Zun (RückR): 30 M im Muster str – 1 ZunL re str – 23 M im Muster str – 1 ZunL re str – die R im Muster zu Ende str = 83 M.

9 R im Muster str und dabei in allen HinR vor der Markierung ZunL laut Muster re oder li str = 88 M.

Nach einer RückR enden.
Den Faden nicht abschneiden.

KÖRPER

Das rechte Vorderteil und den Rücken wieder auf die Nd setzen.

Eine HinR über alle Teile str: Das linke Vorderteil im Muster bis zur Markierung str – 1 ZunL li str – 2 li – die letzte M mit der ersten RückenM li zus str – weiter im Muster str und vor der letzten RückenM enden – diese mit der ersten M des rechten Vorderteils li zus str – 2 li – das rechte Vorderteil im Muster str = 304(352)400 M.

9 R im Muster str.
In der nächsten HinR das 6. Knopfloch str.
17 R im Muster str.

Im Rippenmuster str.
Reihe 1 (HinR): 1abhFv – *2 re – 2 li*.
Von * bis * wdh. Enden mit 3 re.
Reihe 2: 1abhFv – *2 li – 2 re*.
Von * bis * wdh. Enden mit 2 li – 1 re.
Im Rippenmuster abk.

FERTIGSTELLUNG

Die Kragennaht in der Nackenmitte schließen und den Kragen an den Halsrand nähen.
Vor dem Einnähen die Ärmel und Schultern mit Nadeln in den Armausschnitt heften. Von der Außenseite einnähen.
Die Taschenbeutel an der Innenseite befestigen.
Alle Fäden vernähen und die Knöpfe annähen.

GRAMM

In den HinR li – in den RückR re str

In den HinR re – in den RückR li str

2 M auf eine HilfsNd hinter die Arbeit legen – 1 re – die 2 M der HilfsNd re str

1 M auf eine HilfsNd vor die Arbeit legen – 2 re – die M der HilfsNd re str

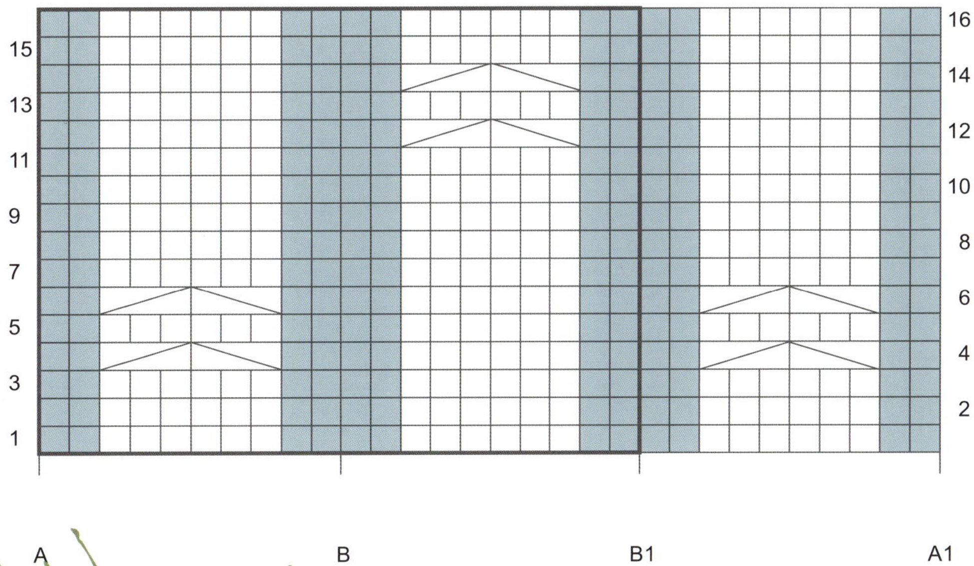

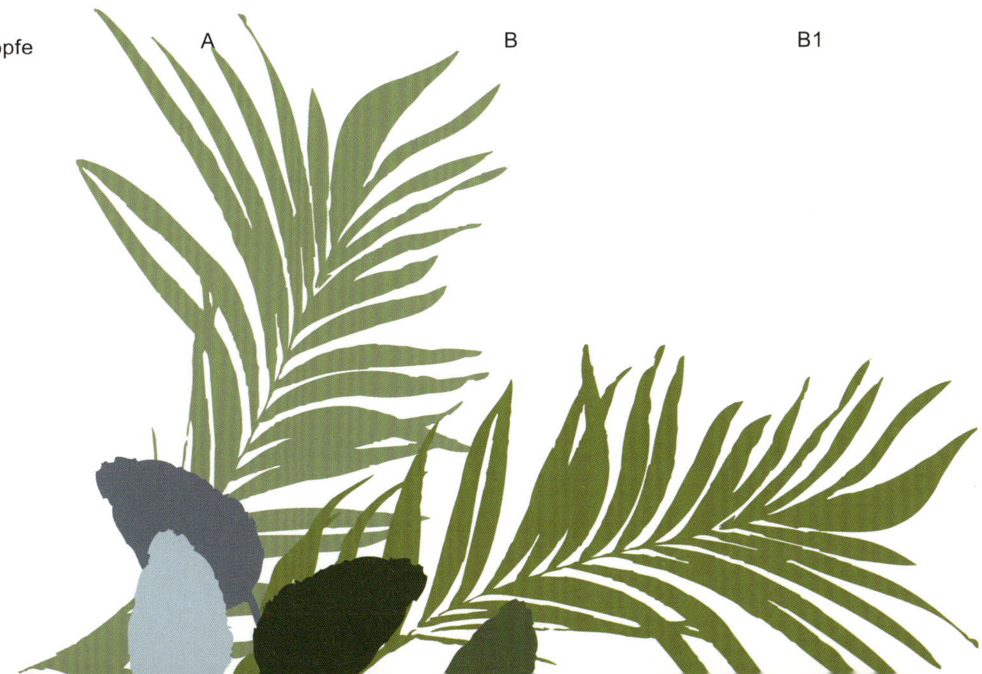

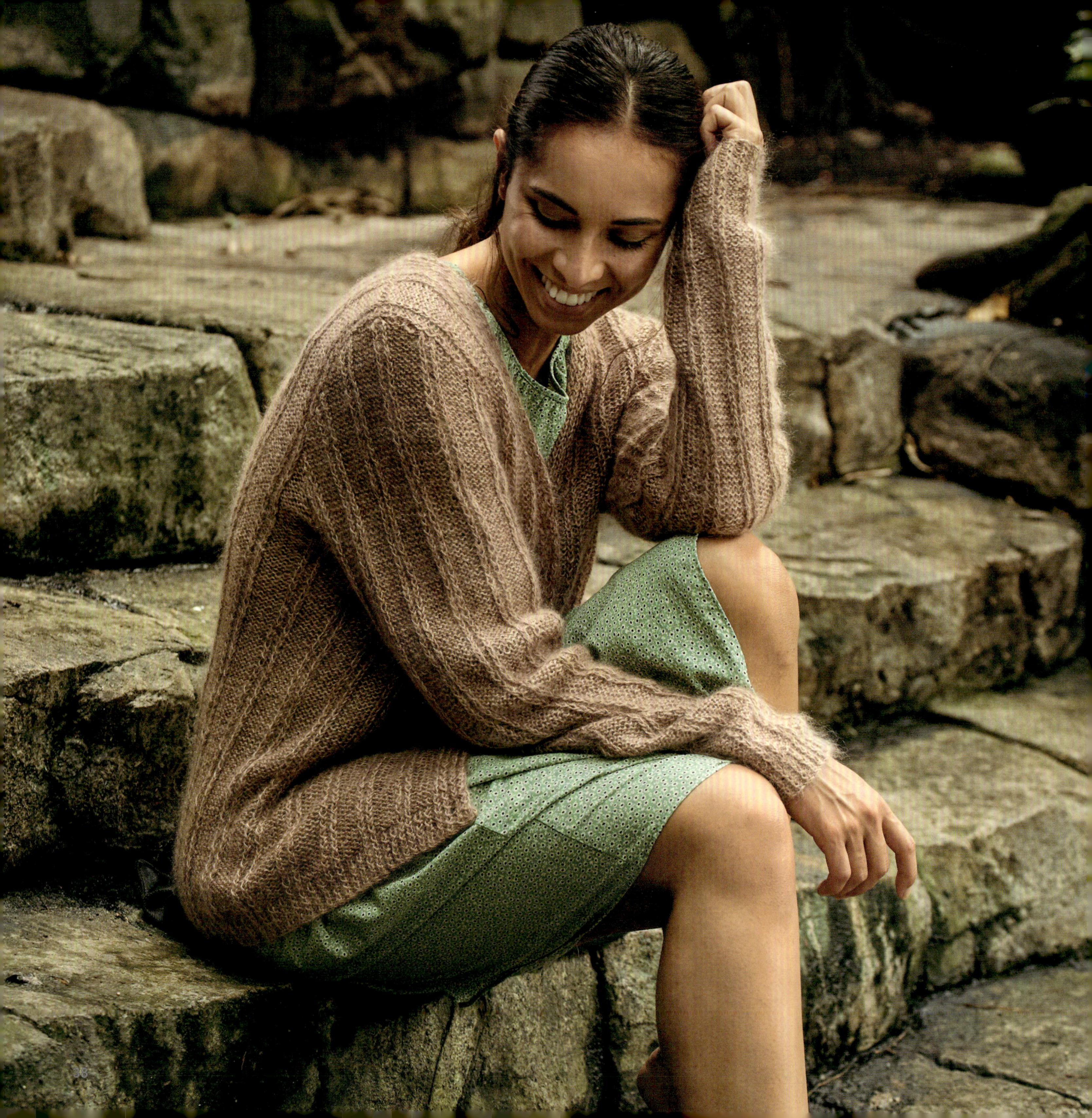

Harmonie

Die Balinesen glauben an die Harmonie zwischen Mensch und Natur. Sie glauben, dass jeder einzelne Baum und jeder einzelne Stein seine eigene Seele hat. Sie sind bestrebt, mit sich und ihrer Umgebung im Gleichgewicht zu sein. Gelingt dies, kann man anschließend bei der nächsten Reinkarnation ein besseres Leben erlangen.

Die Verbundenheit mit der Natur zeigt sich auch in den Traditionen und religiösen Ritualen, bei denen Gestecke aus Bambus, Bananenblättern und anderen Naturmaterialien hergestellt werden. Jeden Tag werden auf Bali Tausende von kleinen Opfergaben ausgelegt.

Gr.: S(M)L(XL)XXL

Halbe Oberweite: 48(52)56(60)64 cm
Länge: 57(58)58(57)57 cm
Ärmellänge ab Armausschnitt: 45(44)43(42)41 cm

Material
A: 300(300)350(350)400g Isager Organic Hør Farbe Camel
B: 125(125)150(150)175g Isager Silk Mohair Farbe 62
Mit je 1 Faden beider Qualitäten stricken

6 Knöpfe

Rund- und Strumpfnadeln 3½ und 4 mm

Maschenprobe in glatt rechts mit Nd 4 mm: 10 cm = 20 M und 26 R

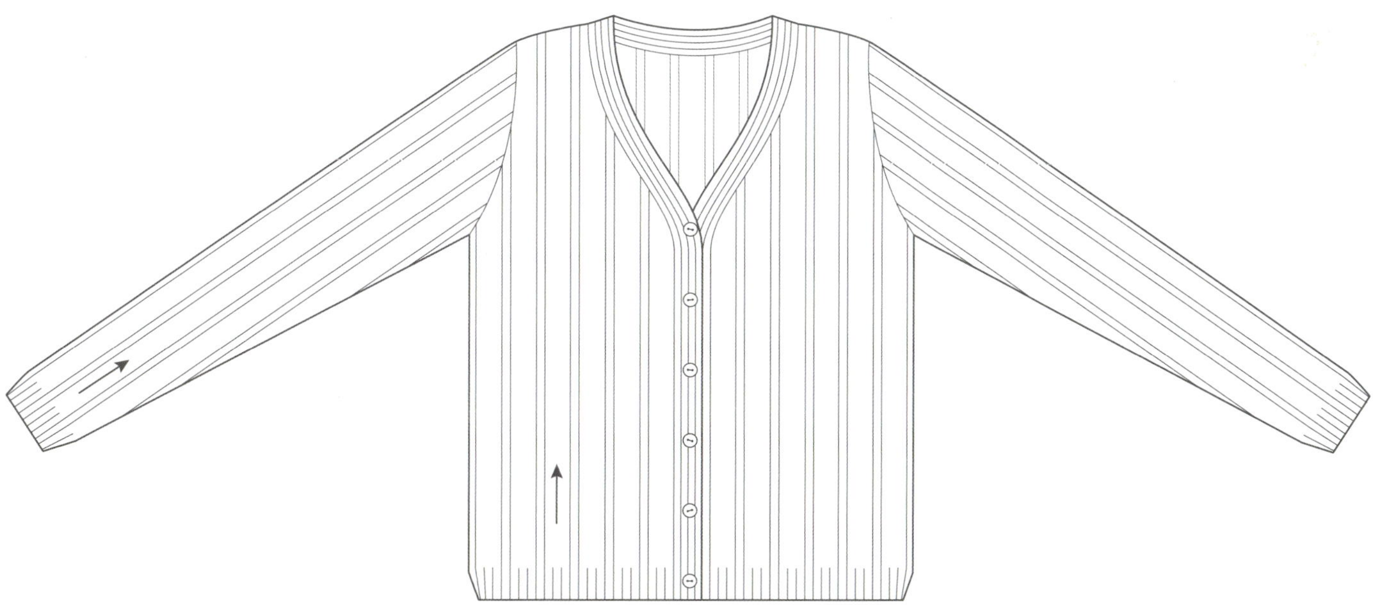

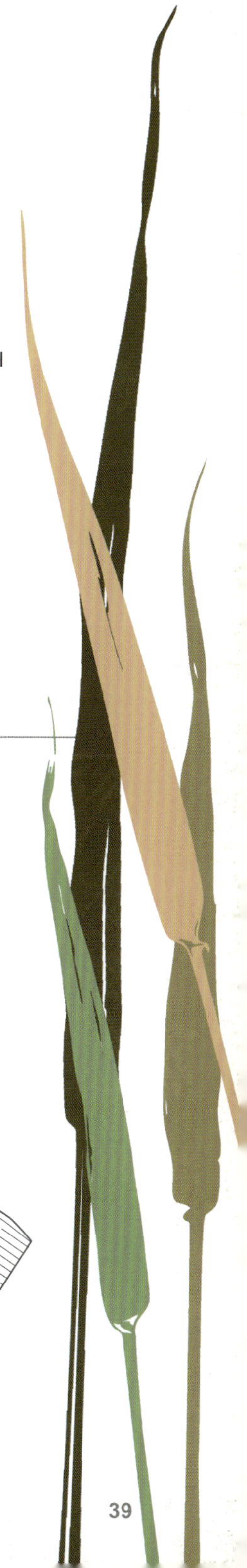

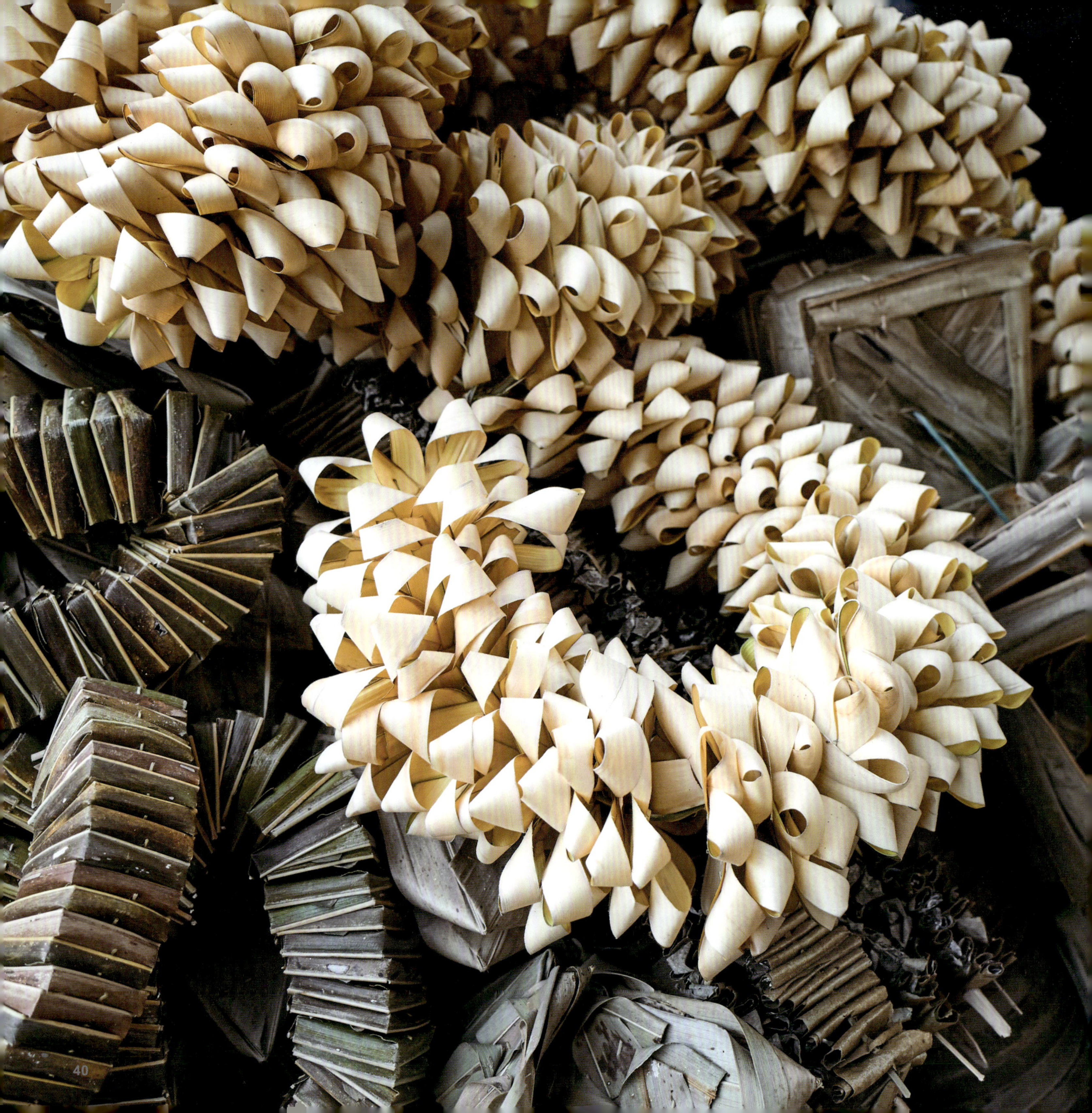

KÖRPER

197(213)229(245)261 M mit beiden Qualitäten und Nd 3½ mm anschl.
In Reihen hin und zurück str.

Reihe 1 (RückR): 1abhFv (s. Abk.) – *1 li – 1 re verschr*.
Von * bis * wdh. Enden mit 1 li – 1 re.
Reihe 2: 1abhFv – *1 re verschr – 1 li*.
Von * bis * wdh. Enden mit 1 re verschr – 1 re.
Reihen 3 – 4: Wie Reihen 1 – 2 str.
Reihe 5: Wie Reihe 1 str.

Reihe 6 mit 1. Knopfloch (HinR): 1abhFv – 1re verschr – 1 li – 2 re verschr zus – U – *1 re verschr – 1 li*.
Von * bis * wdh. Enden mit 1 re verschr – 1 re.
Reihe 7: 1abhFv – *1 li – 1 re verschr*.
Von * bis * wdh, bis noch 5 M auf der Nd sind. Den U re str (nicht verschr), damit das Loch größer wird – 1 li – 1 re verschr – 1 li – 1 re.
Reihe 8: Wie Reihe 2 str.
Reihe 9: Wie Reihe 1 str.

Zu Nd 4mm wechseln und im Muster str.
Reihe 1 (HinR): Die ersten 8 M wie bisher str – eine Markierung setzen – *5 li – 1 re verschr – 1 li – 1 re verschr*.
Von * bis * wdh. Enden mit 5 li – eine Markierung setzen – die letzten 8 M wie bisher str.
Reihe 2: Die ersten 8 M wie bisher str – *5 re – 1 li – 1 re verschr – 1 li*.
Von * bis * wdh. Enden mit 5 re – die letzten 8 M wie bisher str.

Im Muster weiter str.
Das Knopfloch in jeder 18.(18.)18.(16.)16. R wdh, bis 6 Knopflöcher gestr sind.
Nach dem letzten Knopfloch 1 R im Muster str.
Die Arbeit misst ca. 38(38)38(34)34 cm.

Am Armausschnitte abk (HinR):
49(53)57(61)65 M im Muster str – 3 M abk – 93(101)109(117)125 M im Muster str (die 1. M ist bereits auf der Nd) – 3 M abk – 49(53)57(61)65 M im Muster str (die 1. M ist bereits auf der Nd).

Das rechte Vorderteil und den Rücken stilllegen und jedes Teil für sich fertig str.

LINKES VORDERTEIL

Im Muster weiter str und gleichzeitig am Armausschnitt abk und Abn für den V-Ausschnitt str.

Reihe 1 mit Abn am V-Ausschnitt (RückR): 7 M str – 2 li zus – R zu Ende str = 48(52)56(60)64 M.
Reihe 2: 2(2)3(4)4 M abk – R zu Ende str = 46(50)53(56)60 M.
Reihe 3 mit Abn am V-Ausschnitt: 7 M str – 2 li zus – R zu Ende str = 45(49)52(55)59 M.
Reihe 4: 2(2)3(3)3 M abk – R zu Ende str = 43(47)49(52)56 M.
Reihe 5: Im Muster str.
Reihe 6: 2(2)2(3)3 M abk – R zu Ende str = 41(45)47(49)53 M.

Reihe 7 mit Abn am V-Ausschnitt: 7 M str – 2 li zus – R zu Ende str = 40(44)46(48)52 M.
Reihe 8: 1(2)2(3)2 M abk – R zu Ende str = 39(42)44(45)50 M.
Reihe 9 mit Abn am V-Ausschnitt: 7 M str – 2 li zus – R zu Ende str = 38(41)43(44)49 M.
Reihe 10: 1(1)2(2)2 M abk – R zu Ende str = 37(40)41(42)47 M.
Reihe 11: Im Muster str.
Reihe 12: 1(1)1(2)2 M abk – R zu Ende str = 36(39)40(40)45 M.

Reihe 13 mit Abn am V-Ausschnitt: 7 M str – 2 li zus – R zu Ende str = 35(38)39(39)44 M.
Reihe 14: 1 M abk – R zu Ende str = 34(37)38(38)43 M.
Reihe 15 mit Abn am V-Ausschnitt: 7 M str – 2 li zus – R zu Ende str = 33(36)37(37)42 M.
Reihe 16: 1 M abk – R zu Ende str = 32(35)36(36)41 M.

Gr. L(XL)XXL:
Reihe 17: Im Muster str.
Reihe 18: 1 M abk – R zu Ende str = 35(35)40 M.

Alle Gr.:
Am Armausschnitt keine weiteren M abk.
Die RandM am Armausschnitt nun in allen R re str.
Die Abn am V-Ausschnitt wie bisher abwechselnd in jeder 2. und jeder 4. R fortsetzen, bis insg 16 Abn gestr sind = 22(25)25(25)30 M.

Nach der letzten Abn 1(5)5(13)13 R str.
Der Armausschnitt misst ca. 19(20)20(23)23 cm.
Die letzte R ist eine HinR.

Ein verlängertes Kragenband str und dafür über die ersten 9 M noch 23 R im Rippenmuster str.
Die letzten 13(16)16(16)21 M stilllegen.
Die KragenM ebenfalls stilllegen.

RECHTES VORDERTEIL

Im Muster weiter str und gleichzeitig am Armausschnitt abk und Abn für den V-Ausschnitt str.

Reihe 1 mit Abn am V-Ausschnitt (RückR): 2(2)3(4)4 M abk – bis zu den letzten 9 M str – 2 li verschr zus – 7 M wie bisher str = 46(50)53(56)60 M.
Reihe 2: Im Muster str.
Reihe 3 mit Abn am V-Ausschnitt: 2(2)3(3)3 M abk – bis zu den letzten 9 M str – 2 li verschr zus – 7 M wie bisher str = 43(47)49(52)56 M.
Reihe 4: Im Muster str.
Reihe 5: 2(2)2(3)3 M abk – R zu Ende str = 41(45)47(49)53 M.

Reihe 6: Im Muster str.

Reihe 7 mit Abn am V-Ausschnitt: 1(2)2(3)2 M abk – bis zu den letzten 9 M str – 2 li verschr zus – 7 M str = 39(42)44(45)50 M.
Reihe 8: Im Muster str.
Reihe 9 mit Abn am V-Ausschnitt: 1(1)2(2)2 M abk – bis zu den letzten 9 M str – 2 li verschr zus – 7 M str = 37(40)41(42)47 M.
Reihe 10: Im Muster str.
Reihe 11: 1(1)1(2)2 M abk – R zu Ende str = 36(39)40(40)45 M.
Reihe 12: Im Muster str.

Reihe 13 mit Abn am V-Ausschnitt: 1 M abk – bis zu den letzten 9 M str – 2 li verschr zus – 7 M str = 34(37)38(38)43 M.
Reihe 14: Im Muster str.
Reihe 15 mit Abn am V-Ausschnitt: 1 M abk – bis zu den letzten 9 M str – 2 li verschr zus – 7 M str = 32(35)36(36)41 M.

Gr. L(XL)XXL:
Reihe 16: 1 M abk – R zu Ende str = 35(35)40 M.

Alle Gr.:
Am Armausschnitt keine weiteren M abk. Die RandM am Armausschnitt nun in allen R re str.
Die Abn am V-Ausschnitt wie bisher abwechselnd in jeder 2. und jeder 4. R fortsetzen, bis insg 16 Abn gestr sind = 22(25)25(25)30 M.

Nach der letzten Abn 2(6)6(14)14 R str.
Der Armausschnitt misst ca. 19(20)20(23)23 cm.
Die letzte R ist eine HinR.

Ein verlängertes Kragenband str und dafür über die ersten 9 M noch 23 R im Rippenmuster str.
Die letzten 13(16)16(16)21 M stilllegen.

Die zwei Halsränder mit den Außenseiten aneinander legen und mit einer dritten Nd die gegenüberliegenden M zus str und gleichzeitig abk.

RÜCKEN

Die RückenM wieder auf die Nd setzen.
Mit einer RückR beg.

Im Muster weiter str und für die Armausschnitte am Anfang jeder R abk.

Gr. (XL)XXL:
Beidseitig (1)1-mal 4 M abk = (109)117 M.

Gr. L(XL)XXL:
Beidseitig 2(3)2-mal 3 M abk = 97(91)105 M.

Alle Gr.:
Beidseitig 3(4)3(2)3-mal 2 M abk = 81(85)85(83)93 M.
Beidseitig 5(4)4(3)3-mal 1 M abk = 71(77)77(77)87 M.

25(31)29(37)37 R ohne Abn str.

Am Nacken abk (HinR):
13(16)16(16)21 M im Muster str – 45 M nicht zu locker abk – 13(16)16(16)21 M im Muster str (die 1. M ist bereits auf der Nd).

Jede Schulter für sich fertig str.
4 R im Muster über die 13(16)16(16)21 M der linken Schulter str.
Die RandM am Nacken in allen R re str.

Die M des linken Vorderteils wieder auf eine Nd setzen.
Die Außenseiten des Rückens und Vorderteils aneinanderlegen, die gegenüberliegenden M mit einer 3. Nd zus str und gleichzeitig abk.

4 R im Muster über die 13(16)16(16)21 M der rechten Schulter str
Mit einer RückR beg.
Danach mit der rechten Vorderteilschulter zus str.

ÄRMEL

41(41)41(45)45 M mit beiden Qualitäten und Nd 3½ mm anschl.
In Reihen hin und zurück str.

Reihe 1 (RückR): 1 re – *1 li – 1 re verschr*.
Von * bis * wdh. Enden mit 1 li – 1 re.
Reihe 2: 1 re – *1 re verschr – 1 li*.
Von * bis * wdh. Enden mit 1 re verschr – 1 re.
Reihen 3 – 8: Wie Reihen 1 – 2 str.
Reihe 9: Wie Reihe 1 str.

Zu Nd 4 mm wechseln.
Zun str (HinR): 1 re – 0(0)0(2)2 li – *1 re verschr – 1 li – 1 re verschr – 1 neue li (s. Abk.) – 3 li – 1 neue li*.
Von * bis * wdh. Enden mit 1 re verschr – 1 li – 1 re verschr – 0(0)0(2)2 li – 1 re = 53(53)53(57)57 M.

Im Muster str.
Reihe 1: 1(1)1(3)3 re – *1 li – 1 re verschr – 1 li – 5 re*.
Von * bis * wdh. Enden mit 1 li – 1 re verschr – 1 li –1(1)1(3)3 re.
Reihe 2: 1 re – 0(0)0(2)2 li – *1 re verschr – 1 li – 1 re verschr – 5 li*.
Von * bis * wdh. Enden mit 1 re verschr – 1 li – 1 re verschr – 0(0)0(2)2 li – 1 re.

Insg 8(2)8(2)2 R im Muster str.

Zun str (RückR): 1 re – 1 neue re (s. Abk.) – 0(0)0(2)2 re – *1 li – 1 re verschr – 1 li – 5 re*.
Von * bis * wdh. Enden mit 1 li – 1 re verschr – 1 li – 0(0)0(2)2 re – 1 neue re – 1 re = 55(55)55(59)59 M.

Im Muster weiter str.
Die Zun in jeder 10.(8.)6.(6.)4. R insg 9(13)15(17)10 mal str = 71(79)83(91)77 M.
Die neuen M in das Muster einfügen.

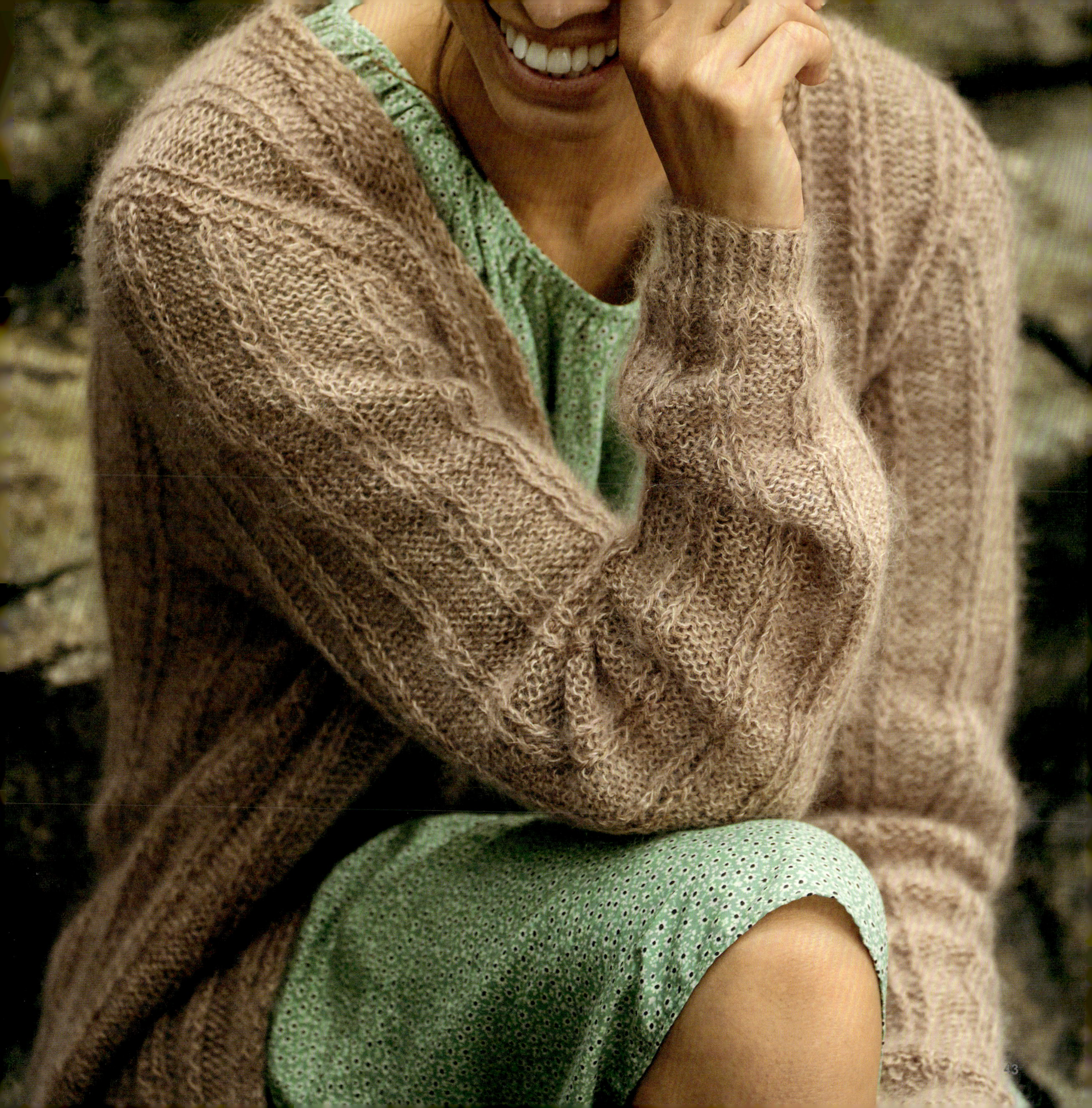

Je nach Muster die neuen M links oder rechts str.

Gr. XXL:
Die Zun noch 9-mal in jeder 6. R str = 95 M.

Alle Gr.:
Gerade weiter str, bis der Ärmel 45(44)43(42)41 cm misst.
Mit einer RückR enden.

Beidseitig 2(2)2(3)3-mal 3 M abk = 59(67)71(73)77 M.
Beidseitig 2(2)2(2)3-mal 2 M abk = 51(59)63(65)65 M.
Beidseitig 8-mal 1 M abk = 35(43)47(49)49 M.
Beidseitig 3(3)4(4)4-mal 2 M abk = 23(31)31(33)33 M.
Beidseitig 2(3)3(3)3-mal 3 M abk = 11(13)13(15)15 M.

Die letzten M abk.

Den zweiten Ärmel genauso str.

FERTIGSTELLUNG
Vor dem Annähen den Halsrand mit Nadeln im Nacken ausrichten und festheften. Von der Außenseite annähen.
Die Ärmel von der Außenseite einnähen.
Alle Fäden vernähen und die Knöpfe annähen.

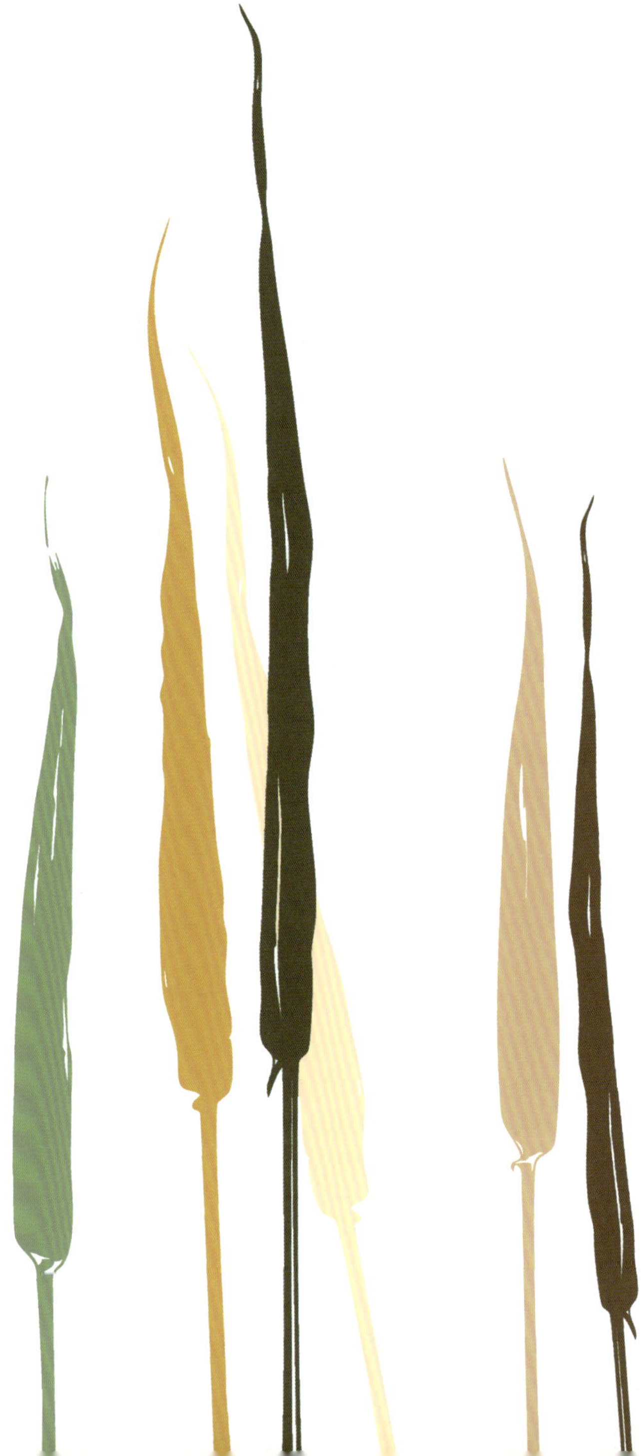

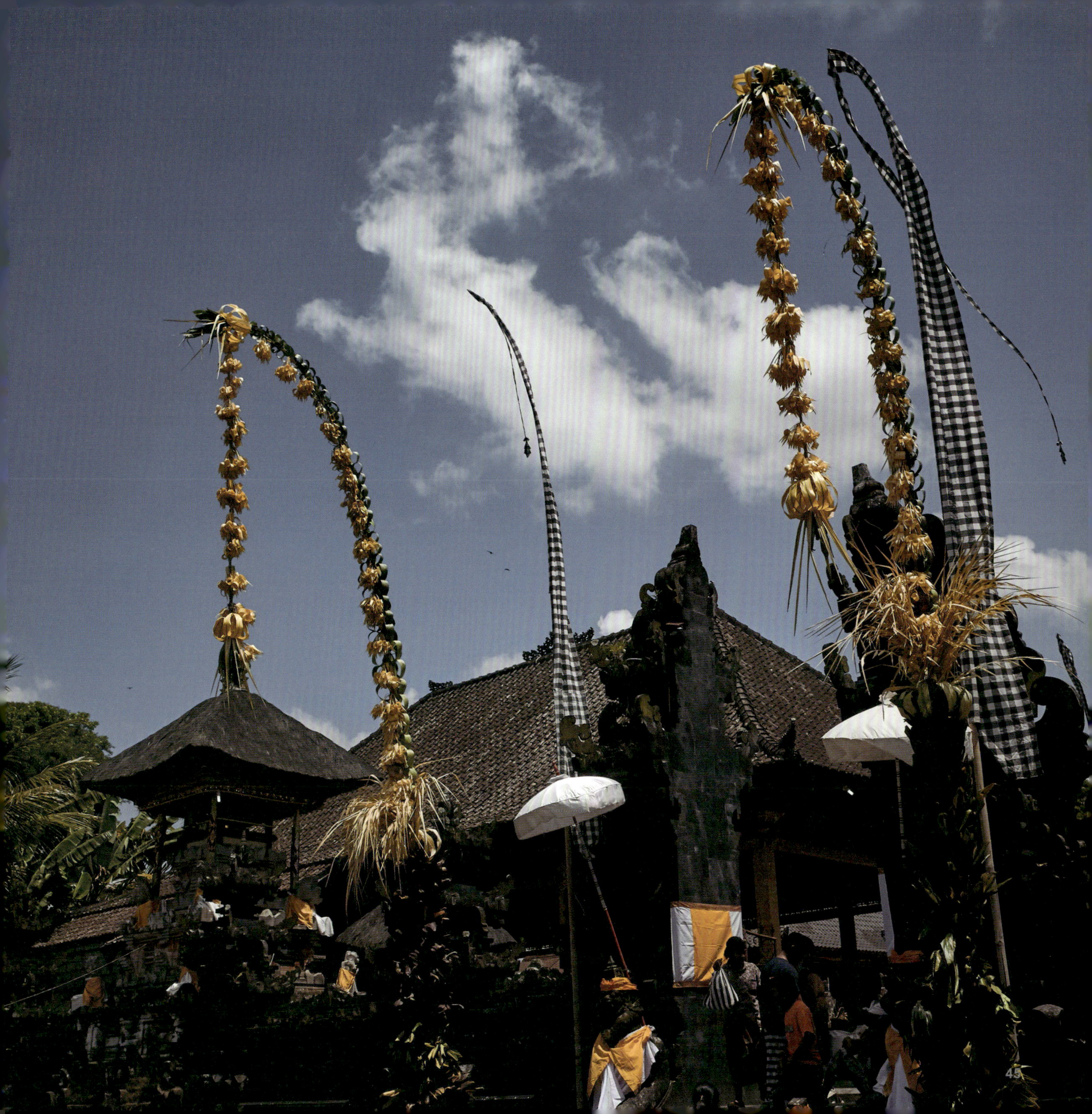

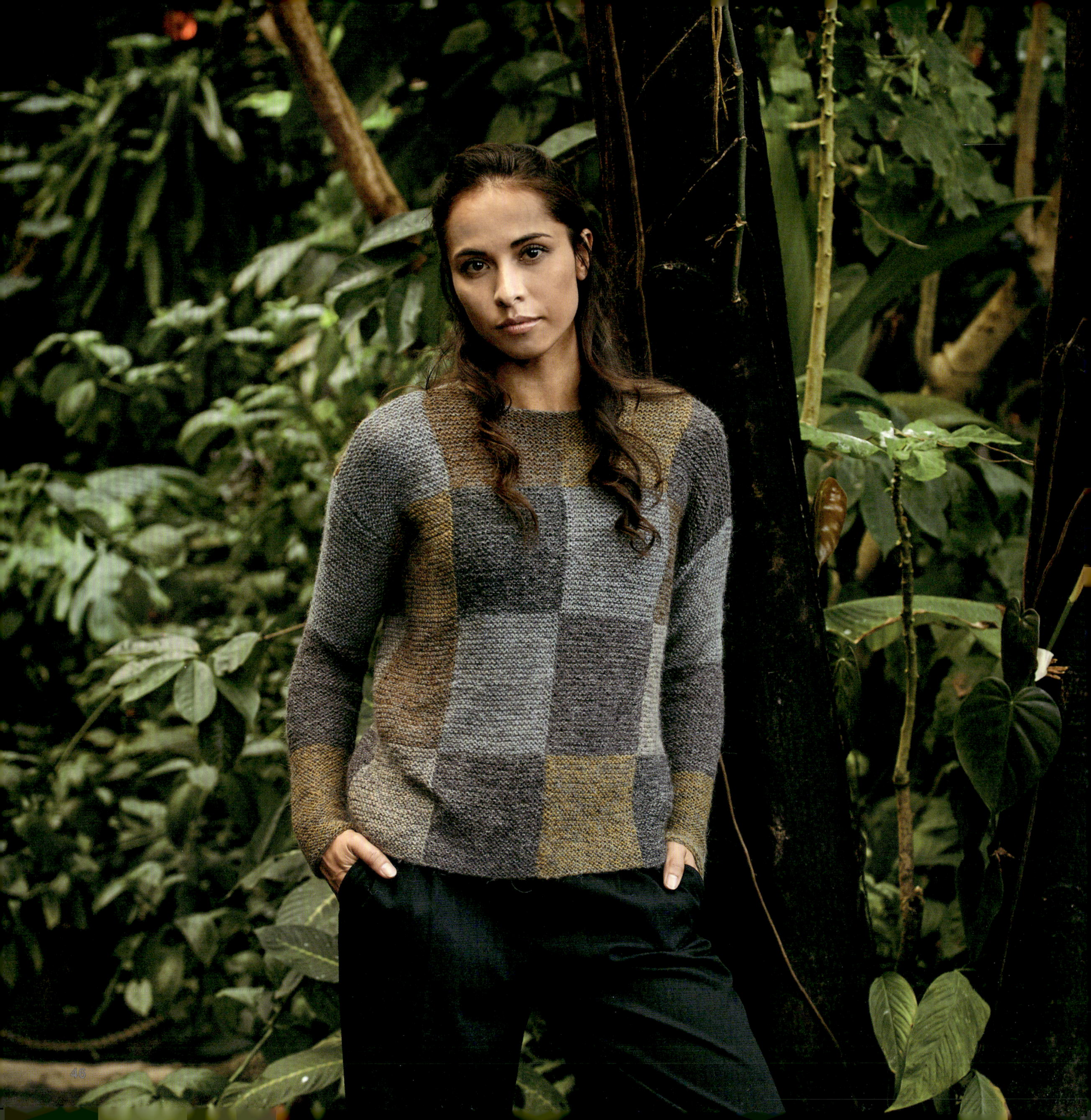

Regenzuflucht

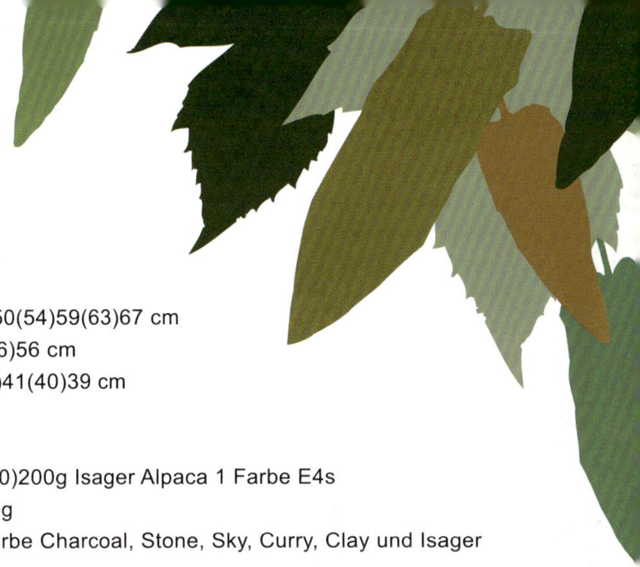

Auf Bali regnet es gelegentlich – sonst wäre die Insel nicht so üppig. Aber es ist selten, dass der Regen stundenlang anhält.
Aber man sei gewarnt: Die Wolken ziehen sich zusammen, es wehen kräftige Böen – und dann gilt es Schutz vor dem heranziehenden Regen zu finden.

Ich hatte das Glück, einen guten Platz für die kleine Pause zu finden, die der Regen einem gewährt. Alle suchen Zuflucht, also kann man daraus genauso gut ein gemütliches Treffen mit Plauderei machen. Ich bin immer noch dankbar dafür, dass ich vor meinem ersten Besuch auf Bali vor über 30 Jahren sehr begeistert indonesische Wörter gelernt habe. Damals war es notwendig - heute sprechen die meisten Leute Englisch. Aber es entlockt den Balinesen immer noch ein anerkennendes Lächeln und sie sorgen ihrerseits dafür meinen erbärmlichen Wortschatz zu verbessern.

Gr.: S(M)L(XL)XXL

Halbe Oberweite: 50(54)59(63)67 cm
Länge: 54(55)55(56)56 cm
Ärmellänge: 42(41)41(40)39 cm

Material
A: 150(150)150(200)200g Isager Alpaca 1 Farbe E4s
6 Effektfarben à 50g
Isager Highland Farbe Charcoal, Stone, Sky, Curry, Clay und Isager Tvinni 60s

Rundnadeln 3 und 3½ mm

Maschenprobe kraus rechts gestrickt mit Nd 3½ mm: 10 cm = 19 M und 40 R

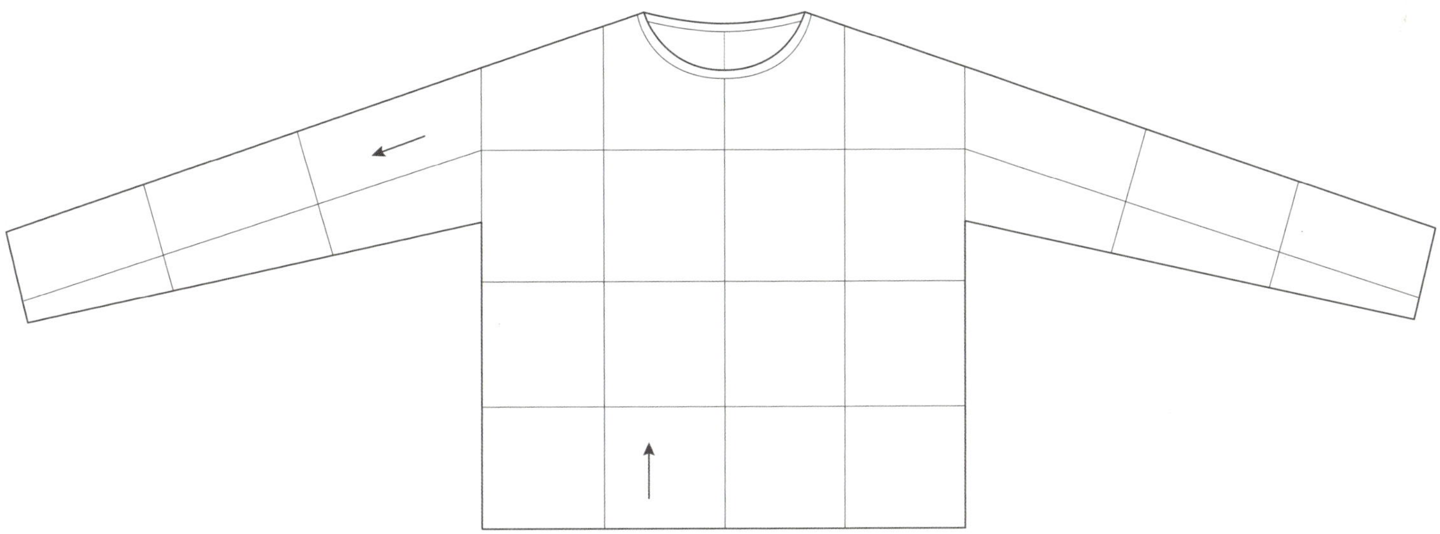

RÜCKEN

24(26)28(30)32 M mit A + Effektfarbe und Nd 3½ mm anschl. Die Effektfarbe hängenlassen.
24(26)28(30)32 M mit A + neuer Effektfarbe anschl. Die Effektfarbe hängen lassen.
24(26)28(30)32 M mit A + neuer Effektfarbe anschl. Die Effektfarbe hängen lassen.
24(26)28(30)32 M mit A + neuer Effektfarbe anschlagen = 96(104)112(120)128 M.

In Reihen hin und zurück str.
Mit A nun durchgehend weiter str.
In den RückR die Fäden beim Farbwechsel vor der Arbeit halten = auf der Innenseite.
In den HinR die Fäden beim Farbwechsel hinter der Arbeit halten = auf der Innenseite.

Reihe 1 (RückR):
24(26)28(30)32 re mit A + Effektfarbe – *die Fäden der Effektfarben einmal miteinander verdrehen bevor 24(26)28(30)32 re mit A + der nächsten Effektfarbe gestr werden*. Von * bis * wdh.
Reihe 2: Wie Reihe 1 str.
Reihen 1 – 2 wdh, bis 53 R gestr sind.
Der erste Karoblock ist fertig.

Alle Effektfarben abschneiden, mit neuen Effektfarben austauschen und über 54 R die Reihen 1 – 2 für den 2. Karoblock wdh .

Alle Effektfarben abschneiden, mit neuen Effektfarben austauschen und über 54 R die Reihen 1 – 2 für den 3. Karoblock wdh .

Alle Effektfarben abschneiden, mit neuen Effektfarben austauschen und über 38 R die Reihen 1 – 2 für den 4. Karoblock wdh.

RÜCKENSCHULTERN

Für die Schulterschrägen beidseitig am Anfang jeder R 5(6)7(8)9-mal 4 M abk = 56 M.
Jede Seite für sich fertig str.

RECHTE SCHULTER

Reihe 1: 4 M abk – 8 re (die 1. M ist bereits auf der Nd). Die Arbeit wenden.
Reihe 2: 8 re.
Reihe 3: 4 M abk – 4 re (die 1. M ist bereits auf der Nd). Die Arbeit wenden.
Reihe 4: 4 re.
Reihe 5: Die letzten 4 M abk.

LINKE SCHULTER

Die mittleren 32 RückenM stilllegen.
Mit einer HinR nach den stillgelegten M beg.
Reihe 1: 12 re.
Reihe 2: 4 M abk – 8 re (die 1. M ist bereits auf der Nd).
Reihe 3: 8 re.
Reihe 4: 4 M abk – 4 re (die 1. M ist bereits auf der Nd). Die Arbeit wenden.
Reihe 5: 4 re.
Reihe 6: Die letzten 4 M abk.

VORDERTEIL

Wie den Rücken str, bis 38 R des 4. Karoblocks erreicht sind.
Nun jede Seite für sich fertig str.

LINKE SCHULTER

Reihe 1 (HinR): 4 M abk (Schulter) – 36(41)46(51)56 re (die 1. M ist bereits auf der Nd). Die Arbeit wenden.
Reihe 2: 1 M abk (Halsausschnitt) – 35(40)45(50)55 re (die 1. M ist bereits auf der Nd).
Reihe 3: 4 M abk – 31(36)41(46)51 re (die 1. M ist bereits auf der Nd). Die Arbeit wenden.
Reihe 4: 1 M abk – 30(35)40(45)50 re (die 1. M ist bereits auf der Nd).

Weiterhin in den HinR 4 M an der Schulter und in den RückR 1 M am Halsausschnitt abk, bis keine M mehr auf der Nd sind.

RECHTE SCHULTER

Die mittleren 16(14)12(10)8 VorderteilM stilllegen.
Mit einer HinR nach den stillgelegten M beg.

Reihe 1 (HinR): 1 M abk (Halsausschnitt) – 39(44)49(54)59 re (die 1. M ist bereits auf der Nd).
Reihe 2: 4 M abk (Schulter) – 35(40)45(50)55 re (die 1. M ist bereits auf der Nd).
Reihe 3: 1 M abk – 34(39)44(49)54 re (die 1. M ist bereits auf der Nd).
Reihe 4: 4 M abk – 30(35)40(45)50 re (die 1. M ist bereits auf der Nd).

Weiterhin in den RückR 4 M an der Schulter und in den HinR 1 M am Halsausschnitt abk, bis keine M mehr auf der Nd sind.

ÄRMEL

Den Ärmel von oben nach unten str.

14 M mit A + Effektfarbe mit Nd 3½ mm anschl.
Reihe 1 (RückR): 14 re – 4 M anschl = 18 M.
Reihe 2: 18 re – 4 M anschl = 22 M.

Weiterhin am Ende jeder R 4 M anschl, bis 38 M auf der Nd sind.
Die 38 M bilden das mittlere Ärmelkaro.

Über diese mittleren 38 M mit derselben Effektfarbe weiter str.
Am Ende der Reihen weiterhin 4 M anschl aber nun an jeder Seite der mittleren 38 M mit neuen Effektfarben str.

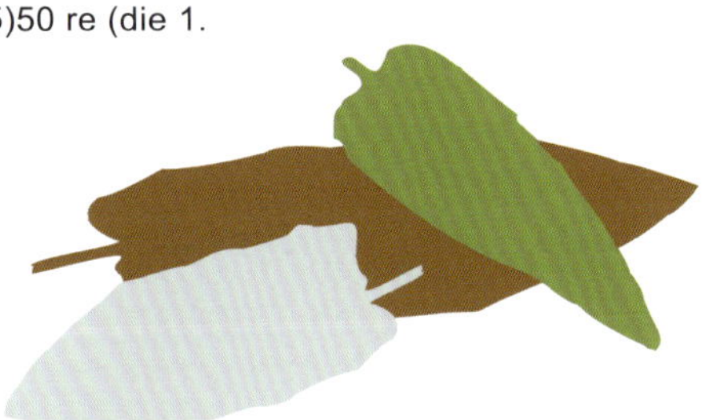

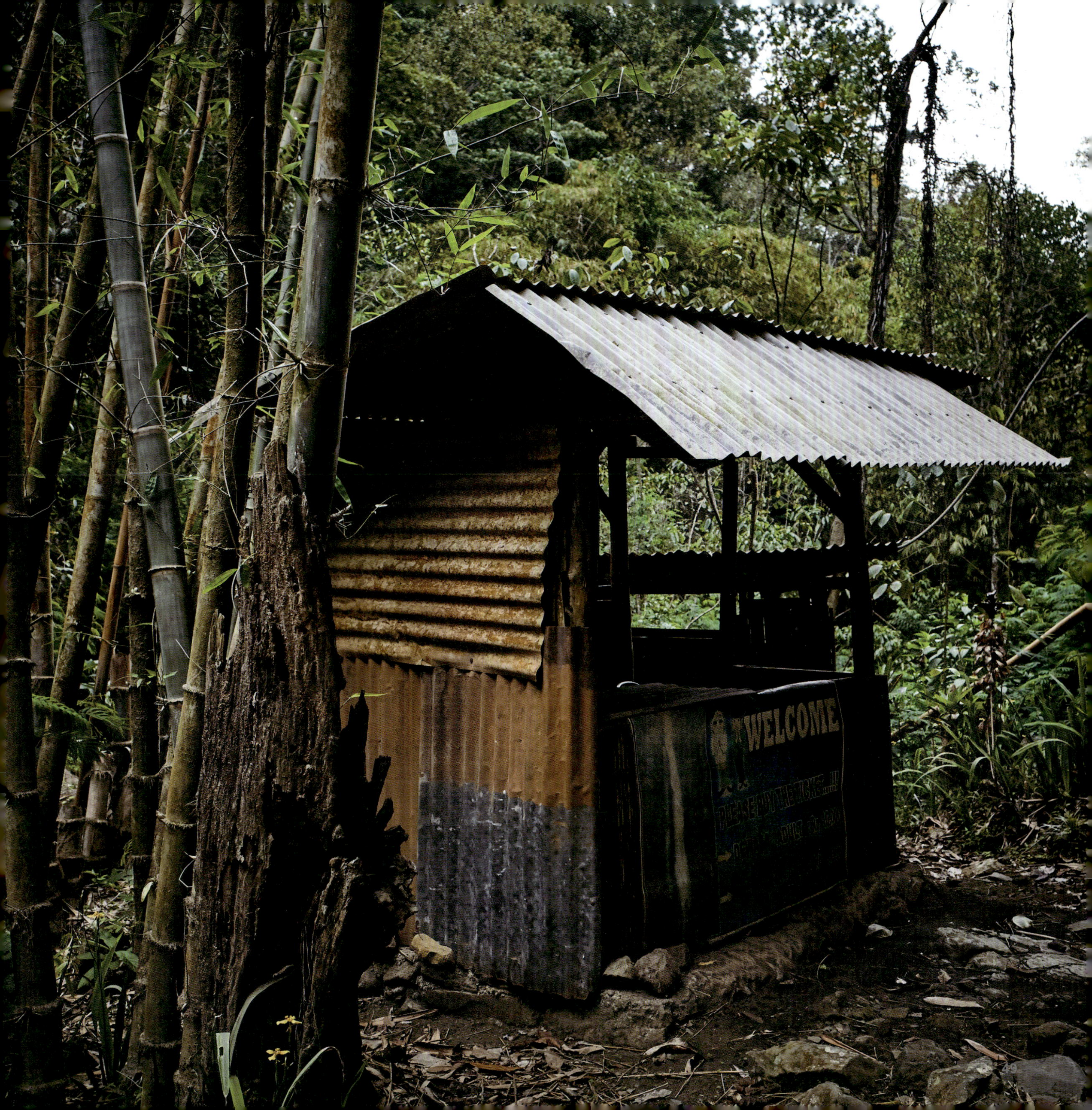
WELCOME

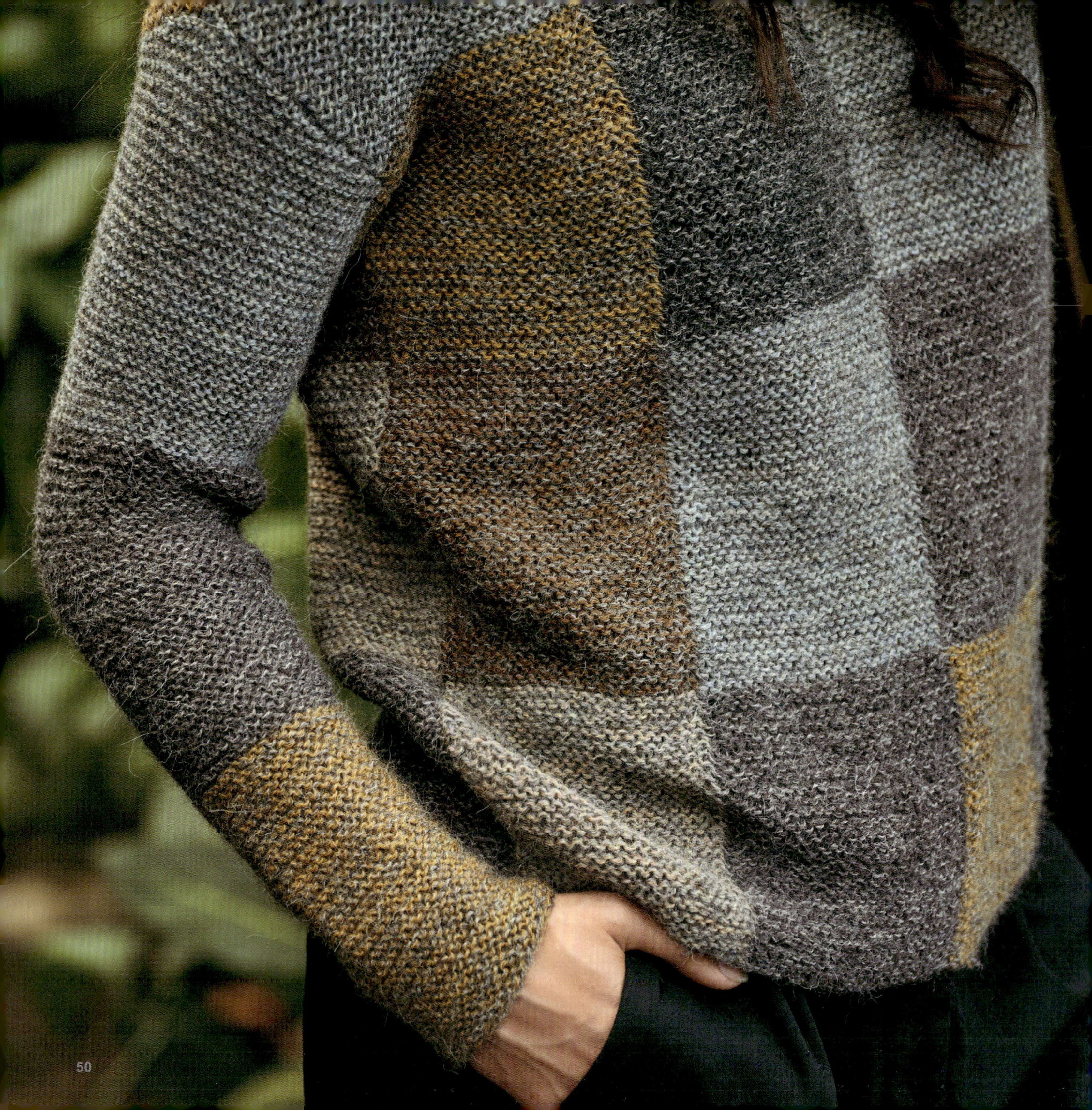

Mit einer RückR beg und die Fäden auf der Rückseite hängen lassen.

Weiter str, bis 62(70)70(78)86 M auf der Nd sind.
Die Armkugel ist nun fertig.

Weitere 11(9)9(9)7 R kraus rechts mit diesen 3 Effektfarben str.

1. Abn (HinR): 10(14)14(18)22 re – 2 re verschr zus – Markierung setzen – 2 re zus – 34 re – 2 re verschr zus – Markierung setzen – 2 re zus – 10(14)14(18)22 re = 58(66)66(74)82 M.

23(19)19(17)13 R im Muster str.

2. Abn (HinR): 9(13)13(17)21 re – 2 re verschr zus – 2 re zus – 32 re – 2 re verschr zus – 2 re zus – 9(13)13(17)21 re = 54(62)62(70)78 M.

11(15)15(13)13 R im Muster str.

Gr. XXL:
Abn an jeder Seite der Markierungen str = 76 M.
3 R re str.

Alle Gr.:
Die 3 Effektfarben gegen 3 neue Effektfarben austauschen und einen 2. Karoblock str.

13(5)5(5)11 R im Muster str.
Abn an jeder Seite der Markierungen str = 52(60)60(68)74 M.

Weitere Abn in jeder 24.(20.)20.(18.)14 R an jeder Seite der Markierungen str, bis 60(60)60(58)58 R des 2. Karoblocks gestr sind.

Die 3 Effektfarben gegen 3 neue Effektfarben austauschen und einen 3. Karoblock str.
Weitere Abn in jeder 24.(20.)20.(18.)14 R an jeder Seite der Markierungen str, bis insg 14(16)16(18)22 AbnahmeR gestr sind = 34(38)38(42)42 M.

Ohne Abn weiter str, bis 60(60)60(58)58 R des 3. Karoblocks gestr sind.
Alle M in der HinR abk.

Den zweiten Ärmel genauso str.

HALSRAND

Die Schulternähte schließen.

Mit A + Effektfarbe und Nd 3 mm rund um den Halsausschnitt neue M heraus str.
An der rechten Schulternaht beg: 3 M aus dem geraden Rückenstück bis zu den NackenM heraus str – 32 NackenM re – 3 M aus dem geraden Stück bis zur Schulternaht str – 16(18)20(22)24 M bis zu den mittleren VorderteilM str – 16(14)12(10)8 M re – 16(18)20(22)24 M bis zu der Schulternaht heraus str = 86(88)90(92)94 M.

Wenden und eine RückR re str.
Alle M in der HinR abk.

FERTIGSTELLUNG

Die Ärmelnähte von außen zusammennähen. Vor dem Einnähen die Ärmel mit Nadeln in den Armausschnitt heften. Von außen einnähen. Alle Fäden vernähen.

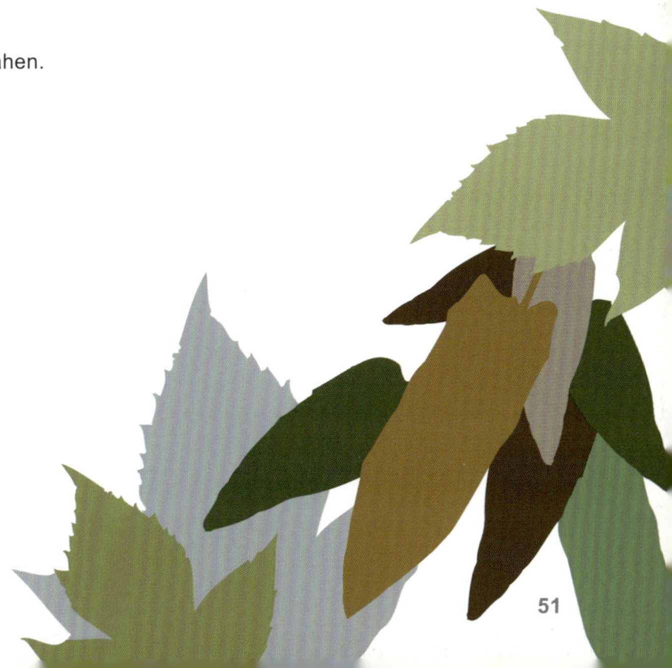

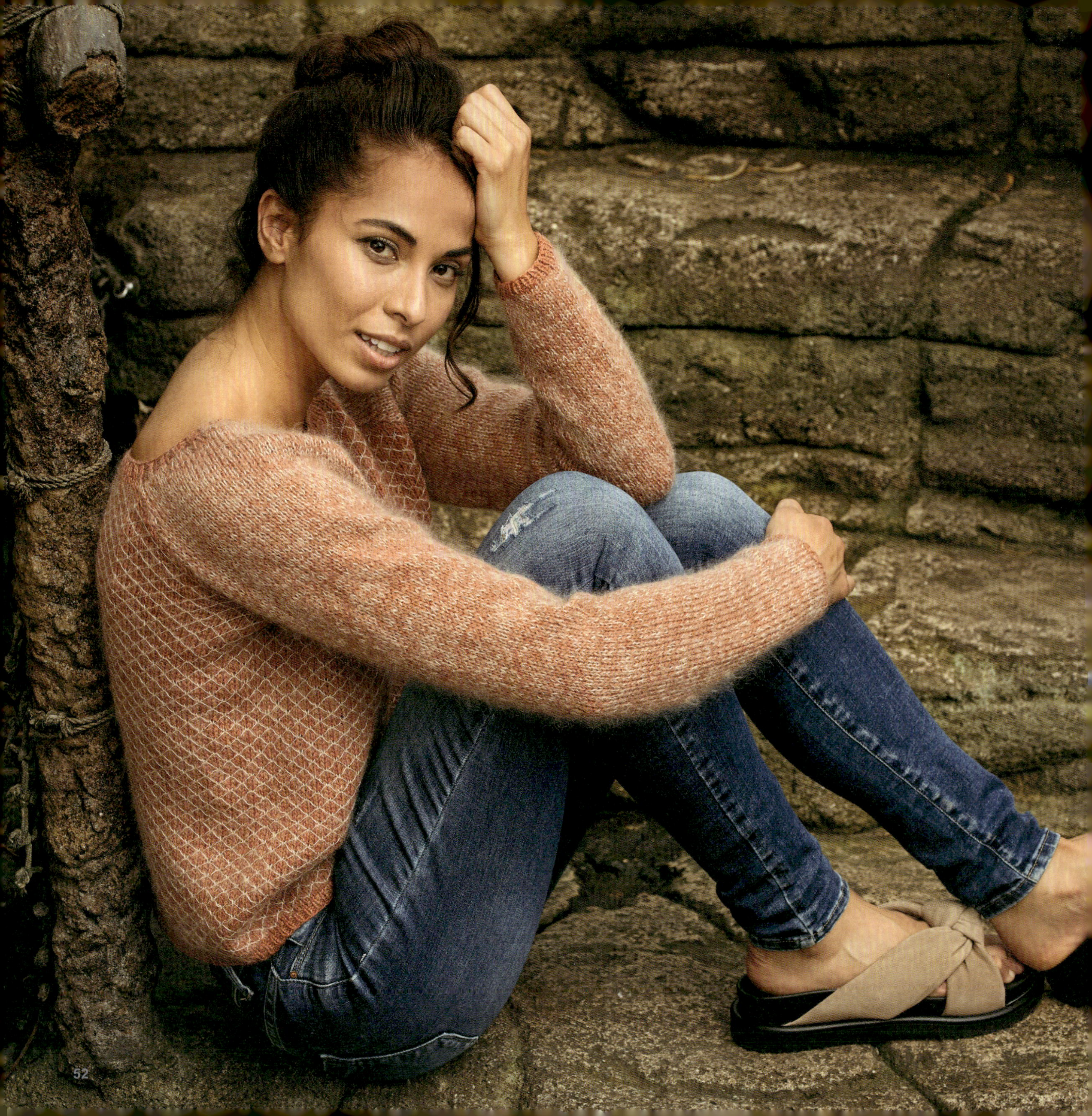

Ingwerblüte

Als ich zum ersten Mal diese Blüte sah, war ich mir sicher, dass sie künstlich ist. Der Blütenkopf ist faustgroß, wachsartig, märchenhaft und absolut fantastisch.

Ehrlichgesagt weiß ich nichts über diese Pflanze. Ich weiß nur, dass ich Ingwer und die Ingwerblüte liebe. Blumen inspirieren mich ... ich bekomme Lust sie zu stricken – die Farbe, die Form, die Oberfläche, ja alles schreit danach gestrickt zu werden.

Gr.: S(M)L(XL)XXL

Halbe Oberweite: 47(51)56(60)64 cm
Länge: 60(62)62(63)65 cm
Ärmellänge ab Armausschnitt: 44(43)43(42)41 cm

Material
A: 250(250)250(250)300g Isager Merilin Farbe 1
B: 75(75)75(75)100g Isager Silk Mohair Farbe 6

Rundnadeln 3½ und 4 mm
Strumpfnadeln 3½ und 4½ mm

Maschenprobe glatt rechts mit A und Nd 4 mm: 10 cm = 22 M und 30 R
Maschenprobe im Körpermuster mit Nd 4 mm: 10 cm = 22 M und 51 R
Maschenprobe für die Ärmel mit A + B und Nd 4½ mm: 10 cm = 18 M und 25 R

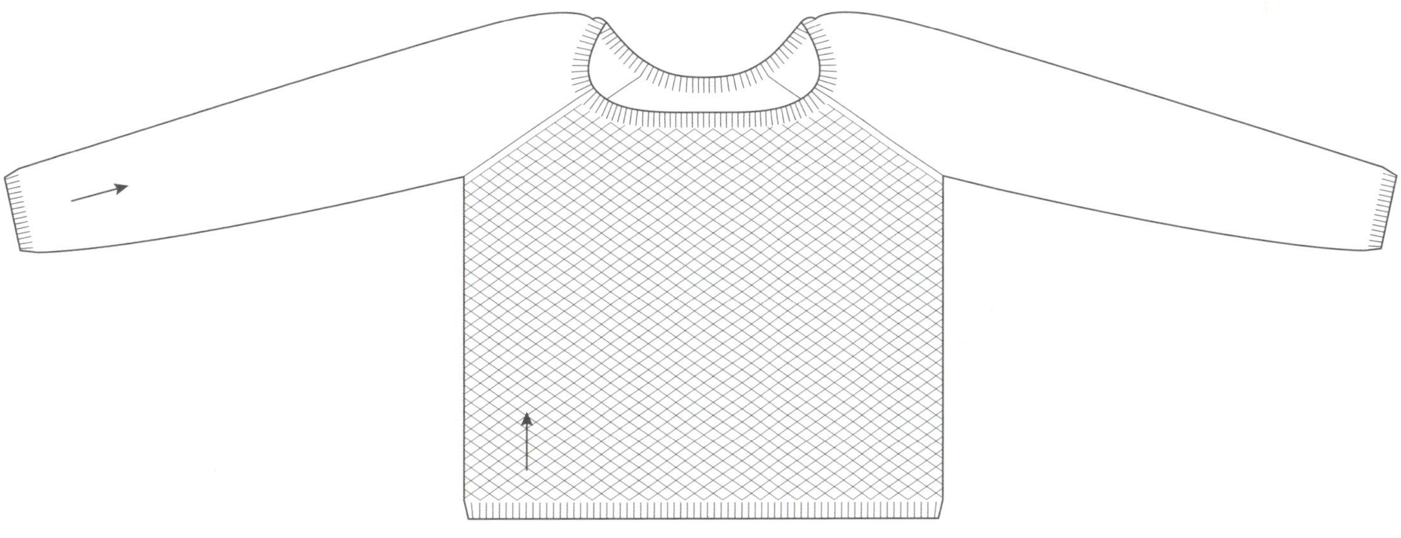

KÖRPER

208(224)248(264)280 M mit RundNd 3½ mm und A anschl, zur Runde schließen und den RdBeginn markieren.

4 Rd Rippen str: *1 re – 1 li*. Von * bis * wdh.

Zu Nd 4 mm wechseln.
2 Rd re str

Mit B str.
VorbereitungsRd: *1 re – 3 M abh mit dem Faden vor der Arbeit = 3abhFv (den Faden nicht zu stramm ziehen)*.
Von * bis * wdh.

MUSTER
Mit A str.
Runden 1 – 2: Alle M re str.

Mit B str.
Runde 3: 2abhFh (s. Abk.) – *1re-uB, dafür mit der rechten Nd unter den B-Faden aus der letzten mit B gestr R fassen und diesen mit der nächsten M re zus str – 3abhFv*. Von * bis * wdh.
Enden mit 1re-uB – 3abhFv, wobei die 2 letzten M bereits zur nächsten R gehören.
Die letzten 2 M zurück auf die linke Nd setzen, nachdem der B-Faden auf der Außenseite um sie herum nach hinten geführt wurde. Den B-Faden auf der Innenseite hängen lassen.

Mit A str.
Runden 4 – 5: Alle M re str.

Mit B str.
Runde 6: *1re-uB – 3abhFh*.
Von * bis * wdh. Enden mit 1re-uB – 1 re.

Runden 1 – 6 wdh, bis die Arbeit ca. 36(35)35(32)32 cm misst.
Nach einer Runde 6 enden.

VORBEREITUNG DER PASSE

Den Körper in Vorderteil und Rücken trennen und jedes Teil für sich fertig str.

Reihe 1 (HinR): Mit beiden Fäden (A + B) 2 M abk (gleichzeitig beim Abketten unter den B-Faden aus der letzten B-Reihe fassen, sodass der Faden „verschwindet") - 100(108)120(128)136 re mit A str (die 1. M ist bereits auf der Nd) – 2 re mit A str und dabei unter den B-Faden aus der letzten B-Reihe fassen, sodass dieser auf der Innenseite liegt = 102(110)122(130)138 M. Die Arbeit wenden.

Reihe 2 (RückR): 1 M mit A abk – 100(108)120(128)136 li mit A (die 1. M ist bereits auf der Nd) – 1 re mit A + B str = 101(109)121(129)137 M. Die Arbeit wenden.

Die zweite Hälfte der M stilllegen.

RÜCKENPASSE

Das Muster in Reihen hin und zurück über die 101(109)121(129)137 RückenM str und dabei an den Seiten für die Armausschnitte abk.

Mit B str.
Reihe 1 (HinR): 1 re – 3 abhFh – *1re-uB – 3 abhFv*.
Von * bis * wdh, bis noch 5 M auf der Nd sind.
1r-uB – 3abhFh – 1 re.
Die Arbeit NICHT wenden.

Mit A str.
Reihe 2 (wieder eine HinR str): 2 M abk – die R re zu Ende str = 99(107)119(127)135 M.
Die Arbeit wenden.
Reihe 3 (RückR): 2 M mit A + B abk – mit A bis zur letzten M li str – 1 re = 97(105)117(125)133 M.
Die Arbeit NICHT wenden.

Mit B str.
Reihe 4 (wieder eine RückR str): 1 re – 3abhFv – *1li-uB, dafür den B-Faden von der Außenseite auf die linke Nd heben und mit der nächsten M li zus str – 3abhFh*.
Von * bis * wdh, bis noch 5 M auf der Nd sind.
1li-uB – 3abhFv – 1 re.
Die Arbeit wenden.

Mit A str.
Reihe 5 (HinR): 2 M mit A + B abk – die R mit A zu Ende str.
Die Arbeit wenden = 95(103)115(123)131 M.
Reihe 6 (RückR): 2 M abk – li bis zur letzten M str – 1 re = 93(101)113(121)129 M.
Die Arbeit wenden.

Die Reihen 1 – 6 wdh, bis noch 37(37)41(41)41 M auf der Nd sind.

Mit B str.
Abschlussreihe (HinR): 1 re – 3abhFh – *1re-uB – 3abhFh*.
Von * bis * wdh. 1 re.
Den Faden abschneiden.

1 HinR re mit A str.
Den Faden abschneiden und die M stilllegen.

VORDERTEILPASSE

Die Vorbereitung für die Passe wie am Rücken str. Das Abketten beg in einer HinR.

Wie an der Rückenpasse weiter str, bis noch 61(61)65(65)65 M auf der Nd sind.
Den Abschluss wie am Rücken str.

LINKER ÄRMEL

42(44)46(48)50 M mit StrumpfNd 3½ mm und A anschl und zur Runde schließen.

4 Runden Rippen str: *1 re – 1 li*.
Von * bis * wdh.

Den restlichen Ärmel mit A + B und Nd 4½ mm str.

2 Runden re str.
Zun str: 1 re – 1 neue re (s. Abk) – re bis zur letzten M str – 1 neue re – 1 re = 44(46)48(50)52 M.

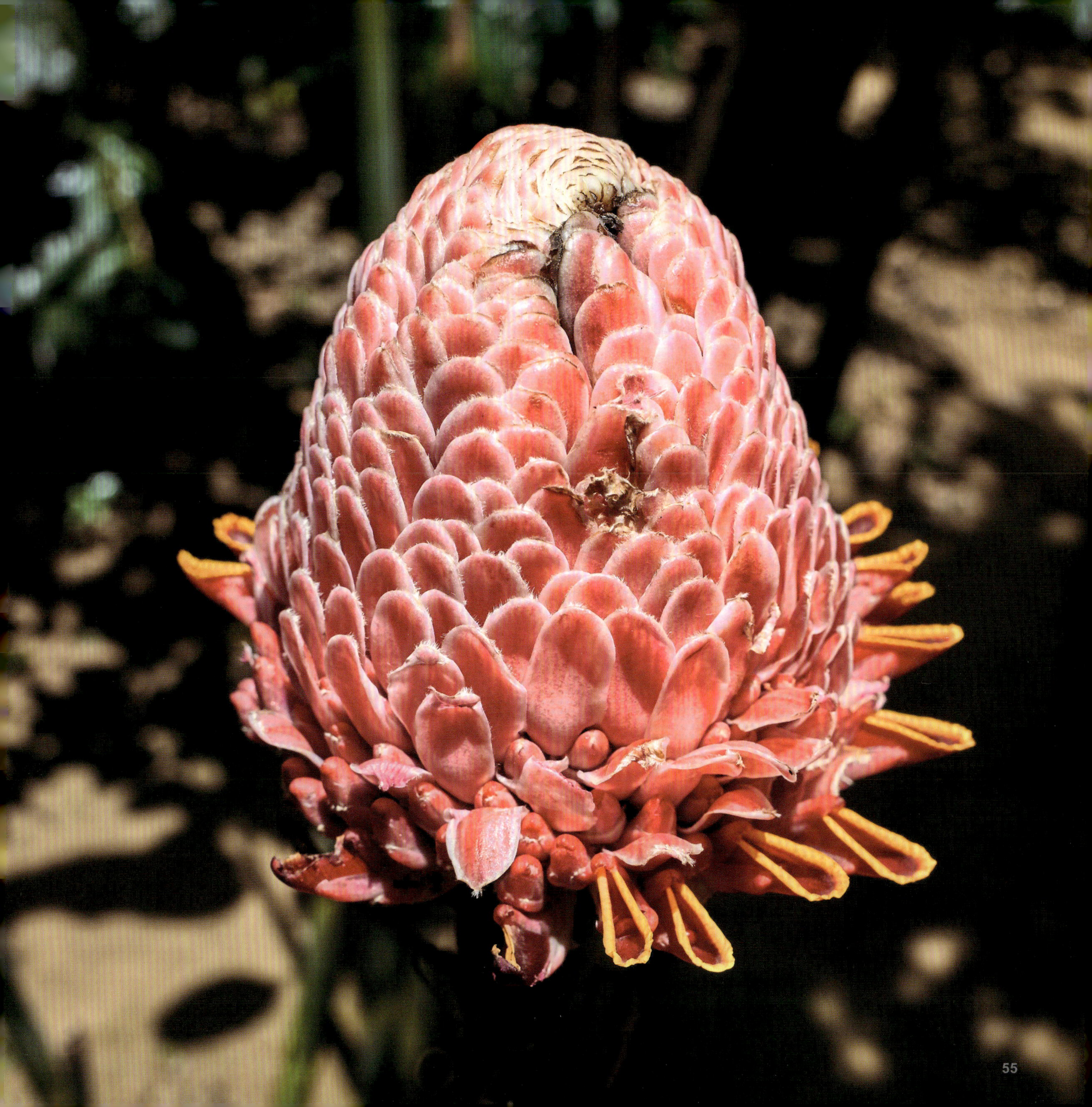

Glatt rechts weiter str und in jeder 10.(8.)7.(6.)5. Rd zun, bis insg 11(13)15(17)19 ZunahmeRd gestr sind = 64(70)76(82)88 M.

Gerade weiter str, bis der Ärmel 44(43)43(42)41 cm misst.

Danach in Reihen hin und zurück str.
In der HinR Abn str: 2 re zus – re bis zu den 2 letzten M str – 2 re zus = 62(68)74(80)86 M.
Die Arbeit wenden.
3 R glatt rechts str. Die erste und letzte M in allen R re str.

Die Abn in jeder 4. R wdh, bis insg 9(10)11(13)14 AbnahmeR gestr sind = 46(50)54(56)60 M.
Nach der letzten Abn 3 R glatt rechts str.

Mit verkürzten Reihen den Ärmel an der Rückenseite höher als an der Vorderteilseite str.
Reihe 1 mit Abn (HinR): 2 re zus – 40(44)48(49)53 re = 41(45)49(50)54 M.
Die Arbeit wenden.
Reihe 2: 1abhFv – li bis zur letzten M – 1 re.
Reihe 3: 37(41)44(45)49 re. Wenden.
Reihe 4: Wie Reihe 2 str.
Reihe 5 mit Abn: 2 re zus – 31(35)37(38)42 re. Wenden.
Reihe 6: Wie Reihe 2 str.
Reihe 7: 28(32)33(34)37 re. Wenden.
Reihe 8: Wie Reihe 2 str.
Reihe 9 mit Abn: 2 re zus – 22(26)26(27)31 re. Wenden.
Reihe 10: Wie Reihe 2 str.
Reihe 11: 19(22)22(23)26 re. Wenden.
Reihe 12: Wie Reihe 2 str.
Reihe 13 mit Abn: 2 re zus – 13(15)15(16)18 re. Wenden.
Reihe 14: Wie Reihe 2 str.
Reihe 15: 10(11)11(12)13 re. Wenden.
Reihe 16: Wie Reihe 2 str.
Reihe 17 mit Abn: 2 re zus – 4(4)4(5)5 re. Wenden.
Reihe 18: Wie Reihe 2 str.
Reihe 19: 5(5)5(6)6 re – *1 neue re aus der Wende str, dafür den Querfaden zwischen den M verschränkt auf die linke Nd heben und re str – re bis zur nächsten Wende str*. Von * bis * wdh.
Enden mit 4(4)4(5)5 re = 50(54)58(60)64 M.

Die Fäden abschneiden und die M stilllegen.

RECHTER ÄRMEL

Wie den linken Ärmel str, bis nach der Teilung insg 9(10)11(13)14 Abn in jeder 4. R gestr sind = 46(50)54(56)60 M.
Nach der letzten Abn 2 R glatt re str.

Mit verkürzten Reihen den Ärmel an der Rückenseite höher als an der Vorderteilseite str.
Reihe 1 (RückR): 1 re – 41(45)49(50)54 li. Wenden.
Reihe 2 mit Abn: 1abhFh – re bis zu den 2 letzten M str – 2 re zus.
Reihe 3: 1 re – 36(40)43(44)48 li. Wenden.
Reihe 4: 1abhFh – alle M re str.
Reihe 5: 1 re – 32(36)38(39)43 li. Wenden
Reihe 6 mit Abn: Wie Reihe 2 str.
Reihe 7: 1 re – 27(31)32(33)36 li. Wenden.
Reihe 8: Wie Reihe 4 str.
Reihe 9: 1 re – 23(27)27(28)32 li. Wenden.
Reihe 10 mit Abn: Wie Reihe 2 str .
Reihe 11: 1 re – 18(21)21(22)25 li. Wenden.
Reihe 12: Wie Reihe 4 str.
Reihe 13: 1 re – 14(16)16(17)19 li. Wenden.
Reihe 14 mit Abn: Wie Reihe 2 str.
Reihe 15: 1 re – 9(10)10(11)12 li. Wenden
Reihe 16: Wie Reihe 4 str.
Reihe 17: 1 re – 5(5)5(6)6 li. Wenden.
Reihe 18 mit Abn: Wie Reihe 2 str.

Reihe 19: 1 re – 4(4)4(5)5 li – *1 neue li aus der Wende str, dafür den Querfaden zwischen den M verschr auf die linke Nd heben und li str – li bis zur nächsten Wende str*. Von * bis * wdh. Enden mit 3(3)3(4)4 li – 1 re = 50(54)58(60)64 M.

Die Fäden abschneiden.

HALSRAND

Die Rücken-, Vorderteil- und ÄrmelM wieder auf eine Nd setzen.
Mit A und Nd 3½ mm str.

Den Rücken str: 4(4)6(6)6 re – *2 re zus – 2 re*. Von * bis * wdh. Enden mit 1(1)3(3)3 re = 29(29)33(33)33 M.
Weiter über den linken Ärmel str: *2 re zus*. Von * bis * wdh = 25(27)29(30)32 M.
Das Vorderteil str: 4(4)6(6)6 – *2 re zus – 2 re*. Von * bis * wdh. Enden mit 1(1)3(3)3 re = 47(47)51(51)51 M.
Weiter über den rechten Ärmel str: *2 re zus*. Von * bis * wdh = 25(27)29(30)32 M.

Insg sind 126(130)142(144)148 M auf der Nd.

Zur Runde schließen und Rippen str.
Rücken: *1 re – 1 li*.
Von * bis * wdh, bis noch 1 RückenM auf der Nd ist. 2 re zus str.
Linker Ärmel: *1 li – 1 re*.
Von * bis * wdh, bis noch 3 ÄrmelM auf der Nd sind - 1 li – 2 re zus.
Vorderteil: *1 li – 1 re*.
Von * bis * wdh, bis noch 3 VorderteilM auf der Nd sind - 1 li – 2 re zus.
Rechter Ärmel: *1 li – 1 re*.
Von * bis * wdh, bis noch 3 ÄrmelM auf der Nd sind - 1 li – 2 re zus.

Insg sind 122(126)138(140)144 M auf der Nd.
Hier eine Markierung für den neuen RdBeginn setzen.

4 Rd Rippen str: *1 li – 1 re*. Von * bis * wdh.
Mit rechten M abk.

FERTIGSTELLUNG

Die Ärmel in die Armausschnitte nähen.
Alle Fäden vernähen.

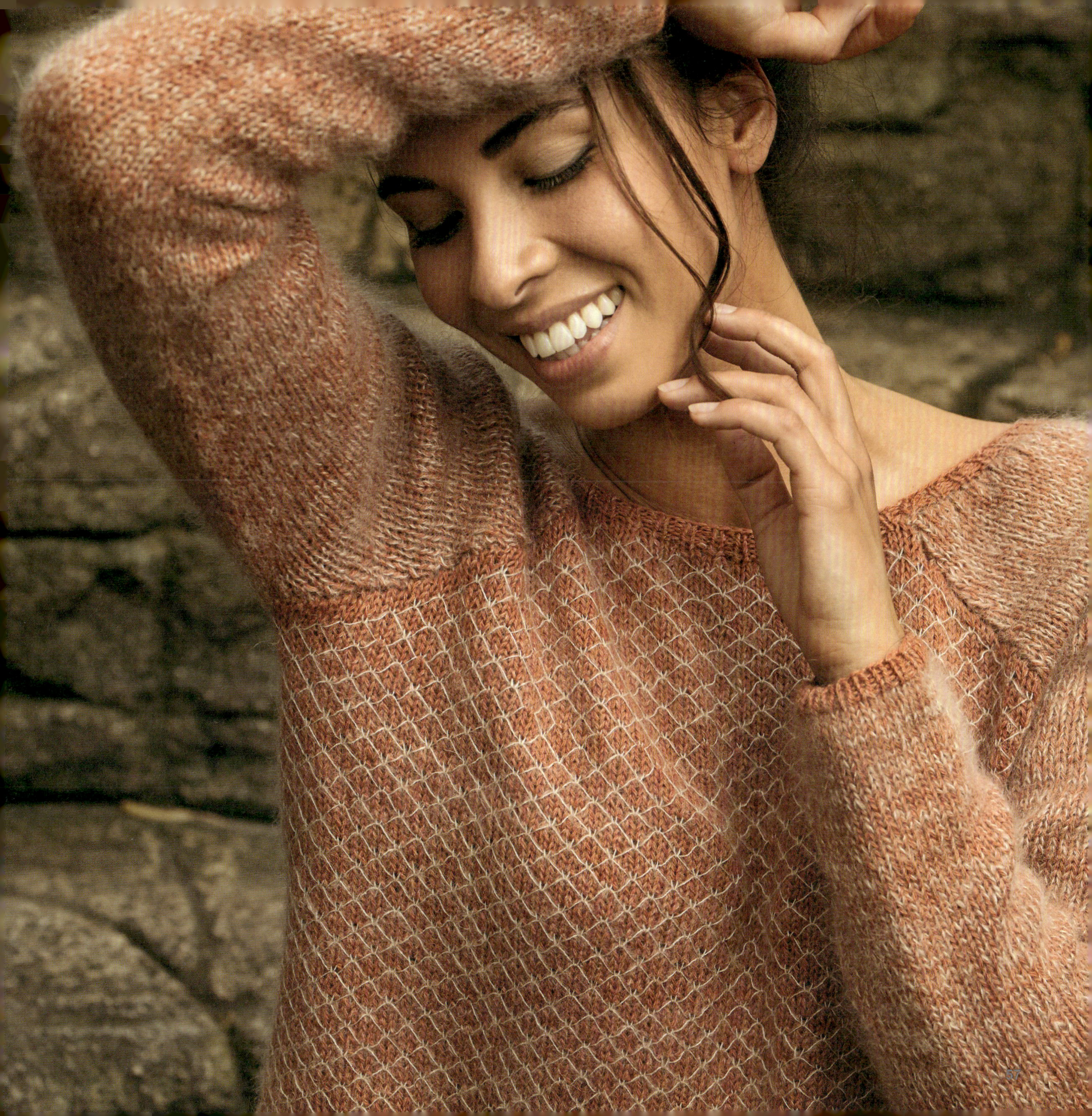

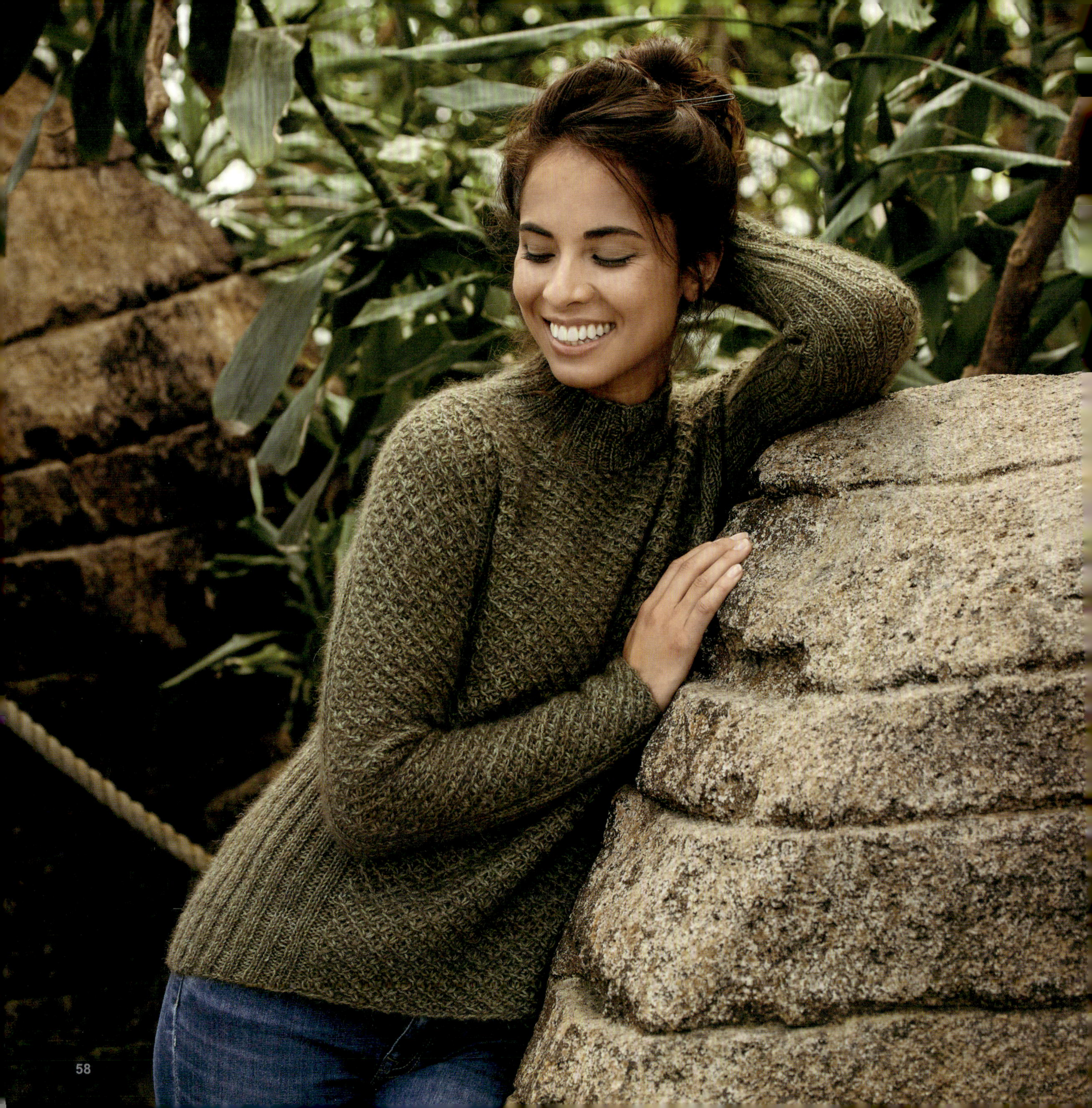

Dschungel

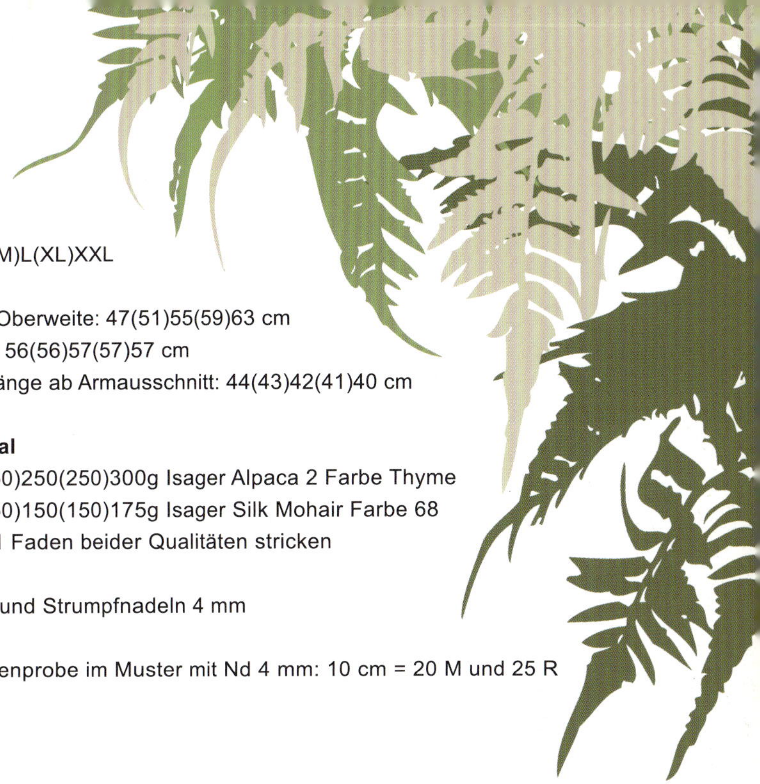

Das Geräusch von Zikaden und unbekannten Tierlauten. Die schwere feuchte Luft, die jedes Erlebnis schweißnass macht. Der Gedanke, dass die Blutegel hinter merkwürdigen Pflanzen auf der Lauer liegen. Das alles lässt meiner Fantasie freien Lauf....

Einige Male war ich schon in richtigen Dschungeln, viele Male in dschungelartigen Wäldern, aber wisst Ihr was? Die Erfahrung ist für mich jedes Mal einfach großartig. Ich liebe es.

Meine beiden Jungs hatten die Nase voll von ihrer nervösen Mutter: Ihr dürft NIEMALS an den Lianen ziehen – ihr wisst nicht, was euch auf den Kopf fällt. Bleibt nicht stehen – die Blutegel sind unterwegs. Nein, nicht die unteren Bambusrohre als Ritterschild benutzen - die brennen wie Brennnesseln...

Ich bin ein Angsthase und doch ist der Dschungel verlockend.

Gr.: S(M)L(XL)XXL

Halbe Oberweite: 47(51)55(59)63 cm
Länge: 56(56)57(57)57 cm
Ärmellänge ab Armausschnitt: 44(43)42(41)40 cm

Material
200(250)250(250)300g Isager Alpaca 2 Farbe Thyme
125(150)150(150)175g Isager Silk Mohair Farbe 68
Mit je 1 Faden beider Qualitäten stricken

Rund- und Strumpfnadeln 4 mm

Maschenprobe im Muster mit Nd 4 mm: 10 cm = 20 M und 25 R

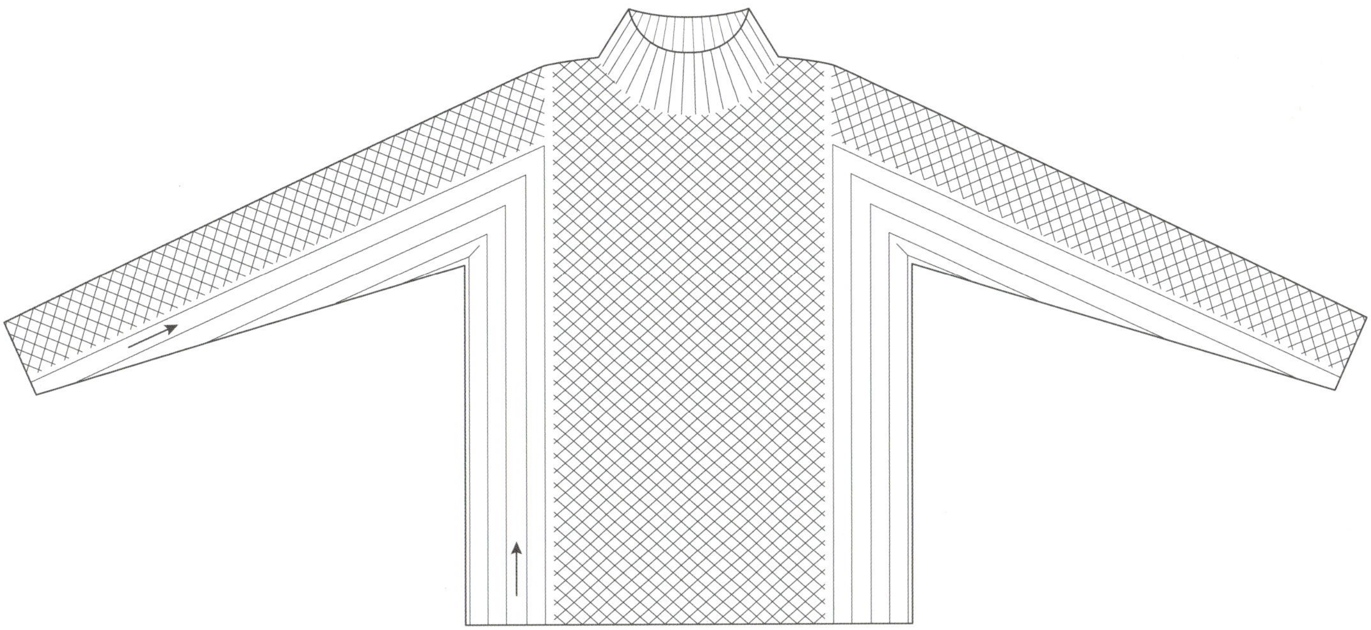

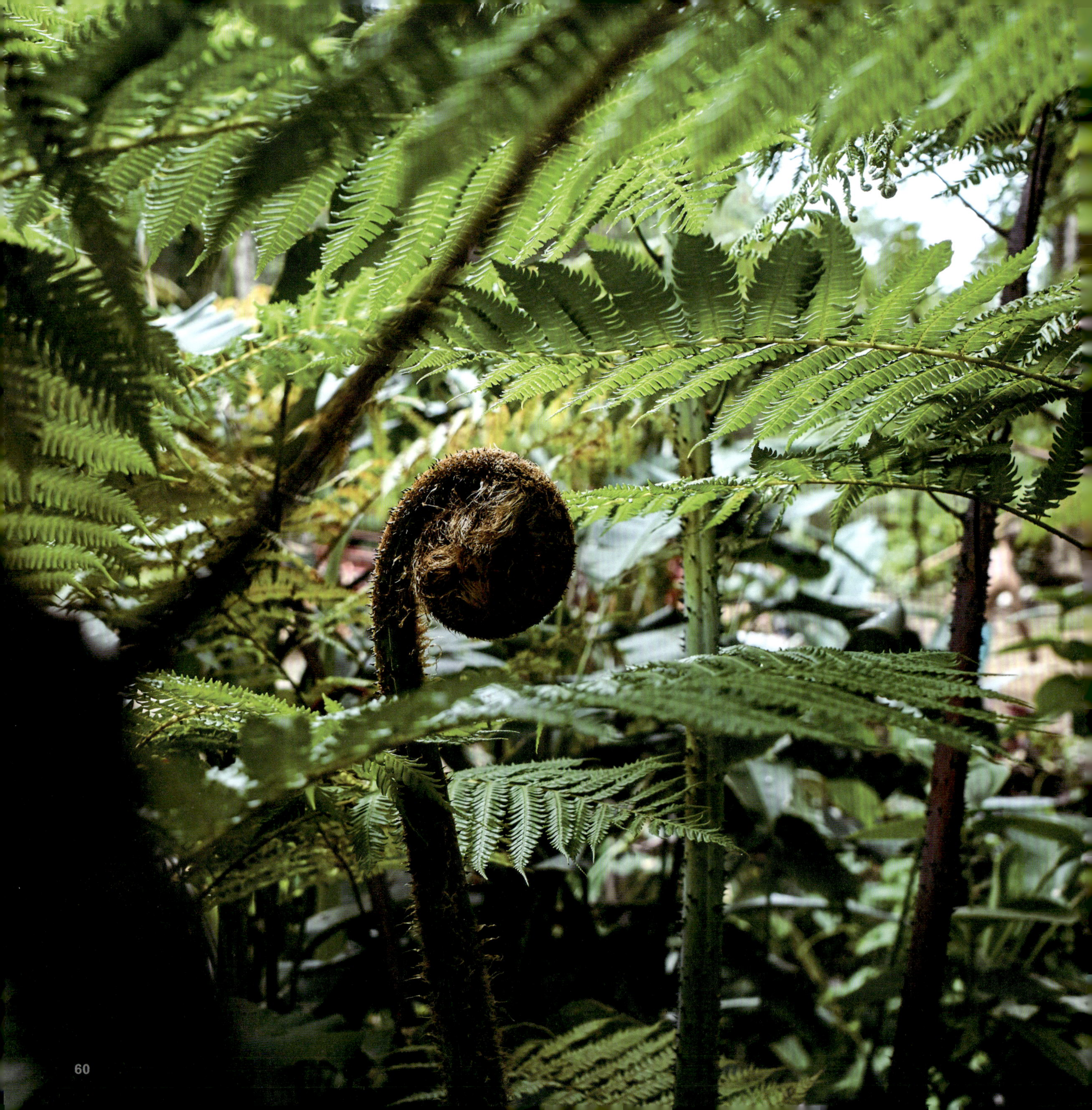

Stern: 3 re verschr zus, aber nicht von der li Nd heben - 1 Umschlag - dieselben 3 M wieder re verschr zus str und nun von der li Nd heben.

KÖRPER

202(218)234(250)266 M mit RundNd 4 mm und beiden Qualitäten anschl, zur Runde schließen und den RdBeginn markieren.

Runde 1: 1 re – 2 li – *2 re – 2 li*.
Von * bis * insg 4(5)5(6)7-mal str – 63(63)71(71)71 re – 2 li – von * bis * insg 4(5)5(6)7-mal str – 1 re.
Das Ganze noch einmal str.

Runde 2: 1 re – 2 li – *2 re – 2 li*.
Von * bis * insg 4(5)5(6)7-mal str – *Stern – 1 li*.
Von * bis * insg 16(16)18(18)18-mal str – 1 li – *2 re – 2 li*.
Von * bis * insg 4(5)5(6)7-mal str – 1 re.
Das Ganze noch einmal str.

Runde 3: Wie Runde 1 str.

Runde 4: 1 re – 2 li – *2 re – 2 li*.
Von * bis * insg 4(5)5(6)7-mal str – 1 re – 1 li – *Stern – 1 li*.
Von * bis * insg 15(15)17(17)17-mal str – 1 re – *2 li – 2 re*.
Von * bis * insg 4(5)5(6)7-mal str – 2 li – 1 re.
Das Ganze noch einmal str.

Runden 1 – 4 wdh, bis die Arbeit ca. 39(36)36(36)32 cm misst.
Mit einer Runde 2 oder 4 enden.

Im Muster weiter str und gleichzeitig für die Armausschnitte abk: 97(105)113(117)125 M str – 8(8)8(16)16 M abk – 93(101)109(109)117 M str (die 1. M ist bereits auf der Nd) – 8(8)8(16)16 M abk (die letzten 4(4)4(8)8 M liegen hinter dem RdBeginn und gehören bereits zur nächsten Rd).

Die M stilllegen.

ÄRMEL

41(41)45(45)45 M mit StrumpfNd 4 mm und beiden Qualitäten anschl, zur Runde schließen und den RdBeginn markieren.

Runde 1: 1 li – 2 re – 2 li – 31(31)35(35)35 re – 2 li – 2 re – 1 li.
Runde 2: 1 li – 2 re – 2 li – *Stern – 1 li*.
Von * bis * insg 8(8)9(9)9-mal str – 1 li – 2 re – 1 li.
Runde 3: Wie Runde 1 str.
Runde 4: 1 li – 2 re – 2 li – 1 re – 1 li – *Stern – 1 li*.
Von * bis * insg 7(7)8(8)8-mal str – 1 re – 2 li – 2 re – 1 li.

Runde 5 mit 1. Zun: 1 li – 1 neue li (s. Abk.) – 2 re – 2 li – 31(31)35(35)35 re – 2 li – 2 re – 1 neue li – 1 li.
Runde 6: 2 li – 2 re – 2 li – *Stern – 1 li*.
Von * bis * insg 8(8)9(9)9-mal str – 1 li – 2 re – 2 li.
Runde 7: 2 li – 2 re – 2 li – 31(31)35(35)35 re – 2 li – 2 re – 2 li.
Runde 8: 2 li – 2 re – 2 li – 1 re – 1 li – *Stern – 1 li*.
Von * bis * insg 7(7)8(8)8-mal str – 1 re – 2 li – 2 re – 2 li.

Das Muster wdh.
Die Zun im Rippenmuster in jeder 8.(6.)6.(5.)4. Rd wie folgt str:

2. Zun: 1 re – 1 neue li – 1 li – 2 re – 2 li – die nächsten 31(31)35(35)35 M im Muster wie bisher str – 2 li – 2 re – 1 li – 1 neue li – 1 re.

3. Zun: 1 re – 1 neue re (s. Abk.) – 2 li – 2 re – 2 li – die nächsten 31(31)35(35)35 M im Muster wie bisher str – 2 li – 2 re – 2 li – 1 neue re – 1 li.

4. Zun: 1 li – 1 neue re – 1 re – 2 li – 2 re – 2 li – die nächsten 31(31)35(3 5)35 M im Muster wie bisher str – 2 li – 2 re – 2 li – 1 re – 1 neue re – 1 li.

Die Zun im Rippenmuster wdh, bis insg 8(10)8(6)12 ZunahmeRd gestr sind = 57(61)61(57)69 M.

Danach die Zun in jeder 7.(5.)5.(4.)3. Rd wdh, bis weitere 6(8)10(16)14 ZunahmeRd gestr sind = 69(77)81(89)97 M.

Ohne Zun weiter str, bis der Ärmel 44(43)42(41)40 cm misst.
Mit einer Runde 2 oder 4 enden.

Im Muster weiter str und gleichzeitig am Armausschnitt abk: 4(4)4(8)8 M abk – 61(69)73(73)81 M str (die 1. M ist bereits auf der Nd) – die letzten 4(4)4(8)8 M abk = 61(69)73(73)81 M.

Die Fäden abschneiden und die M stilllegen.
Den zweiten Ärmel genauso str.

PASSE

Alle Teile auf eine Nd heben.
Im Muster 93(101)109(109)117 RückenM – 61(69)73(73)81 ÄrmelM – 93(101)109(109)117 VorderteilM – 61(69)73(73)81 ÄrmelM str = 308(340)364(364)396 M.

3 Rd im Muster über alle M str.

Das Muster fortsetzen und dabei an den Übergängen von Ärmel und Körper wie folgt RaglanAbn str:
Runde 1: *2 li zus – im Muster str und 2 M vor dem nächsten Übergang enden – 2 li zus*.
Von * bis * insg 4-mal str.
Runde 2: Im Muster str.
Runden 3 – 4: Wie Runden 1 – 2 str.

Runde 5: *2 re zus – im Muster str und 2 M vor dem nächsten Übergang enden - 2 re verschr zus*. Von * bis * insg 4-mal str.
Runde 6: Im Muster str.
Runden 7 – 8: Wie Runden 5 – 6 str.

Auf diese Weise insg 14(18)18(18)22 AbnahmeRd str = 196(196)220(220)220 M.

1 Rd ohne Abn str.
Die Passe misst ca. 13(16)16(16)20 cm.

Die 65(65)73(73)73 RückenM im Muster str.
In Reihen hin und zurück nur über die 33(33)37(37)37 ÄrmelM str:
In der HinR die ersten 4 M abk – 29(29)33(33)33 M im Muster str (die 1. M ist bereits auf der Nd).
Die Arbeit wenden.
In der RückR die ersten 4 M abk – 25(25)29(29)29 li str (die 1. M ist bereits auf der Nd).
Die Arbeit wenden.
Die ÄrmelM weiter im Muster hin und zurück str und am Anfang jeder R 4 M abk, bis noch 9(9)13(13)13 M auf der Nd sind.
Die letzten M abk und den Faden abschneiden.

Die 65(65)73(73)73 VorderteilM im Muster str.
Danach in Reihen hin und zurück nur über die 33(33)37(37)37 ÄrmelM wie beim 1. Ärmel str.

Das Vorderteil und den Rücken einzeln fertig str.

VORDERTEIL

Reihe 1 (RückR): 1 re – 26(26)30(30)30 li – 11 M am Halsausschnitt abk – 26(26)30(30)30 li (die 1. M ist bereits auf der Nd) – 1 re.

Jede Seite für sich fertig str.

RECHTE SCHULTER

Im Muster weiter str, aber die erste und letzte M in allen R re str.
Am Halsausschnitt 5(5)6(6)6-mal am Anfang jeder 2. R 2 M abk = 17(17)19(19)19 M.

7 R über diese letzten M str.
Die letzte R ist eine HinR.
Die Fäden abschneiden und die M stilllegen.

LINKE SCHULTER

Im Muster weiter str, aber die erste und letzte M in allen R re str.
Mit dem Abk am Ausschnitt (HinR) beg.
Am Halsausschnitt 5(5)6(6)6-mal am Anfang jeder 2. R 2 M abk = 17(17)19(19)19 M.

8 R über diese letzten M str.
Die letzte R ist eine HinR.
Die Fäden abschneiden und die M stilllegen.

RÜCKEN

Mit einer RückR beg.
14(14)16(16)16 R im Muster über die 65(65)73(73)73 RückenM str.
Die erste und letzte M in allen R re str.

In der nächsten RückR am Nacken abk: 1 re – 16(16)18(18)18 li – 31(31)35(35)35 M abk – 16(16)18(18)18 li (die 1. M ist bereits auf der Nd) – 1 re.

Jede Seite für sich fertig str.

5 R im Muster über die jeweils 17(17)19(19)19 M beider Seiten str.
Die letzte R ist an beiden Seiten eine HinR.

Die SchulterM des Vorderteils wieder auf die Nadel setzten und mit den SchulterM des Rückens zus str.
Rücken und Vorderteil mit den Außenseiten aneinanderlegen und mit einer dritten Nd die gegenüberliegenden M zus str und gleichzeitig dabei abk.

HALSRAND

Mit beiden Qualitäten und Nd 4 mm str.

Rund um den Halsausschnitt M heraus str.
An der rechten Schulternaht beg:
3 M bis zu den NackenM heraus str – 31(31)35(35)35 M aus den NackenM str – 3 M bis zur Schulternaht heraus str – 16(16)18(18)20 M bis zu den mittleren VorderteilM heraus str – 11 M aus den mittleren M str – 16(16)18(18)20 M bis zur Schulternaht heraus str = 80(80)88(88)92 M.

7 cm Rippenmuster rund str: 1 re – *2 li – 2 re*.
Von * bis * wdh. Enden mit 2 li – 1 re.
Im Rippenmuster abk.

FERTIGSTELLUNG

Die Ärmel in die Armausschnitte nähen.
Alle Fäden vernähen.

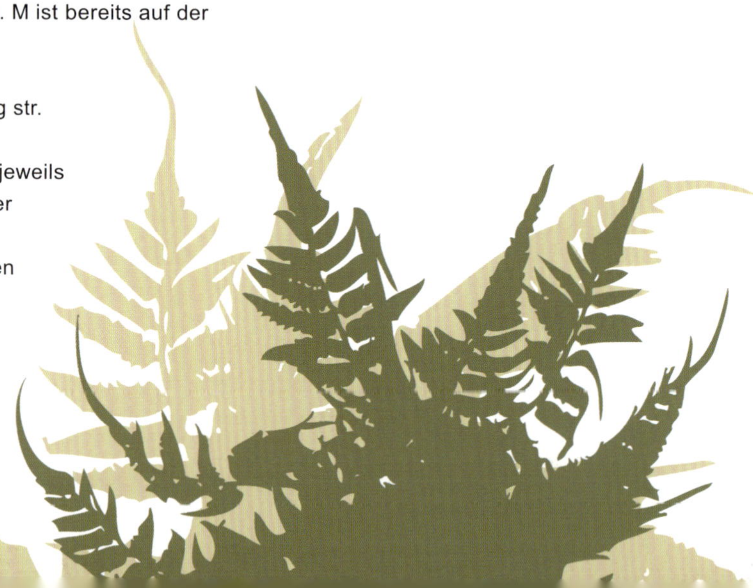

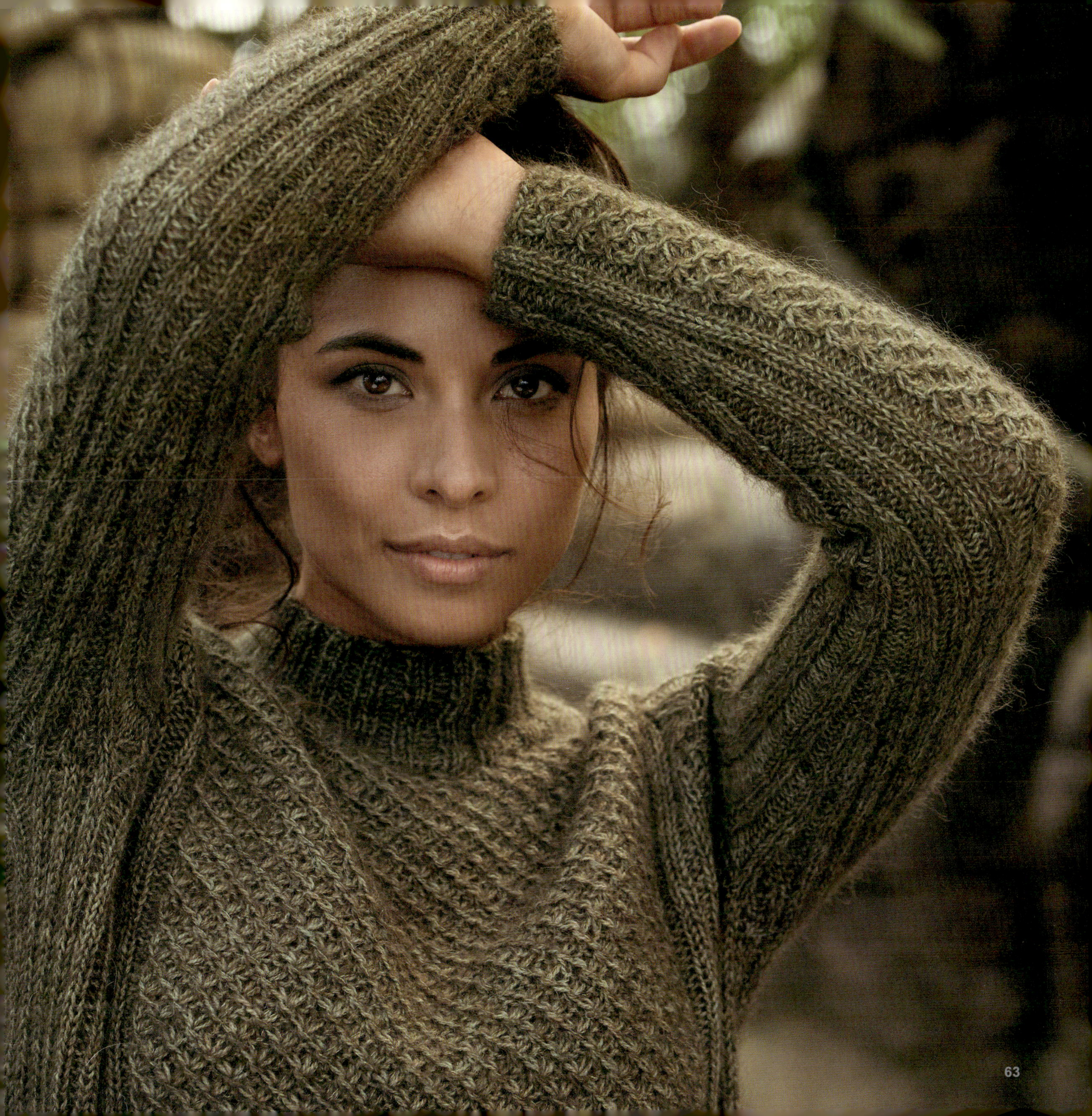

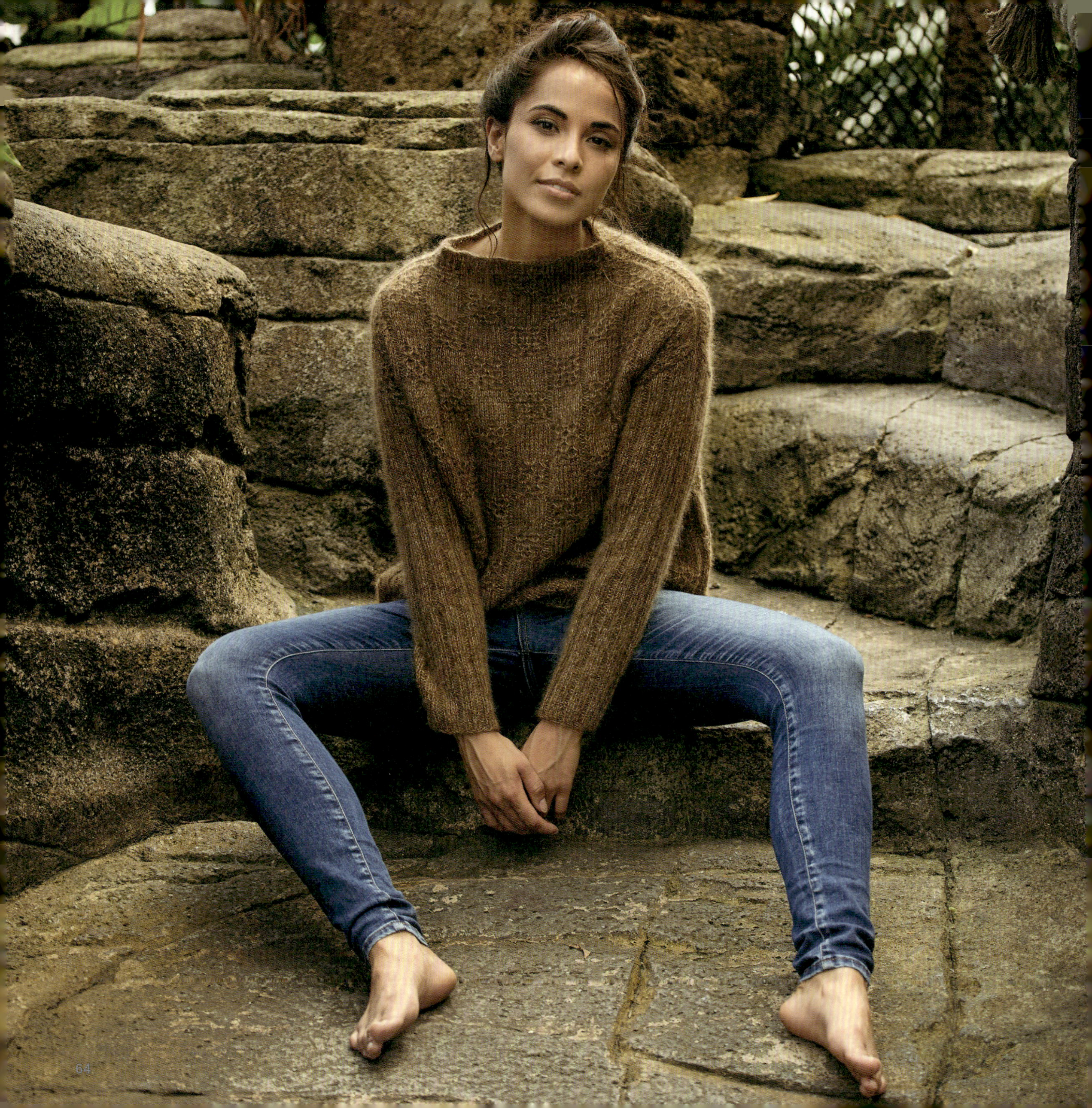

Körbe

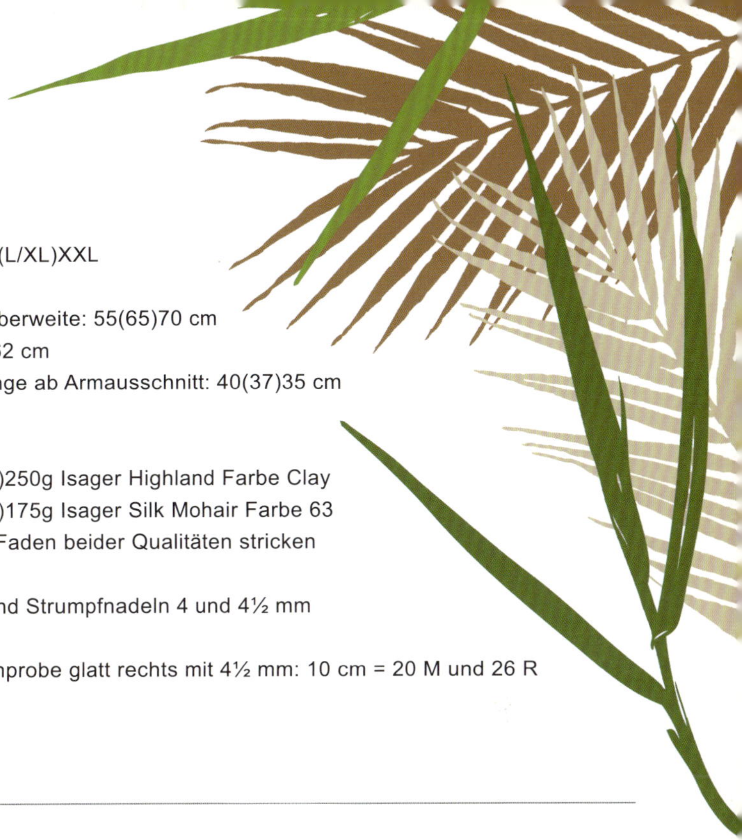

Es ist unglaublich, was aus der Natur alles verwertet werden kann und was daraus produziert wird. Die Muster der Natur sind im Flechtwerk der Körbe wiederzuerkennen. Wenn man erst einmal beginnt, darauf zu achten, sieht man die vielfältigen Variationen.

Die Balinesen geben das Handwerk von Generation zu Generation weiter. Vom Vater an den Sohn – von der Mutter an die Tochter.
Eines Tages werde ich mich hinsetzen und das Korbflechten erlernen.
Sehr gerne von einem der alten zahnlosen Balinesen.

Gr.: S/M(L/XL)XXL

Halbe Oberweite: 55(65)70 cm
Länge: 62 cm
Ärmellänge ab Armausschnitt: 40(37)35 cm

Material
200(250)250g Isager Highland Farbe Clay
150(150)175g Isager Silk Mohair Farbe 63
Mit je 1 Faden beider Qualitäten stricken

Rund- und Strumpfnadeln 4 und 4½ mm

Maschenprobe glatt rechts mit 4½ mm: 10 cm = 20 M und 26 R

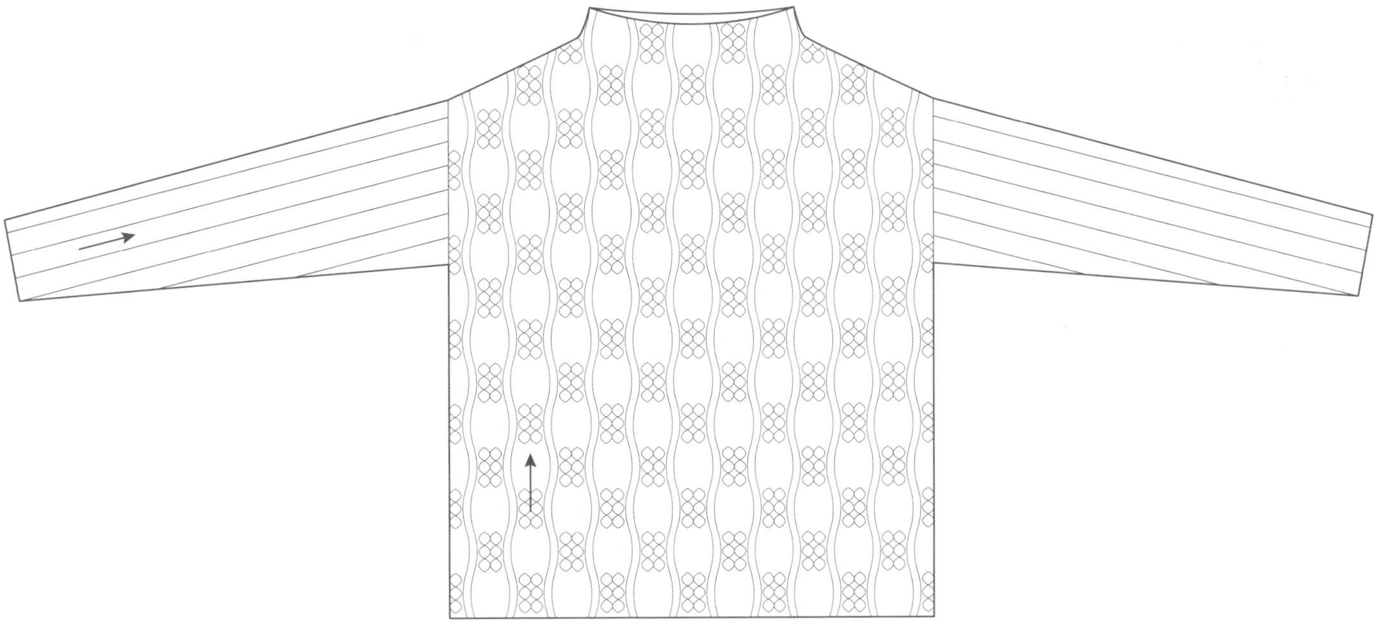

KÖRPER
220(260)280 M mit RundNd 4 mm und beiden Qualitäten anschl.

Zur Runde schließen und 3 Rd Rippen str: 1 li – *3 re – 2 li*.
Enden mit 3 re – 1 li.

Zu Nd 4½ mm wechseln.
Laut Diagramm str.

Das Diagramm 3(2)2-mal in der Höhe str.
Noch 1-mal Runden 1 – 12(20)14 str.
Die Arbeit misst ca. 32(26)24 cm.

Den Körper nun in Vorderteil und Rücken trennen und jedes Teil für sich fertig str:
Die Arbeit wenden und in Reihen hin und zurück im Muster über 110(130)140 RückenM str.
Mit einer RückR beg. Die erste und letzte M in allen R re str.
Insg 49(55)61 R str.
Mit einer RückR enden.
Die Fäden abschneiden und die M stilllegen.

Nun auf die gleiche Weise die 110(130)140 VorderteilM str.
Mit einer RückR beg.
Die M nicht stilllegen.

PASSE
Ab der Passe wieder den Rücken und das Vorderteil zusammen str.
Die RückenM wieder auf die Nd setzen, zur Runde schließen und mit einer HinR im Muster beg.

Runde 1: *1 li – 2 re zus – 104(124)134 M – 2 re verschr zus – 1 li – Markierung setzen*.
Für den Rücken von * bis * wdh = 216(256)276 M.
Runde 2: *1 li – 2 re zus – im Muster str und 3 M vor der Markierung enden – 2 re verschr zus – 1 li*.
Für den Rücken von * bis * wdh = 212(252)272 M.

Runde 2 noch 6-mal str = 188(228)248 M.

Runde 9: *1 li – 2 li zus – im Muster str und 3 M vor der Markierung enden – 2 li verschr zus – 1 li*.
Für den Rücken von * bis * wdh = 184(224)244 M.
Runde 10: Wie Runde 9 str = 180(220)240 M.

8 Rd wie Runde 2 str = 148(188)208 M.
2 Rd wie Runde 9 str = 140(180)200 M.

8 Rd wie Runde 2 str = 108(148)168 M.
2 Rd wie Runde 9 str = 100(140)160 M.

Gr. (L/XL)XXL:
8 Rd wie Runde 2 str = (108)128 M.
2 Rd wie Runde 9 str = (100)120 M.

Alle Gr.:
5 Rd im Muster über die restlichen M str.

Zu Nd 4 mm wechseln.
3 Rd Rippen str: 1 li – *3 re – 2 li*.
Von * bis * wdh. Enden mit 3 re – 1 li.
Alle M re abk.

ÄRMEL
45(45)50 M mit StrumpfNd 4 mm und beiden Qualitäten anschl.

3 Rd Rippen str: 1 li – *3 re – 2 li*.
Von * bis * wdh. Enden mit 3 re – 1 li.

Zu Nd 4½ mm wechseln und weitere 7 Rd Rippen str.

1. Zun: 1 li – 1 neue M li, dafür mit der li Nd den Querfaden vor der nächsten M von hinten aufnehmen und li str – bis zur letzten M Rippen str – 1 neue li – 1 li = 47(47)52 M.

5(3)3 Rd Rippen str.
2. Zun: 1 re – 1 neue li – bis zur letzten M Rippen str – 1 neue li – 1 re = 49(49)54 M.

5(3)3 Rd Rippen str.

3. Zun: 1 re – 1 neue re – bis zur letzten M Rippen str – 1 neue re – 1 re = 51(51)56 M.

5(3)3 Rd Rippen str.
4. Zun: 1 re – 1 neue re – bis zur letzten M Rippen str – 1 neue re – 1 re = 53(53)57 M.

5(3)3 Rd Rippen str.
5. Zun: 1 li – 1 neue re – bis zur letzten M Rippen str – 1 neue re – 1 re = 55(55)59 M.

Die 1. – 5. Zun in jeder 6.(4.)4. Rd wdh, bis insg 15(20)20 ZunahmeRd gestr sind = 75(85)90 M.

Gerade weiter str, bis der Ärmel ca. 40(37)35 cm misst.

Die ersten 5 M abk – 70(80)85 M in Rippen str (die 1. M ist bereits auf der Nd).
Die Arbeit wenden. Auch am Anfang der RückR 5 M abk.

In Reihen hin und zurück str und am Anfang jeder R 5 M abk, bis noch 15 M auf der Nd sind.
Die letzten M im Muster abk.

Den zweiten Ärmel genauso str.

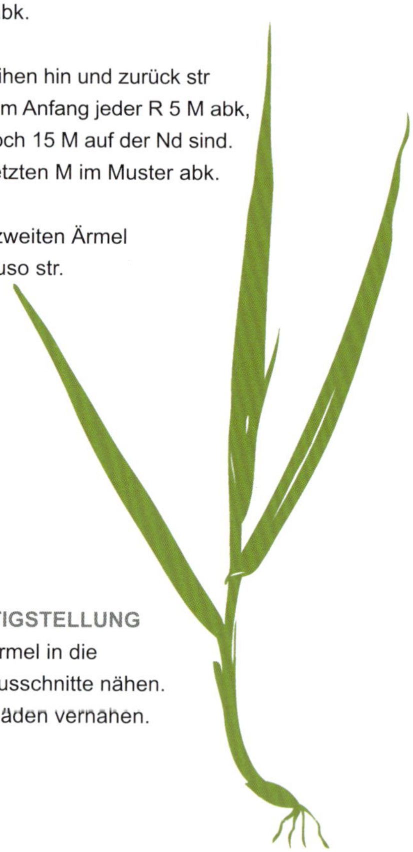

FERTIGSTELLUNG
Die Ärmel in die Armausschnitte nähen.
Alle Fäden vernähen.

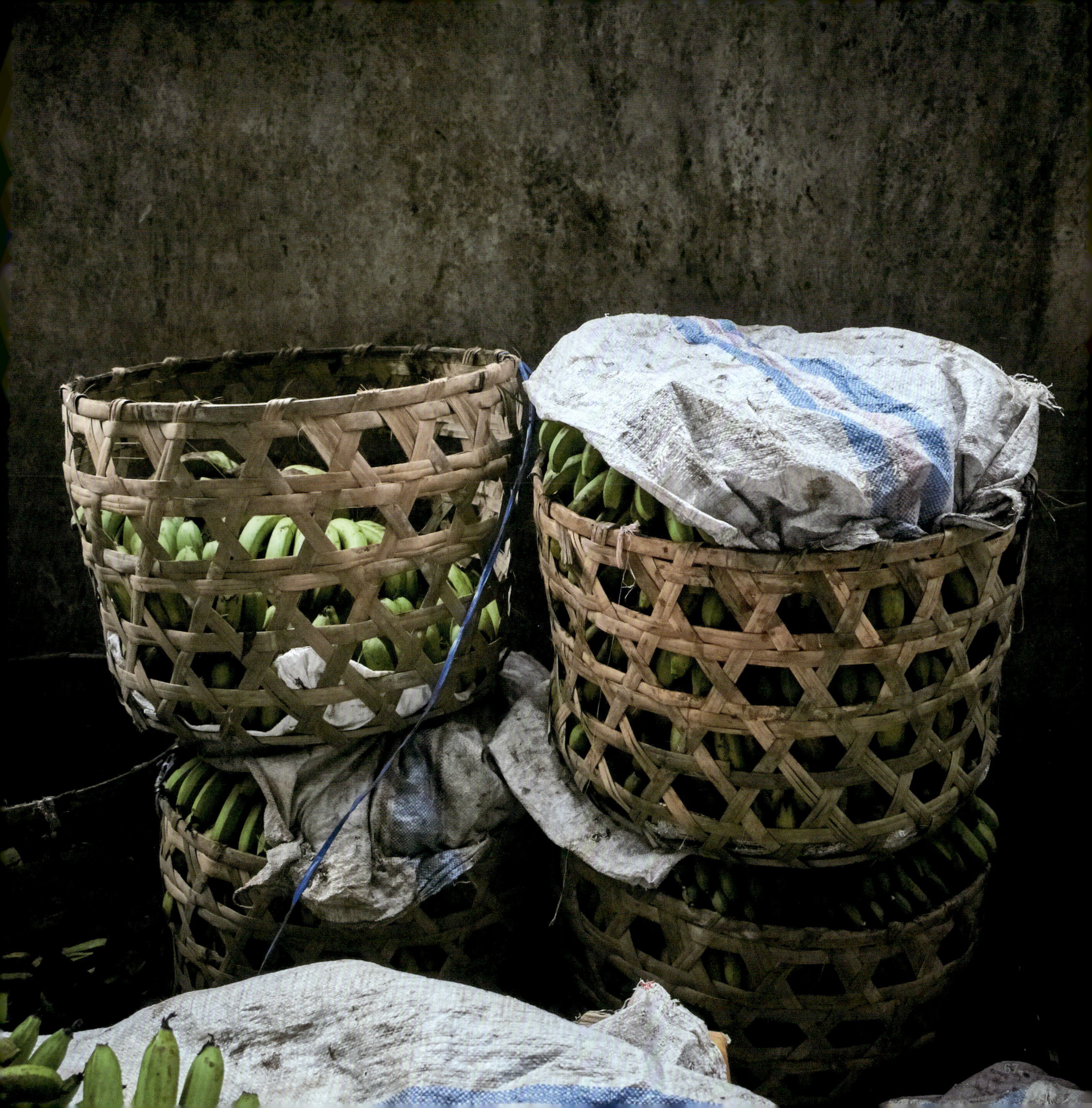

DIAGRAMM

In den HinR li – in den RückR re str

In den HinR re – in den RückR li str

Erst die zweite M vor der ersten M str – die erste M str – beide M von der li Nd heben

Erst die zweite M hinter der ersten M str – die erste M str – beide M von der li Nd heben

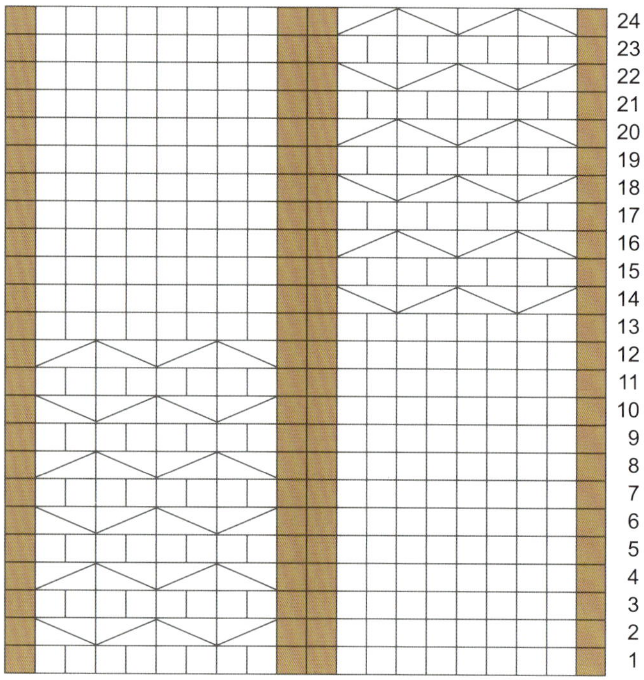

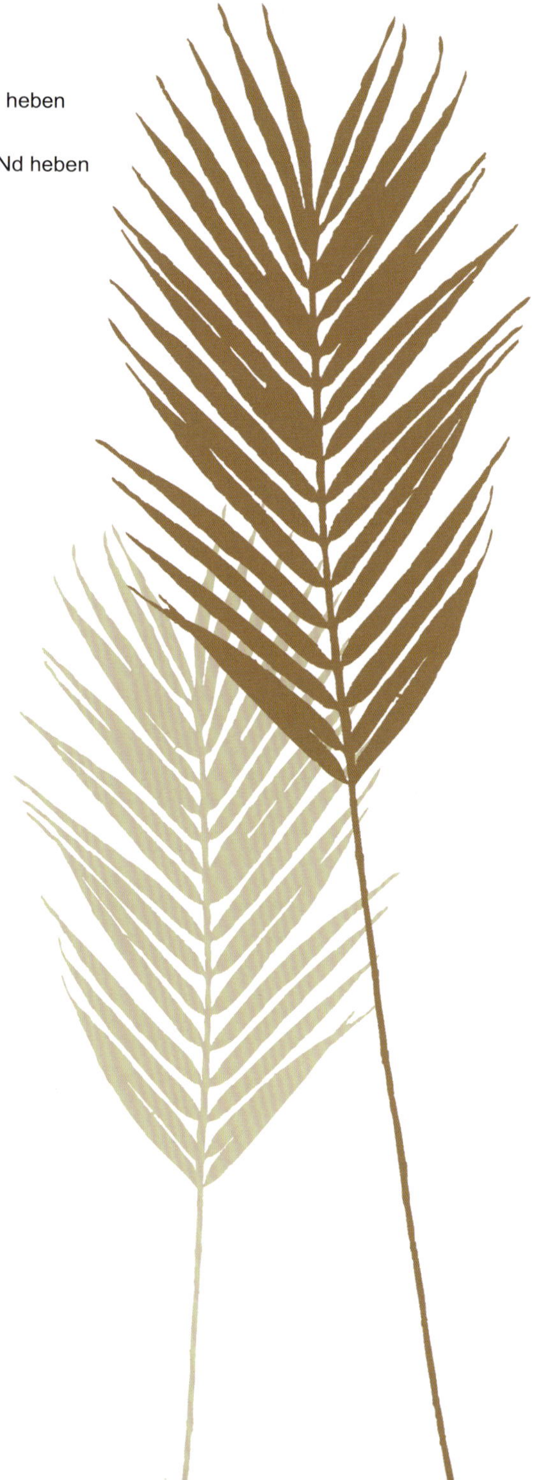

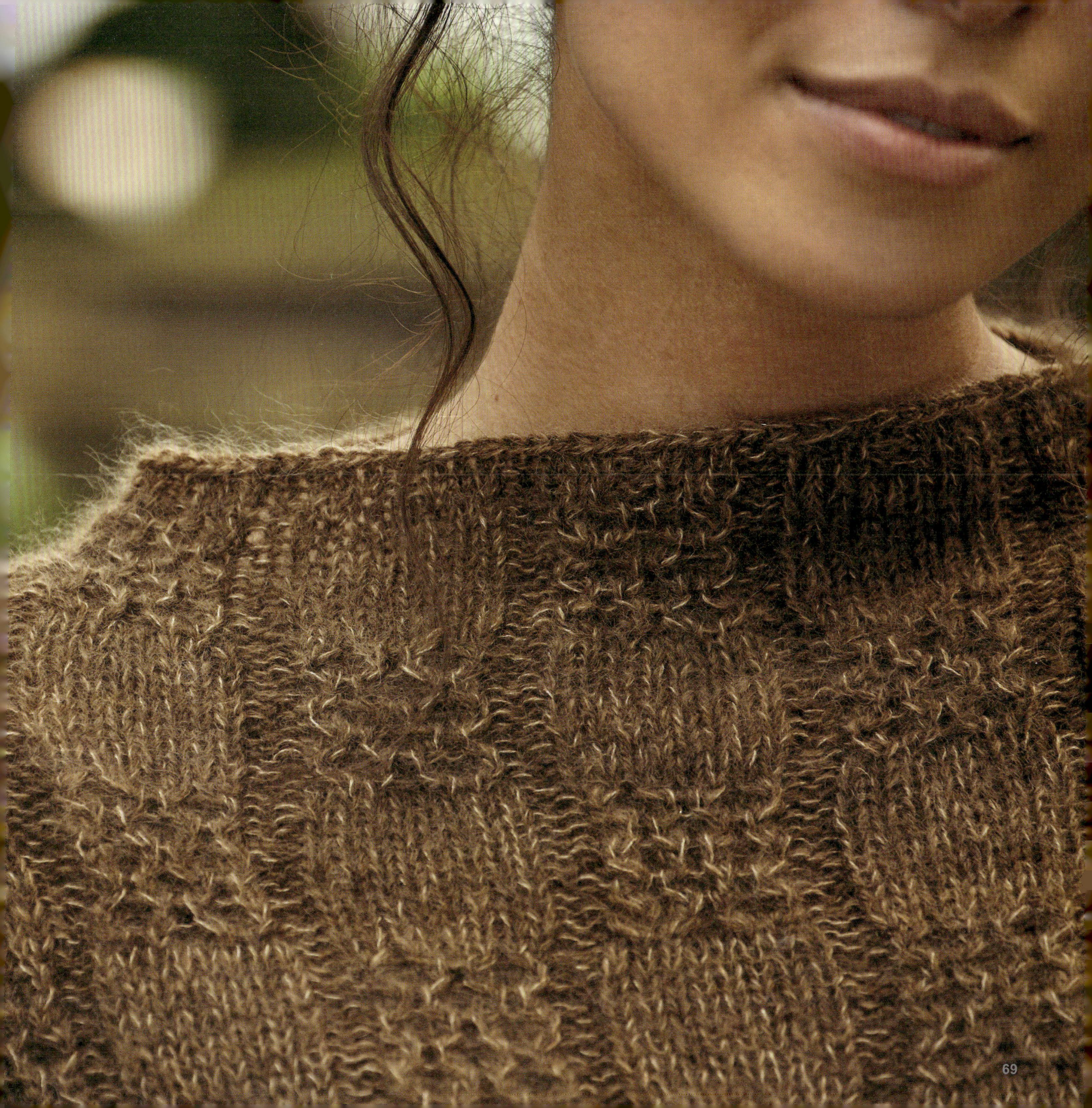

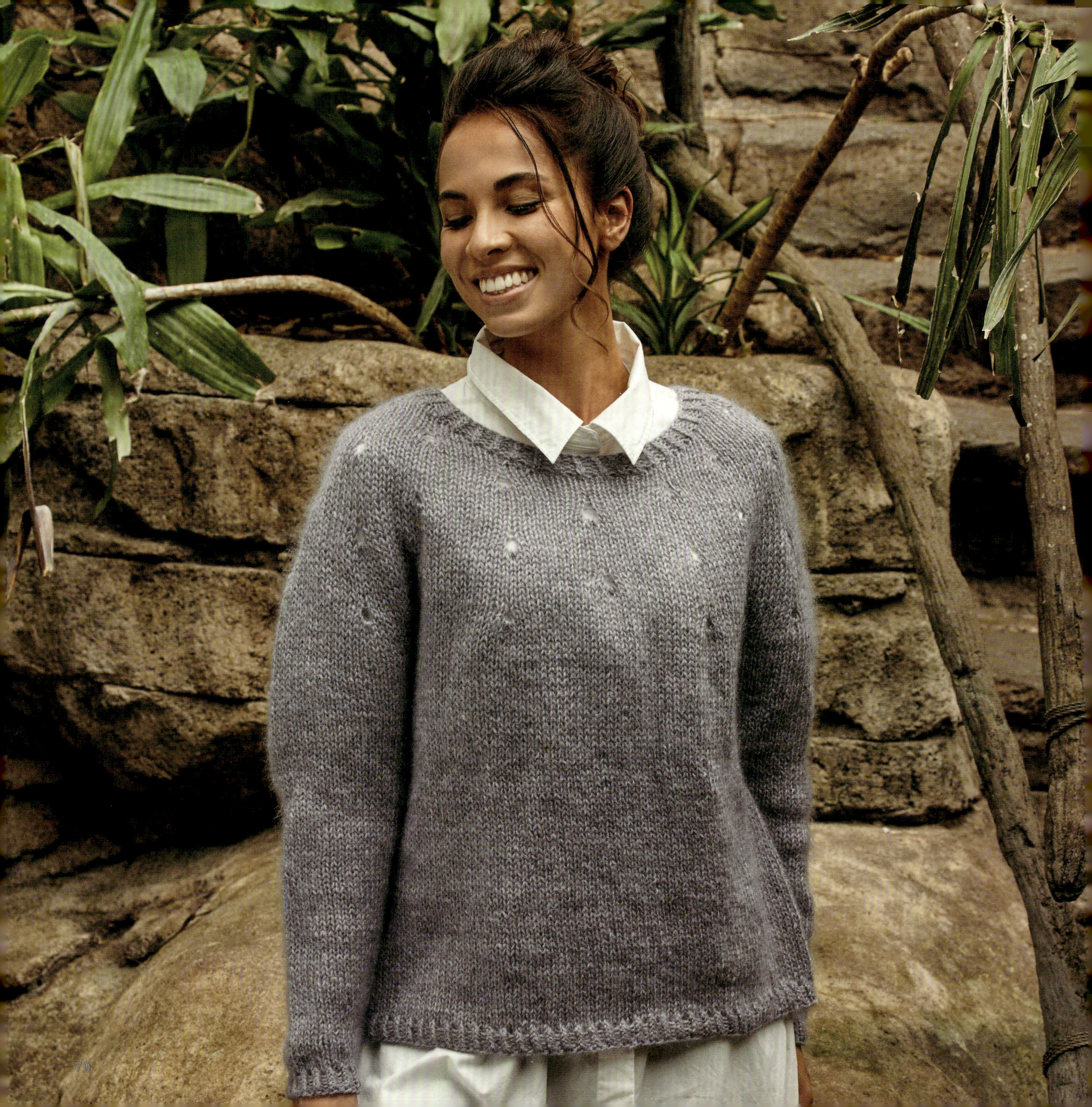

Lotus

Lotusblüten sind im Hinduismus das Symbol der Reinheit und Lakshmi, die Göttin des materiellen und spirituellen Reichtums, wird immer in einer Lotusblume sitzend dargestellt.

Die Lotusblume ist unglaublich schön, aber die Samenkapsel ist etwas ganz Besonderes. Es ist ein kleines, faszinierendes, von der Natur geschaffenes Kunstwerk.
Für mich ist es kaum auszuhalten, nicht mit dem Finger über die streichen zu können, die mitten im Wasser stehen. Samtig weich und verführerisch mit den festen Lotussamen inmitten all der Weichheit. Lotus wächst in allen kleinen Wasserlöchern und da Lotus das ganze Jahr über Saison hat, stehen Blütenknospen, Blütenköpfe und Setzlinge Seite an Seite und kämpfen um die Begeisterung der Zuschauer.

Gr.: S(M)L(XL)XXL

Halbe Oberweite: 49(54)58(62)65 cm
Länge: 56 cm
Ärmellänge ab Armausschnitt: 43(42)42(41)40 cm

Material
A: 250(300)300(300)350g Isager Jensen Yarn Farbe 12s
B: 100(100)100(125)125g Isager Silk Mohair Farbe 12
Mit je 1 Faden beider Qualitäten stricken

Rund- und Strumpfnadeln 4½ und 5 mm

Maschenprobe glatt re mit Nd 5 mm: 10 cm = 15 M und 20 R

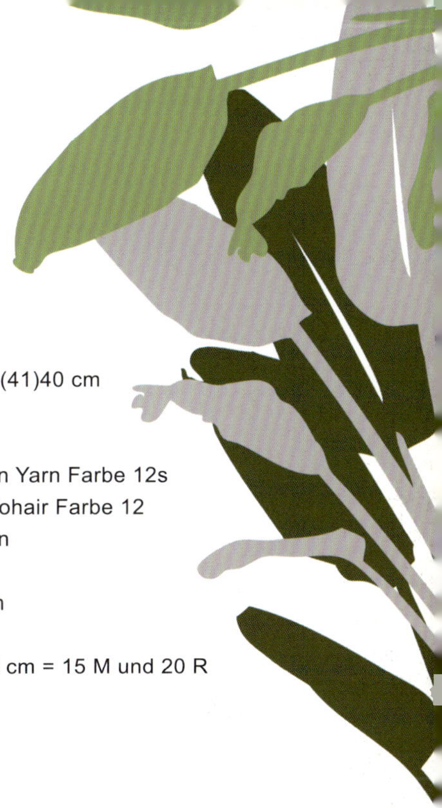

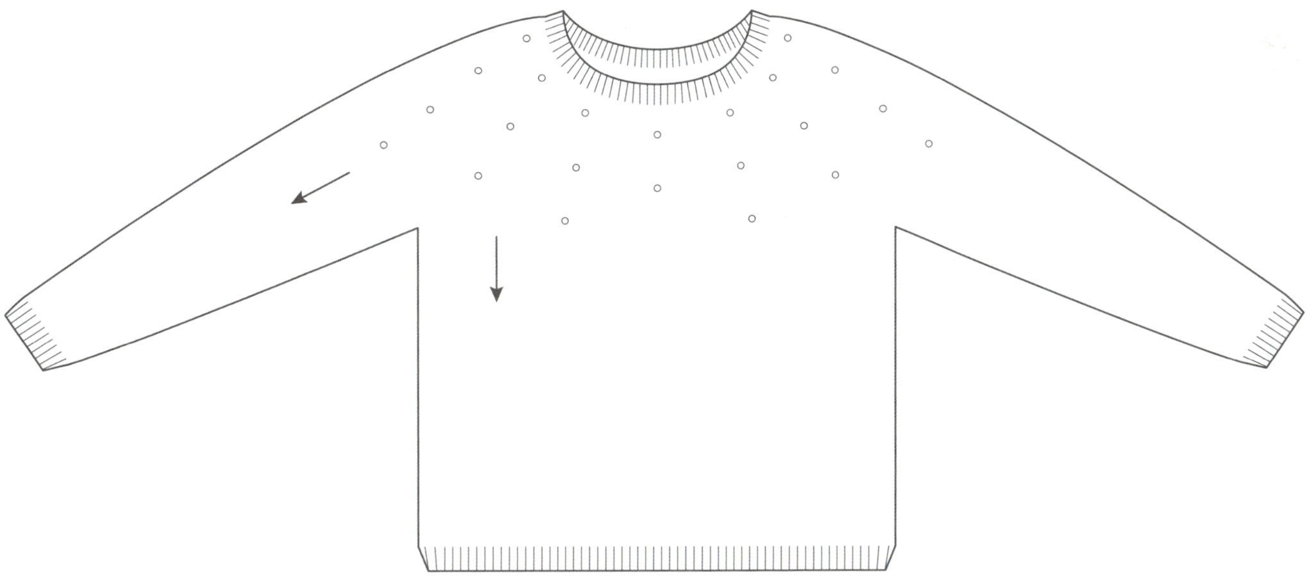

Loch: 1 neue M aus dem Querfaden zwischen 2 M re str – U – eine weitere M re aus demselben Querfaden str = 3 neue M.

Der Pullover wird von oben nach unten gestrickt.

PASSE

47 M mit beiden Qualitäten und Nd 5 mm anschl.

Reihe 1 (RückR): 1 re – 46 li – 2 neue M anschl = 49 M.
Reihe 2: 49 re – 2 neue M anschl = 51 M.
Reihe 3: 1 re – 50 li – 2 M anschl = 53 M.
Reihe 4: 53 re – 2 M anschl = 55 M.
Reihe 5: 1 re – 54 li – 2 M anschl = 57 M.

Reihe 6 mit 1. Lochreihe: 7 re – *Loch – 9 re*. Von * bis * wdh. Enden mit Loch – 5 re – 2 M anschl = 77 M.
Reihe 7: 1 re – 76 li – 2 M anschl = 79 M.
Reihe 8: 79 re – 2 M anschl = 81 M.
Reihe 9: 1 re – 80 li – 2 M anschl = 83 M.
Reihe 10: 83 re – 2 M anschl = 85 M.
Reihe 11: 1 re – 84 li – 2 M anschl = 87 M.

Reihe 12 mit 2. Lochreihe: 8 re – *Loch – 12 re*.
Von * bis * wdh. Enden mit Loch – 7 re – 2 M anschl = 110 M.
Reihe 13: 110 li – 2 M anschl = 112 M.

Reihe 14: 112 re – 8(8)8(23)23 neue M anschl = 120(120)120(135)135 M.

Die Fäden abschneiden.

Die ersten 56 M der HinR auf die rechte Nd heben, ohne sie zu str = Nackenmitte.
Hier für den RdBeginn eine Markierung setzen.

3 Rd re str.
3. Lochreihe: 8 re – *Loch – 15 re*.
Von * bis * wdh. Enden mit Loch – 7 re = 144(144)144(162)162 M.

5(5)5(5)6 Rd re str.
4. Lochreihe: *Loch – 18 re*.
Von * bis * wdh = 168(168)168(189)189 M.

5(5)5(5)6 Rd re str.
5. Lochreihe: 13 re – *Loch – 21 re*.
Von * bis * wdh. Enden mit Loch – 8 re = 192(192)192(216)216 M.

5(5)5(6)6 Rd re.
6. Lochreihe: 2 re – *Loch – 24 re*.
Von * bis * wdh. Enden mit Loch – 22 re = 216(216)216(243)243 M.

Gr. S:
6 Rd re str.
Weiterlesen bei Aufteilung.

Gr. (M)L(XL)XXL:
(5)5(6)6 Rd re str.
7. Lochreihe: 17 re – *Loch – 27 re*.
Von * bis * wdh. Enden mit Loch – 10 re = (240)240(270)270 M.

(4)6(6)6 Rd re str.

AUFTEILUNG

Die M nun in Körper und Ärmel trennen: 35(39)40(43)43 re – die nächsten 44(48)46(55)55 M stillegen – 9(9)13(13)17 neue M anschl – 64(72)74(80)80 VorderteilM re str – 44(48)46(55)55 M stillegen – 9(9)13(13)17 neue M anschlagen – 29(33)34(37)37 re.

KÖRPER

Über die 146(162)174(186)194 KörperM glatt rechts in Runden str, bis die Arbeit ab Nacken ca. 54 cm misst.

Zu Nd 4½ cm wechseln.
4 Rd in Rippen str: *1 re verschr – 1 li*.
Von * bis * wdh.
Im Rippenmuster locker abk.

ÄRMEL

Die 44(48)46(55)55 ÄrmelM auf StrumpfNd 5 mm setzen.

9(9)13(13)17 neue M aus den angeschl KörperM heraus str – 1 M aus dem Übergang zu den ÄrmelM heraus str – die ÄrmelM re str – 1 M aus dem Übergang zu den angeschl M heraus str = 55(59)61(70)74 M.

4(4)6(6)8 re str und eine Markierung für den neuen RdBeginn setzen.

4(6)6(6)2 Rd re str
Abn str: 1 re – 2 re zus – re str und 2 M vor der Markierung enden – 2 re verschr zus str = 53(57)59(68)72 M.

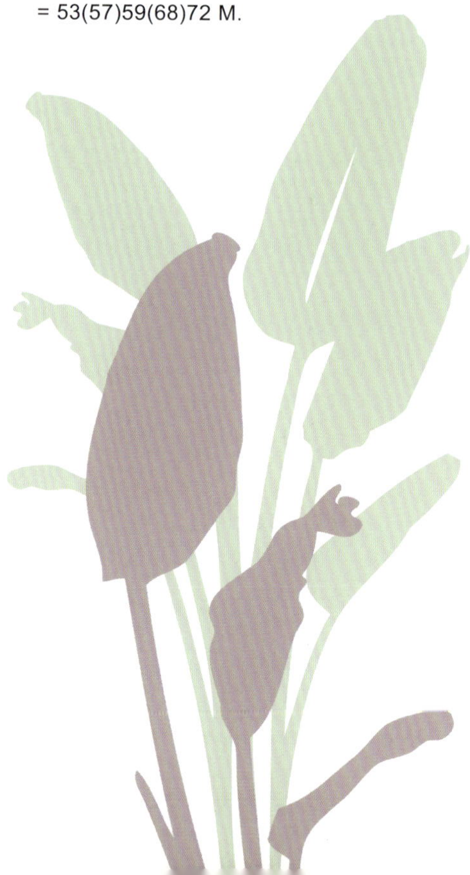

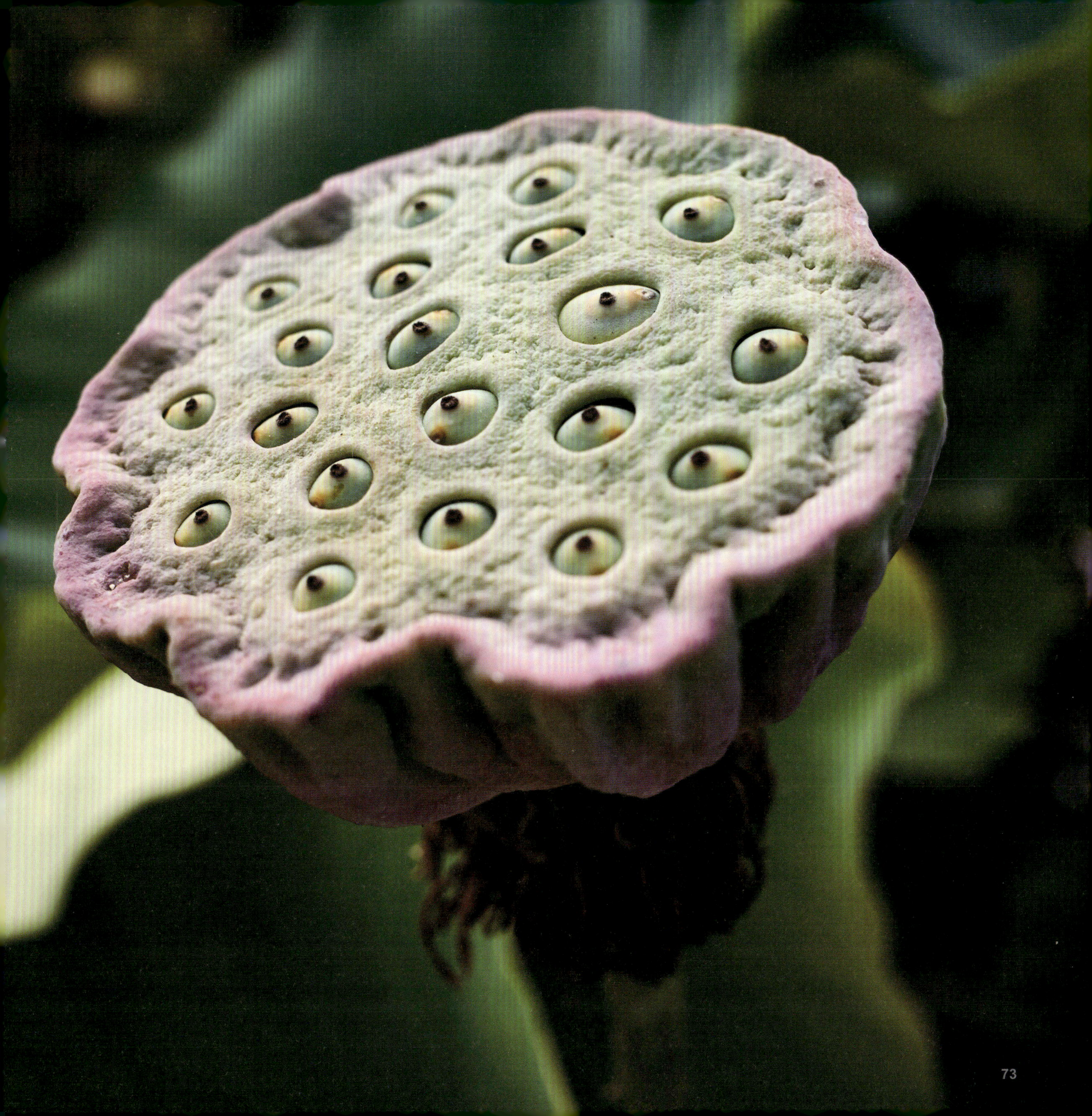

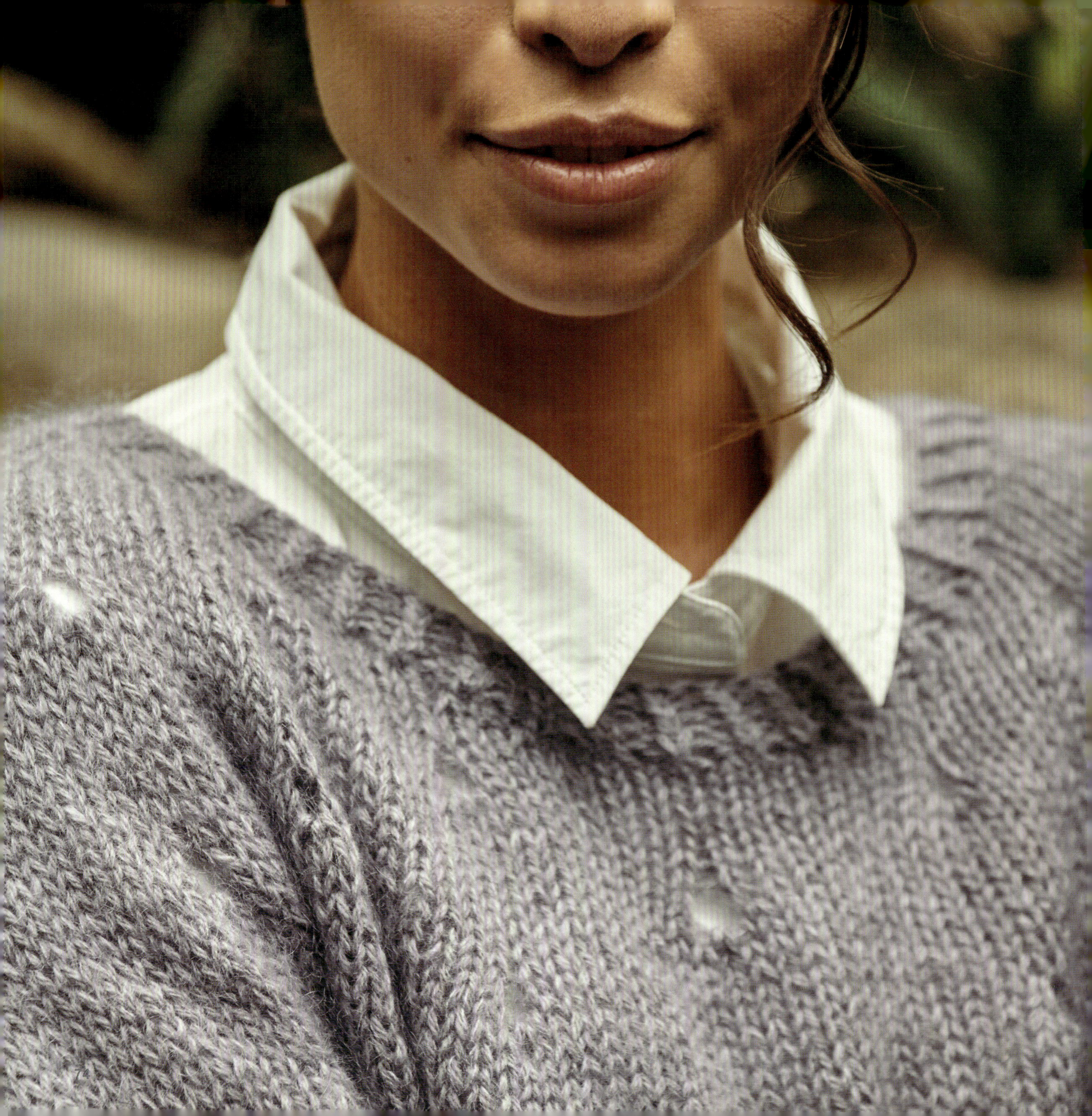

Die Abn in jeder 6.(5.)5.(4.)4. Rd insg 13(14)14(17)18-mal str = 29(31)33(36)38 M.

Gerade weiter str, bis der Ärmel ab Armausschnitt ca. 41(40)40(39)38 cm misst.

Gr. S(M)L:
Abn: 2 re zus – 27(29)31 re = 28(30)32 M.

Zu StrumpfNd 4½ mm wechseln.
4 Rd im Rippenmuster wie am Körper str.
Im Rippenmuster locker abk.

Den zweiten Ärmel genauso str.

HALSRAND

Rund um den Halsausschnitt M mit Nd 4½ mm heraus str.
In der Nackenmitte beg.
23 M aus dem Anschlag str – 16(16)16(14)14 M aus der linken Ausschnittseite bis zu den mittleren M str – 7(7)7(21)21 M aus den angeschl M str – 14(14)14(12)12 M aus der linken Ausschnittseite str – 24 M aus dem Anschlag str = 84(84)84(94)94 M.

4 Rd Rippen wie am Körper str.

Im Rippenmuster abk.

FERTIGSTELLUNG

Alle Fäden vernähen.

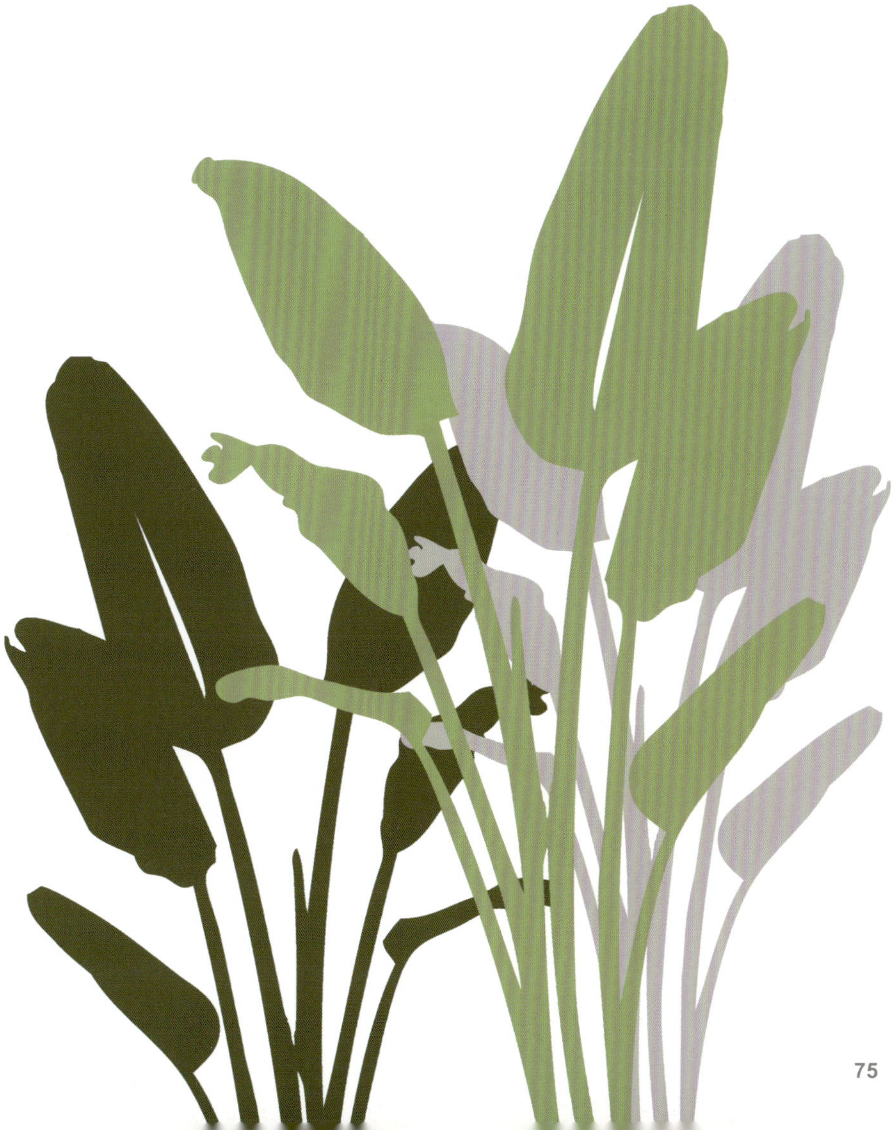

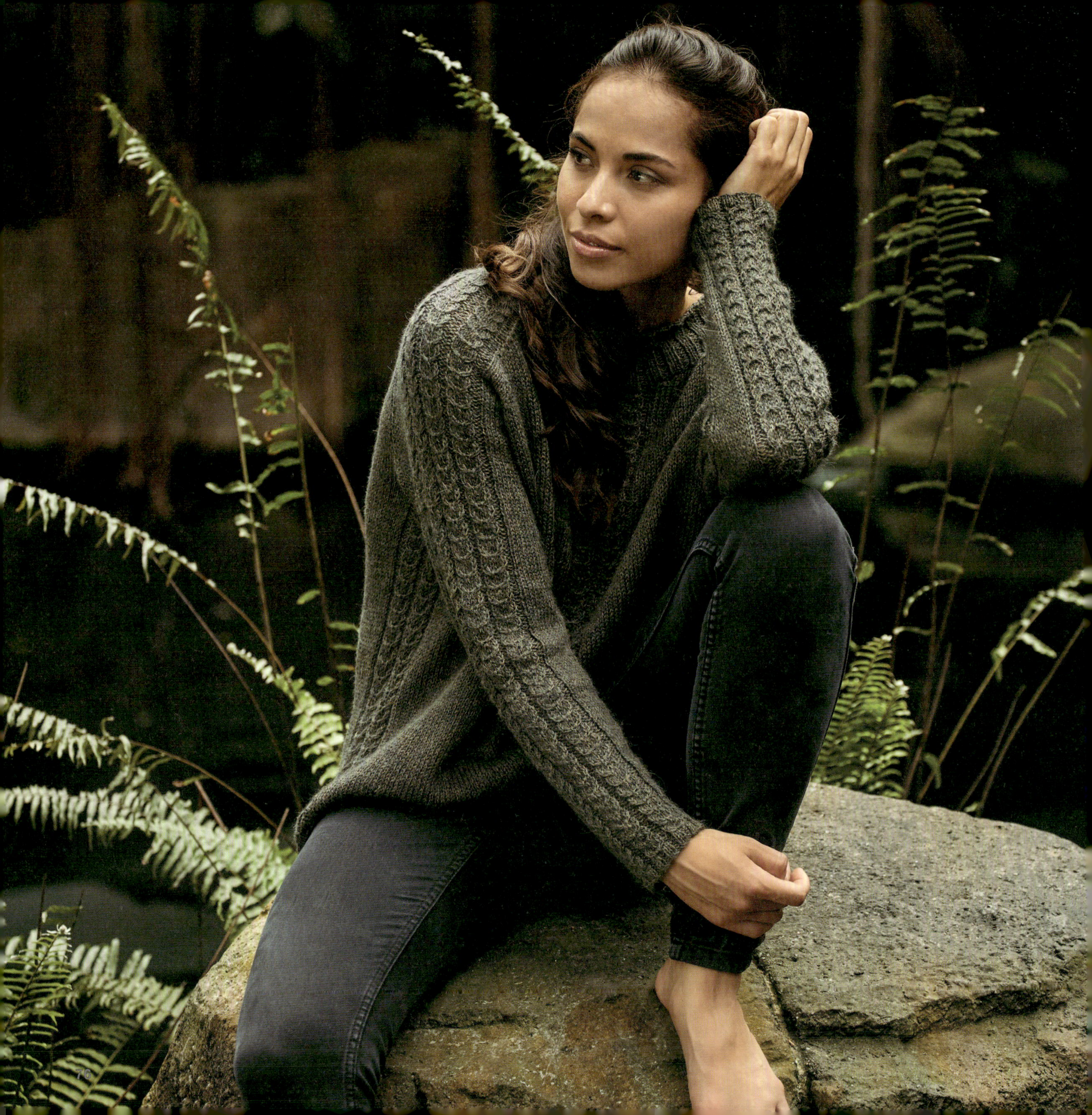

Mangroven

Ich bin immer wieder fasziniert von der Natur.

Sie hat es so eingerichtet, dass bei großen Gezeitenunterschieden die Baumstämme dem Salzwasser standhalten – oder vielleicht ist es umgekehrt: Dass die Bäume Wurzeln bis hoch in die Sonne entwickeln.

Bietet sich mir eine Bootstour auf den Flüssen der Mangroven, so bin ich bereit. Obwohl ich es ein bisschen unheimlich finde, da ich weiß wie viele Lebewesen in dem Schlamm liegen und auf die Rückkehr des Wassers warten. Oder spielt mir meine Fantasie vielleicht wieder einen Streich?

Gr.: S(M)L(XL)XXL

Halbe Oberweite: 53(57)61(65)69 cm
Länge: 55(56)57(56)57 cm
Ärmellänge ab Armausschnitt: 44(42)41(39)38 cm

Material
200(250)250(250)300g Isager Alpaca 2 Farbe Forest
200(200)200(200)250g Isager Trio Farbe Khaki
Mit je 1 Faden beider Qualitäten stricken

Rund- und Strumpfnadeln 3 und 3½ mm

Maschenprobe glatt rechts mit Nd 3½: 10 cm = 21 M und 28 R

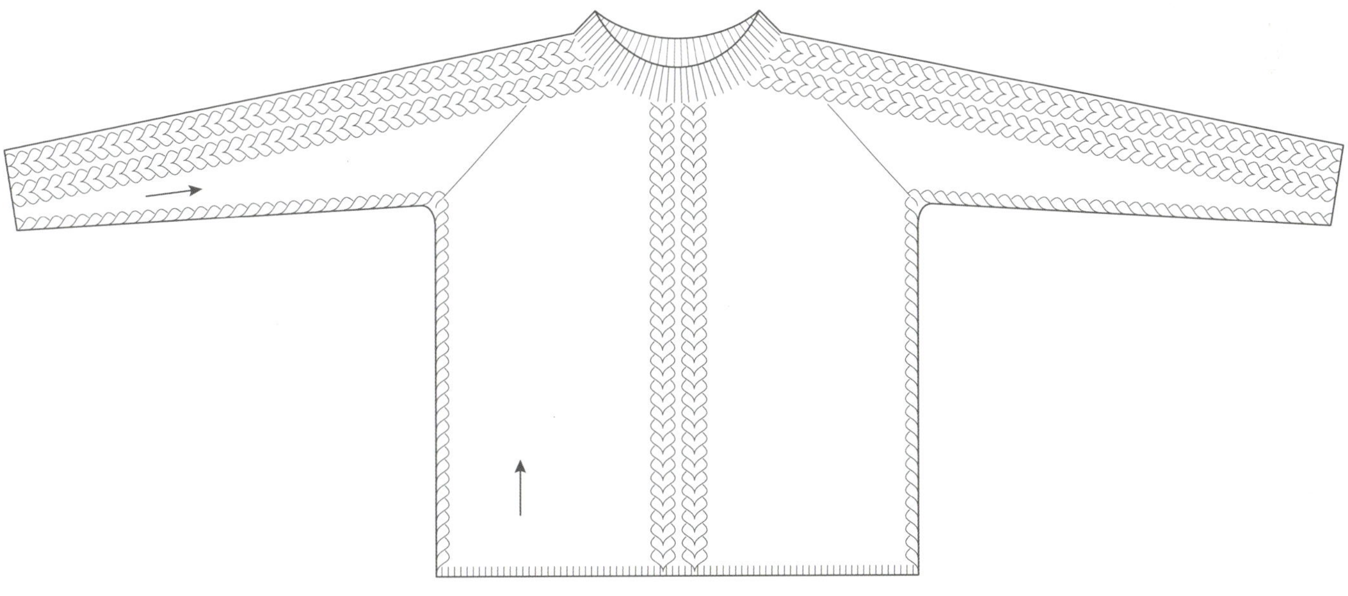

Zopf: 2 M auf eine HilfsNd hinter die Arbeit legen – 1 re – die 2 M der HilfsNd re str – 1 M auf die HilfsNd vor die Arbeit legen – 2 re – die M der HilfsNd re str.

KÖRPER

240(256)272(288)304 M mit Nd 3 mm und beiden Qualitäten anschl und zur Runde schließen.

3 Runden Rippen str: 1 li – *2 re – 2 li*. Von * bis * wdh. Enden mit 2 re – 1 li.

Zu Nd 3½ mm wechseln und im Muster str.
Runde 1: *1 li – 6 re – 2 li – 42(46)50(54)58 re – 2 li – 6 re – 1 li*. Von * bis * insg 4-mal str.
Runde 2: Wie Runde 1 str.
Runde 3: *1 li – Zopf – 2 li – 42(46)50(54)58 re – 2 li – Zopf – 1 li*.
Von * bis * insg 4-mal str.
Runde 4: Wie Runde 1 str

Runden 1 – 4 wdh, bis insg 26(25)24(22)22 ZopfRd gestr sind.
Direkt nach einer ZopfRd enden.
Der Körper misst ca. 38(36)35(32)32 cm.

Für die Armausschnitte abk: Die ersten 9 M abk – 102(110)118(126)134 M im Muster str (die 1. M ist bereits auf der Nd) – 18 M abk – 102(110)118(126)134 M im Muster str (die 1. M ist bereits auf der Nd) – die letzten 9 M abk.
Die Fäden abschneiden.
Die M stilllegen.

ÄRMEL

56 M mit Nd 3 mm und beiden Qualitäten anschl.

3 Runden in Ripen str: 1 li – *2 re – 2 li*. Von * bis * wdh. Enden mit 2 re – 1 li.

Zu Nd 3½ wechseln.
Runde 1: 1 li – *6 re – 2 li* – 2 re – 2 li – von * bis * insg 4-mal str. Enden mit 2 re – 2 li – 6 re – 1 li.
Runde 2: Wie Runde 1 str.
Runde 3 mit Zun: 1 li – *Zopf – 2 li* – 1 re – 1 neue re (s. Abk.) – 1 re – 2 li – von * bis * insg 4-mal str – 1 re – 1 neue re – 1 re – 2 li – Zopf – 1 li.
Runde 4: 1 li – *6 re – 2 li* – 3 re – 2 li – von * bis * insg 4-mal str – 3 re – 2 li – 6 re – 1 li.

Runden 5 – 6: Wie Runde 4 str.
Runde 7: 1 li – *Zopf – 2 li* – 3 re – 2 li – von * bis * insg 4-mal str – 3 re – 2 li – Zopf – 1 li.
Runden 8 – 10: Wie Runde 4 str.
Runde 11 mit Zun: 1 li – *Zopf – 2 li* – 1 re – 1 neue re – 2 re – 2 li – von * bis * insg 4-mal str – 2 re – 1 neue re – 1 re – 2 li – Zopf – 1 li.

Im Muster weiter str.
Die Zun vor den ersten und nach den letzten 10 M in jeder 8.(6.)6.(6.)4. Rd wdh, bis 13(17)13(11)23 ZunRd gestr sind = 82(90)82(78)102 M.

Gr. L(XL).:
Im Muster weiter str.
Die Zun in jeder 4.(4.) Rd wdh, bis 6(10) weitere ZunRd gestr sind = 94(98) M.

Alle Gr.:
Weiter str, bis insg 30(29)28(27)26 ZopfRd gestr sind.
Direkt nach einer ZopfRd enden.
Der Ärmel misst ca. 44(42)41(39)38 cm.

Am Armausschnitt abk: Die ersten 9 M abk – 64(72)76(80)84 M im Muster str (die 1. M ist bereits auf der Nd) – die letzten 9 M abk.
Die Fäden abschneiden und die M stilllegen.

Den zweiten Ärmel genauso str, die M aber nicht stilllegen.

PASSE

Die KörperM und den 1. Ärmel wieder auf die Nd setzen.
Im Muster weiter str.
102(110)118(126)134 RückenM str – 64(72)76(80)84 ÄrmelM str – 102(110)118(126)134 VorderteilM str – 64(72)76(80)84 ÄrmelM str = 332(364)388(412)436 M.

1 Rd im Muster str.
RaglanAbn str: *2 re zus – 98(106)114(122)130 M im Muster str – 2 re verschr zus – eine Markierung setzen – 2 re zus – 60(68)72(76)80 M im Muster str – 2 re verschr zus – eine Markierung setzen*.
Von * bis * wdh = 324(356)380(404)428 M.

Die Abn (2 re verschr vor den Markierungen und 2 re zus nach den Markierungen) in jeder 2. Rd wdh, bis insg 14(18)20(22)24 AbnahmeRd gestr sind = 220(220)228(236)244 M.

1 Rd ohne Abn str.
Abn str: *2 re zus – 70(70)74(78)82 M im Muster – 2 re verschr zus – 2 li zus – 32 M im Muster – 2 li verschr zus*.
Von * bis * wdh = 212(212)220(228)236 M.

1 Rd ohne Abn str.
Die Fäden abschneiden.
Die 18 mittleren VorderteilM stilllegen.

Mit einer HinR direkt nach den stillgelegten M beg.

Reihe 1 (HinR): 2(2)4(4)6 M abk – 22(22)22(24)24 re (die 1. M ist bereits auf der Nd) – 3 re verschr zus, dafür die ersten 2 M gleichzeitig re abh, 1 re und die 2 abgeh M über die gestr M heben – 34 M im Muster – 3 re zus – 66(66)70(74)78 M im Muster – 3 re verschr zus – 34 M im Muster – 3 re zus – 24(24)26(28)30 re = 184(184)190(198)204 M.
Die Arbeit wenden.

Reihe 2: 2(2)4(4)6 M abk – die R im Muster zu Ende str = 182(182)186(194)198 M.

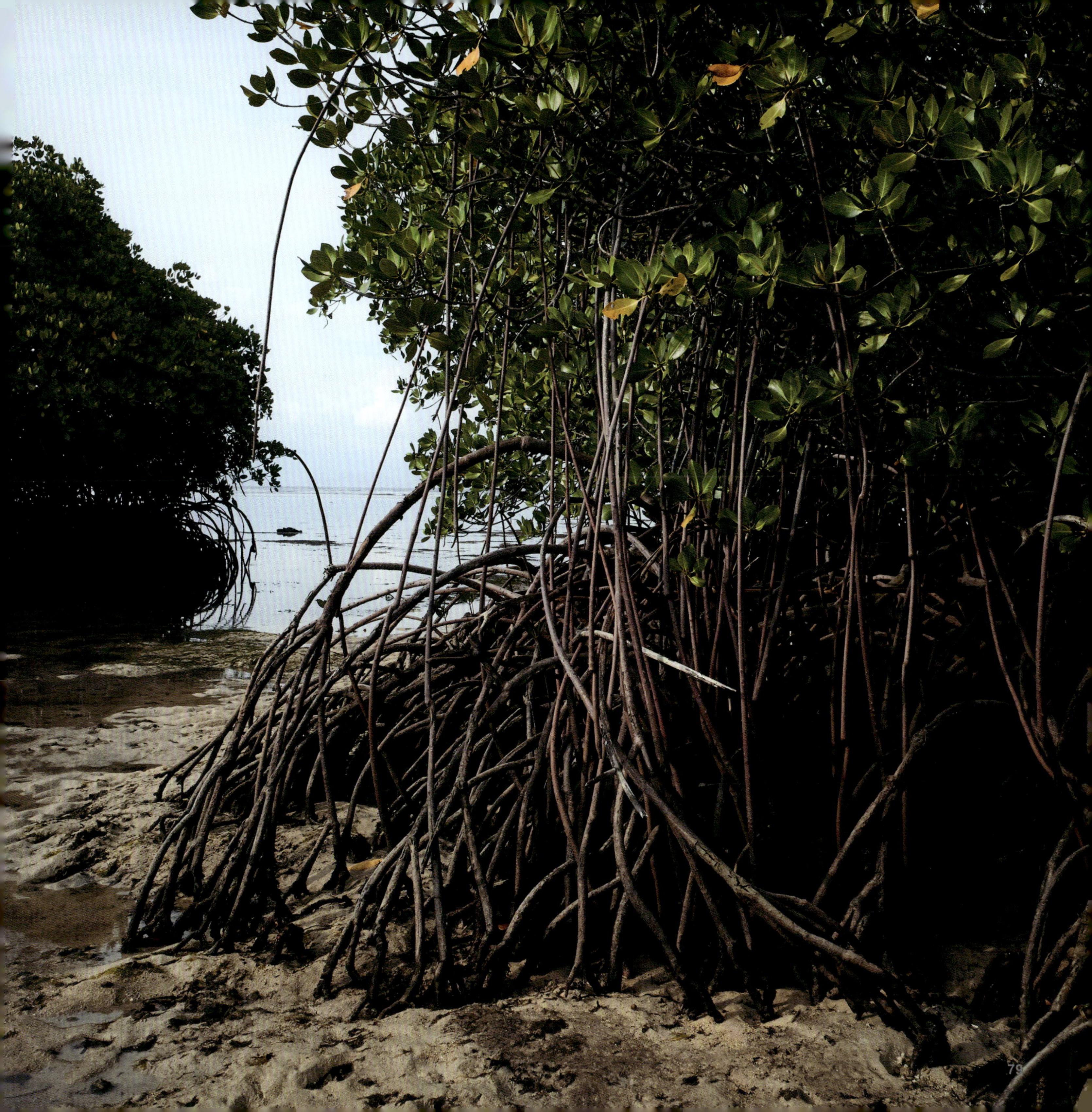

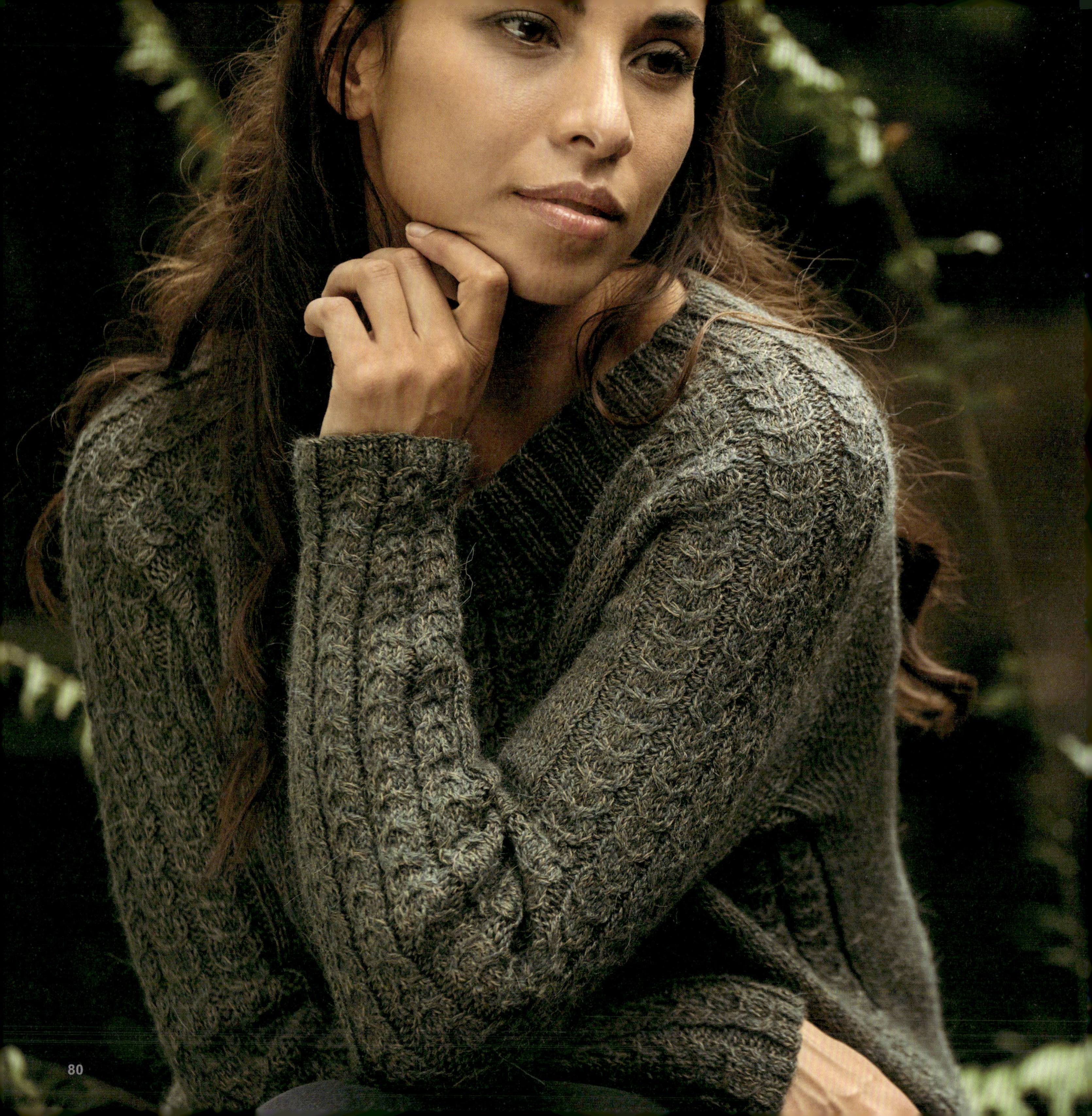

Die Arbeit wenden.

Reihe 3: 2(2)2(4)4 M abk – re str und 3 M vor den 34 ÄrmelM enden – 3 re verschr zus – 34 M im Muster – 3 re zus – re str und 3 M vor den 34 ÄrmelM enden – 3 re verschr zus – 34 M im Muster – 3 re zus – re zu Ende str = 172(172)176(182)186 M.
Die Arbeit wenden.

Reihe 4: 2(2)2(4)4 M abk – im Muster zu Ende str = 170(170)174(178)182 M.
Die Arbeit wenden.

Reihe 5: 2 M abk – re str und 3 M vor den 34 ÄrmelM enden – 3 re verschr zus – 34 M im Muster – 3 re zus – im Muster str und 3 M vor den 34 ÄrmelM enden – 3 re verschr zus – 34 M im Muster – 3 re zus – re zu Ende str = 160(160)164(168)172 M.
Die Arbeit wenden.

Reihe 6: 2 M abk – im Muster zu Ende str = 158(158)162(166)170 M.
Die Arbeit wenden.

Reihen 5 – 6 weitere 3-mal str = 122(122)126(130)134 M.
Die Fäden nicht abschneiden

HALSRAND

Mit Nd 3 mm str.

Gr. S(M):
Reihe 1 (HinR): 3 re verschr zus – *2 li – 3 re verschr zus – 3 re zus*.
Von * bis * insg 4-mal str – 2 li – 3 re zus – *1 re – 2 li – 2 re zus*.
Von * bis * insg 2-mal str – 2 re zus – *2 li – 3 re verschr zus – 3 re zus*.
Von * bis * insg 2-mal str – 2 li – *2 re zus – 1 re – 2 li*.
Von * bis * insg 2-mal str – 2 re zus – 3 re verschr zus – *2 li – 3 re verschr zus – 3 re zus*.
Von * bis * insg 4-mal str – 2 li – 3 re zus = 68(68) M.

Gr. L:
Reihe 1 (HinR): 3 re verschr zus – *2 li – 3 re verschr zus – 3 re zus*.
Von * bis * insg 4-mal str – 2 li – 3 re zus – 2 re zus – 2 li – 2 re zus – 2 re zus – 2 li – 2 re zus – 2 re zus – *2 li – 3 re verschr zus – 3 re zus*.
Von * bis * insg 2-mal str – 2 li – 2 re zus – 2 re zus – 2 li – 2 re zus – 2 re zus – 2 li – 2 re zus – 3 re verschr zus – *2 li – 3 re verschr zus – 3 re zus*.
Von * bis * insg 4-mal str – 2 li – 3 re zus = 68 M.

Gr. (XL):
Reihe 1 (HinR): 3 re verschr zus – *2 li – 3 re verschr zus – 3 re zus*.
Von * bis * insg 4-mal str – 2 li – 3 re zus – 1 re – *2 li – 2 re zus – 1 re*.
Von * bis * insg 3-mal str – *2 li – 3 re verschr zus – 3 re zus*.
Von * bis * insg 2-mal str – 2 li – *1 re – 2 re zus – 2 li*.
Von * bis * insg 3-mal str – 1 re – 3 re verschr zus – *2 li – 3 re verschr zus – 3 re zus*.
Von * bis * insg 4-mal str – 2 li – 3 re zus = 76 M.

Gr. (XXL):
Reihe 1 (HinR): 3 re verschr zus – *2 li – 3 re verschr zus – 3 re zus*.
Von * bis * insg 4-mal str – 2 li – 3 re zus – 2 re zus – *2 li – 2 re zus – 2 re zus*.
Von * bis * insg 2-mal str – 2 li – 2 re – *2 li – 3 re verschr zus – 3 re zus*.
Von * bis * insg 2-mal str – 2 li – 2 re – 2 li – *2 re zus – 2 re zus – 2 li*.
Von * bis * insg 2-mal str – 2 re zus – 3 re verschr zus – *2 li – 3 re verschr zus – 3 re zus*.
Von * bis * insg 4-mal str – 2 li – 3 re zus = 76 M.

Alle Gr.:
Die mittleren 18 VorderteilM wieder auf die Nd setzen.

17(17)21(21)21 M aus der linken Vorderteilhälfte bis zu den mittleren M heraus str – *2 li – 3 re verschr zus – 3 re zus*.
Von * bis * insg 2-mal str – 2 li – 17(17)21(21)21 M aus der rechten Vorderteilhälfte heraus str = 112(112)120(128)128 M.
1 re str.
Eine Markierung für den RdBeginn setzen.

1 – 4 cm Rippen str: *2 li – 2 re*.
Von * bis * wdh.
Im Rippenmuster abk.

FERTIGSTELLUNG

Die Ärmel in die Armausschnitte nähen.
Alle Fäden vernähen.

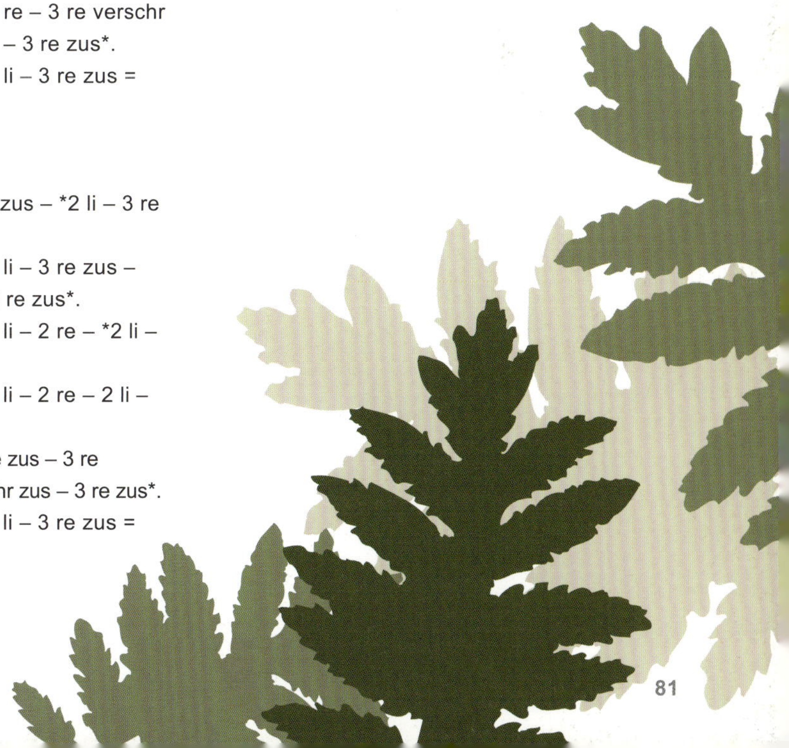

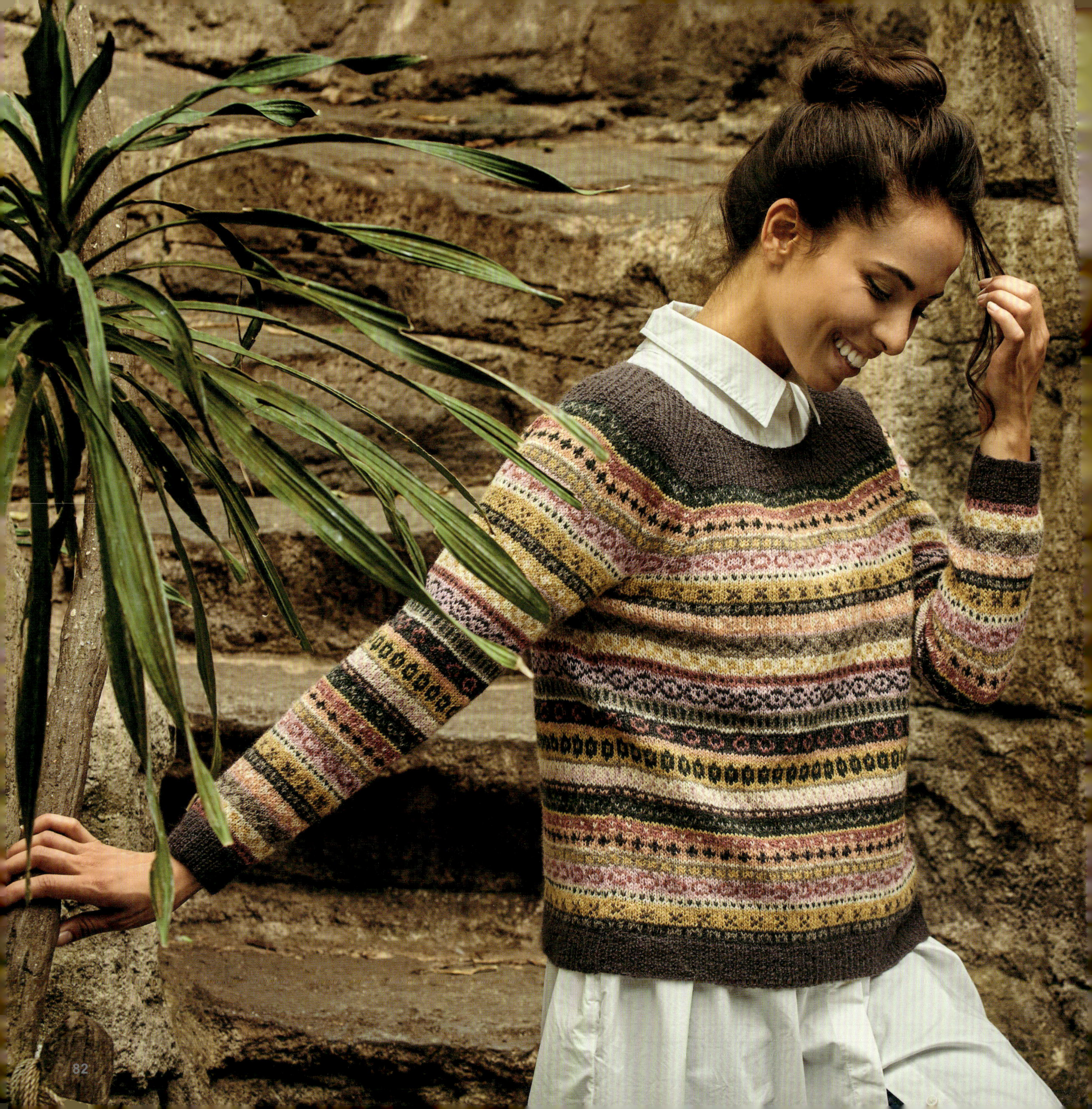

Markt

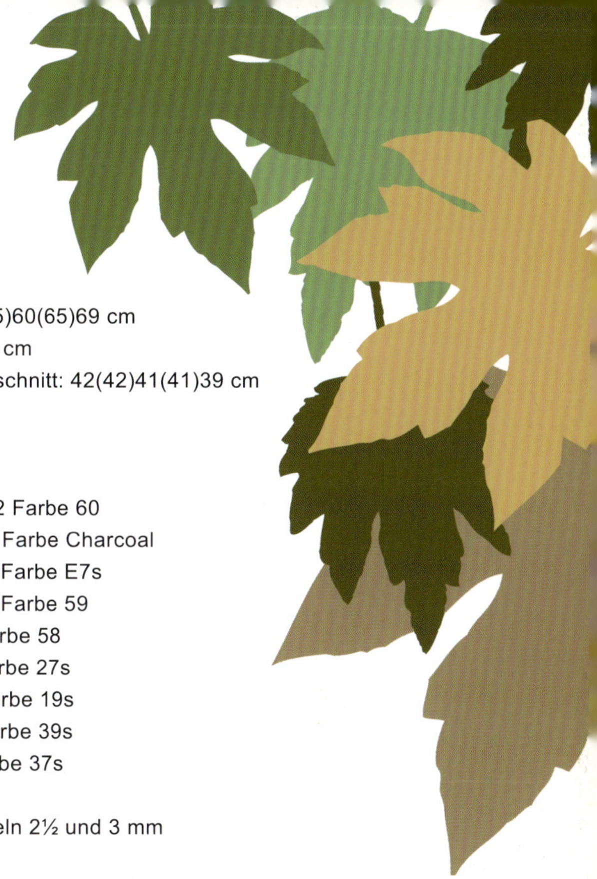

Frühes Aufstehen wird damit belohnt, gemeinsam mit den Einheimischen auf die Märkte gehen zu können.

Körbe mit Früchten und Gemüse, Berge mit frischem Fisch und massenhaft Blumen liegen Seite an Seite auf Tischen, dem Boden, hinten in kleinen Lastwägen und die Treppen rauf und runter.
Man muss gucken, wohin man die Füße setzt und aufpassen, dass man nicht in einen großen rotbraunen Betel-Spucke-Klecks tritt – die Farbe kann sich einige Tage auf den Sandalen halten...

Gr.: S(M)L(XL)XXL

Halbe Oberweite: 51(55)60(65)69 cm
Länge: 58(58)59(60)62 cm
Ärmellänge ab Armausschnitt: 42(42)41(41)39 cm

Material
A: 100g Isager Alpaca 2 Farbe 60
B: 30g Isager Highland Farbe Charcoal
C: 50g Isager Alpaca 2 Farbe E7s
D: 50g Isager Alpaca 2 Farbe 59
E: 50g Isager Tvinni Farbe 58
F: 30g Isager Tvinni Farbe 27s
G: 30g Isager Tvinni Farbe 19s
H: 30g Isager Tvinni Farbe 39s
I: 30g Isager Tvinni Farbe 37s

Rund- und Strumpfnadeln 2½ und 3 mm

Maschenprobe glatt rechts mit Nd 3 mm: 10 cm = 26 M und 34 R

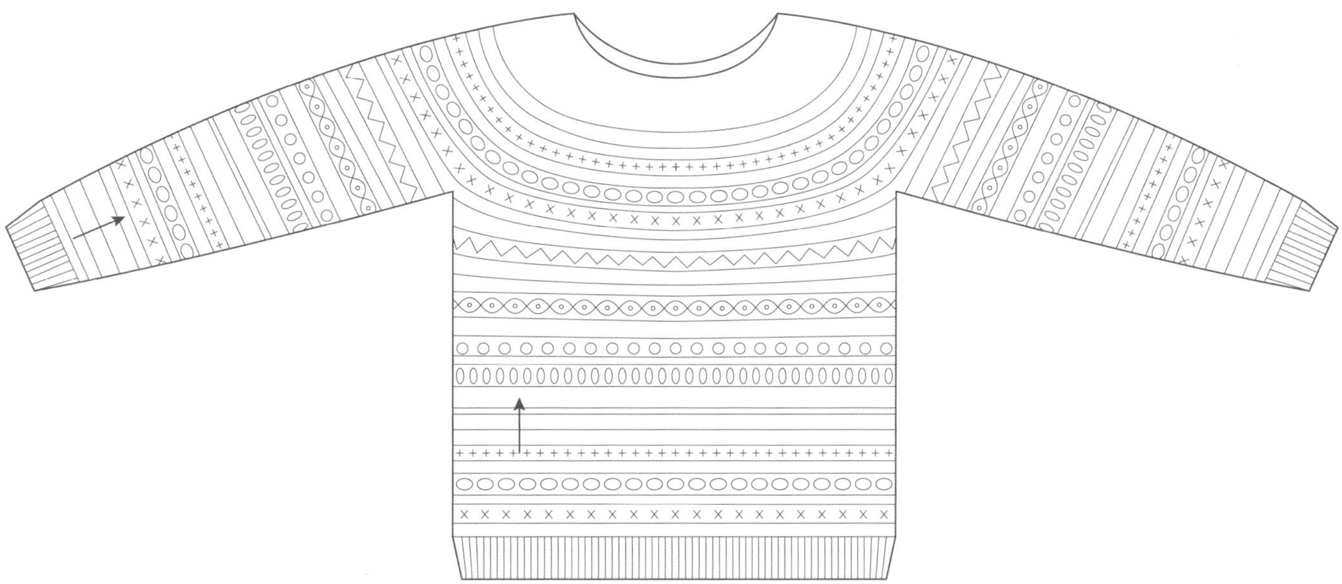

KÖRPER

264(288)312(336)360 M mit Nd 2½ mm und A anschl und zur Runde schließen.
Runde 1: *1 re – 1 li*. Von * bis * wdh.
Runde 2: Alle M re str.

Runden 1 – 2 insg 9-mal str.
Der Rand misst ca. 4,5 cm.

Zu Nd 3 mm wechseln.
Nun das Muster laut Diagramm str.
Es ist von Vorteil wenn die Fäden gleich beim Stricken eingewoben oder vernäht werden.
Es ist wichtig, dass die Maschenprobe beim Musterstrick eingehalten wird. Evtl. die Nadelstärke anpassen.

Das Diagramm wdh, bis 106 MusterRd gestr sind.
Die letzte Rd ist die 10. DiagrammRd.
Der Körper misst nun ca. 36 cm.

Am Armausschnitt abk:
9(9)12(12)15 M abk – 114(126)132(144)150 re (die 1. M ist bereits auf der Nd) – 18(18)24(24)30 M abk – 114(126)132(144)150 re (die 1. M ist bereits auf der Nd) – 9(9)12(12)15 M abk.

Die KörperM stilllegen.

ÄRMEL

60 M mit Nd 2½ mm und A anschl.
Runde 1: *1 re – 1 li*. Von * bis * wdh.
Runde 2: Alle M re str.

Runden 1 – 2 insg 9-mal str.
Der Rand misst ca. 4,5 cm.

Zu StrumpfNd 3 mm wechseln.
Je nach Größe bei den verschiedenen Markierungen im Diagramm beg und GLEICHZEITIG die erste Zun str:
1 re – 1 neue re (s. Abk.) – laut Diagramm bis zur letzten M str – 1 neue re – 1 re = 62 M.

Laut Diagramm weiter str – aber beachten, dass die neuen M mit in das Muster eingefügt werden.

Die Zun in jeder 7.(7.)5.(5.)4. Rd wdh, bis 96(96)108(108)120 M auf der Nd sind.
Laut Diagramm weiter str und den Ärmel mit genau der gleichen Rd beenden wie den Körper = 10. Rd.

Am Armausschnitt abk:
9(9)12(12)15 M abk – 78(78)84(84)90 M im Muster str (die 1. M ist bereits auf der Nd) – 9(9)12(12)15 M abk.
Die Fäden abschneiden.
Die ÄrmelM stilllegen

Den zweiten Ärmel genauso str, aber die M nicht stilllegen.

PASSE

Den Körper und 1. Ärmel wieder auf die Nd setzen.
Laut Diagramm weiter str.
Mit der 12. DiagrammR beg.
114(126)132(144)150 RückenM str – die 78(78)84(84)90 M des ersten Ärmels str – 114(126)132(144)150 VorderteilM str – die 78(78)84(84)90 M des zweiten Ärmels str = 384(408)432(456)480 M.

1 Rd laut Diagramm str.
1. Abn: 8(11)11(14)14 re – *2 re zus – 30(32)34(36)38 re*.
Von * bis * wdh. Enden mit 2 re zus – 22(21)23(22)24 re = 372(396)420(444)468 M.

4 Rd laut Diagramm str.
2. Abn: 7(10)10(13)13 re – *2 re zus – 29(31)33(35)37 re*.
Von * bis * wdh. Enden mit 2 re zus – 22(21)23(22)24 re = 360(384)408(432)456 M.

3 Rd laut Diagramm str.
3. Abn: 7(10)10(13)13 re – *2 re zus – 28(30)32(34)36 re*.
Von * bis * wdh. Enden mit 2 re zus – 21(20)22(21)23 re = 348(372)396(420)444 M.

1 Rd laut Diagramm str.
4. Abn: 6(9)9(12)12 re – *2 re zus – 27(29)31(33)35 re*.
Von * bis * wdh. Enden mit 2 re zus – 21(20)22(21)23 re = 336(360)384(408)432 M.

3 Rd laut Diagramm str.
5. Abn: 6(9)9(12)12 re – *2 re zus – 26(28)30(32)34 re*.
Von * bis * wdh. Enden mit 2 re zus – 20(19)21(20)22 re = 324(348)372(396)420 M.

2 Rd laut Diagramm str.
6. Abn: 5(8)8(11)11 re – *2 re zus – 25(27)29(31)33 re*.
Von * bis * wdh. Enden mit 2 re zus – 20(19)21(20)22 re = 312(336)360(384)408 M.

1 Rd laut Diagramm str.
7. Abn: 5(8)8(11)11 re – *2 re zus – 24(26)28(30)32 re*.
Von * bis * wdh. Enden mit 2 re zus – 19(18)20(19)21 re = 300(324)348(372)396 M.

3 Rd laut Diagramm str.
8. Abn: 4(7)7(10)10 re – *2 re zus – 23(25)27(29)31 re*.
Von * bis * wdh. Enden mit 2 re zus – 19(18)20(19)21 re = 288(312)336(360)384 M.

Das Diagramm ist nun beendet.
Zu A wechseln.
Runde 1: Alle M re str.
Runde 2: *1 re – 1 li*. Von * bis * wdh.
Wieder Runden 1 – 2 str.

1. DoppelAbn: 5(7)7(11)11 re – *3 li zus – 21(23)25(27)29 re*.
Von * bis * wdh. Enden mit 3 li zus – 16(16)18(16)18 re = 264(288)312(336)360 M.
Runden 2 – 1 – 2 str.

2. DoppelAbn: 4(6)6(10)10 re – *3 re zus, dafür

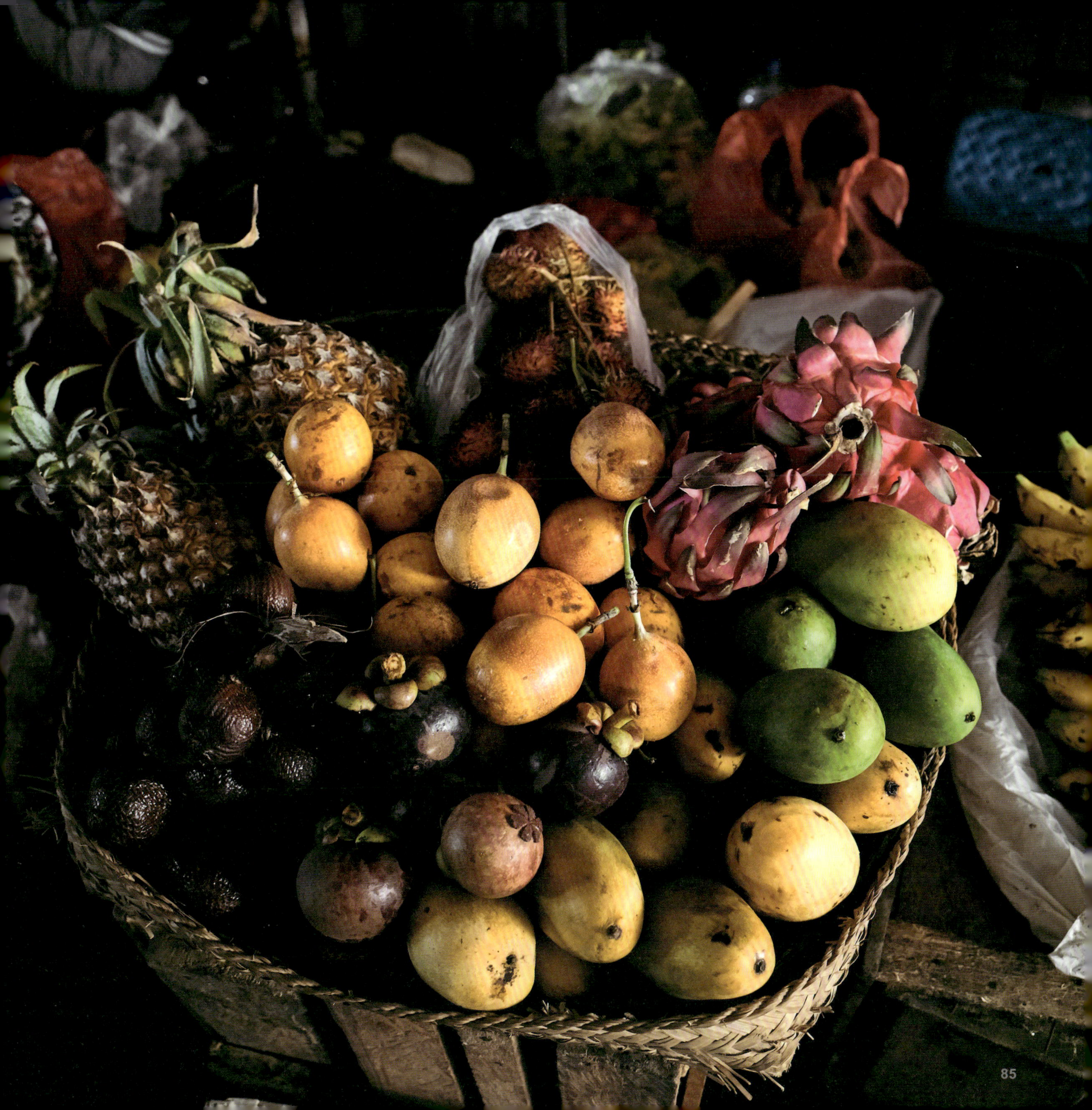

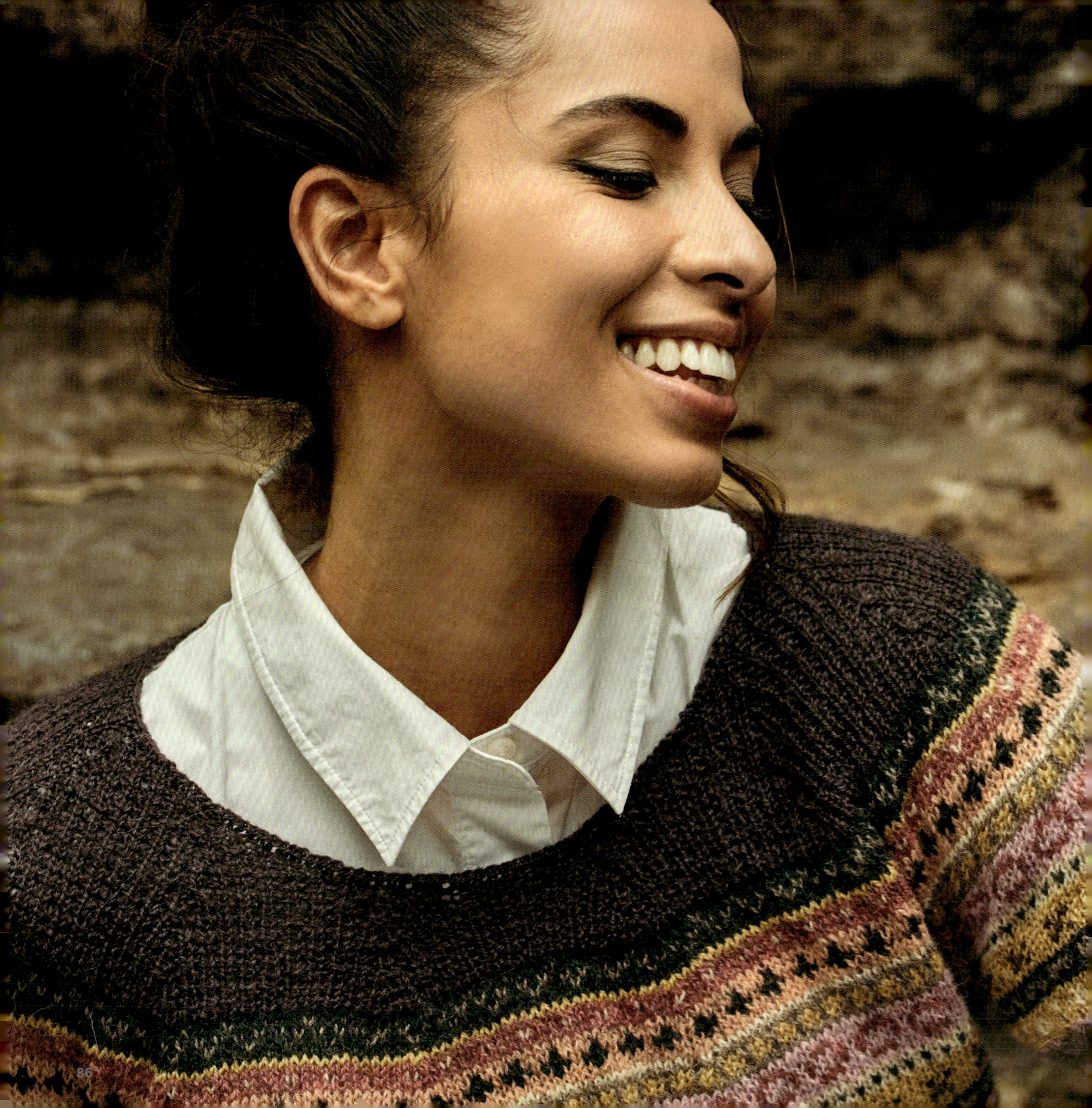

die 1. M re abh, 2 re zus str und die abgeh M über die gestr M heben – 19(21)23(25)27 re*.
Von * bis * wdh. Enden mit 3 re zus – 15(15)17(15)17 re = 240(264)288(312)336 M.
Runden 2 – 1 – 2 str.

3. DoppelAbn: 3(5)5(9)9 re – *3 li zus – 17(19)21(23)25 re*.
Von * bis * wdh. Enden mit 3 li zus – 14(14)16(14)16 re = 216(240)264(288)312 M.
Runden 2 – 1 – 2 str.

4. DoppelAbn: 2(4)4(8)8 re – *3 re zus – 15(17)19(21)23 re*.
Von * bis * wdh. Enden mit 3 re zus – 13(13)15(13)15 re = 192(216)240(264)288 M.

Gr. S:
Runde 2 str.
Weiterlesen bei Halsausschnitt.

Gr. (M)L(XL)XXL:
Runden 2 – 1 – 2 str.
5. DoppelAbn: (3)3(7)7 re – *3 li zus – (15)17(19)21 re*.
Von * bis * wdh. Enden mit 3 li zus – (12)14(12)14 re = (192)216(240)264 M.

Gr. (M)L:
Runde 2 str.
Weiterlesen bei Halsausschnitt.

Gr. (XL)XXL:
Runden 2 – 1 – 2 str.
6. DoppelAbn: (6)6 re – *3 re zus – (17)19 re*.
Von * bis * wdh. Enden mit 3 re zus – (11)13 re = (216)240 M.

Gr. (XL):
Runde 2 str.
Weiterlesen bei Halsausschnitt.

Gr. XXL:
Runden 2 – 1 – 2 str.
7. DoppelAbn: 5 re – *3 li zus – 17 re*.
Von * bis * wdh. Enden mit 3 li zus – 12 re = 216 M.
Runden 2 – 1 – 2 str.

HALSAUSSCHNITT

Den Faden abschneiden.
Die M auf der Nd verschieben, sodass die mittleren 5(5)7(7)7 VorderteilM stillgelegt werden können.
Die Arbeit wenden und mit einer RückR beg – nach den stillgelegten M.
In Reihen hin und zurück str.

Reihe 1 (RückR):
187(187)209(209)209 li str.
Reihe 2: 1abhFh (s. Abk.) - 184(184)206(206)206 M in Rippen str. Wenden.
Reihe 3: 1abhFv (s. Abk.) – 1 li – *3 re verschr zus(3 li verschr zus)3 li verschr zus(3 re verschr zus)3 li verschr zus – 13(13)15(15)15 li*.
Von * bis * insg 11-mal str.
Enden mit 3 re verschr zus(3 li verschr zus)3 li verschr zus(3 re verschr zus)3 li verschr zus – 2 li. Wenden.
Reihe 4: 1abhFh – 156(156)178(178)178 M in Rippen str. Wenden.

Reihe 5: 1abhFv – 154(154)176(176)176 li. Wenden.
Reihe 6: 1abhFh – 152(152)174(174)174 M in Rippen str. Wenden.
Reihe 7: 1abhFv – *11(11)13(13)13 li – 3 li verschr zus(3 re verschr zus)3 re verschr zus(3 li verschr zus)3 re verschr zus*.
Von * bis * insg 10-mal str.
Enden mit 10(10)12(12)12 li. Wenden.
Reihe 8: 1abhFh – 128(128)150(150)150 M in Rippen. Wenden.
Reihe 9: 1abhFv – 126(126)148(148)148 li. Wenden.
Reihe 10: 1abhFh – 124(124)146(146)146 M in Rippen str. Wenden.
Reihe 11: 1abhFv – 6(6)8(8)8 li – *3 re verschr zus(3li verschr zus)3 li verschr zus(3 re verschr zus)3 li verschr zus – 9(9)11(11)11 li*.
Von * bis * insg 9-mal str. Enden mit 3 re(3 li)3 li(3 re)3 li verschr zus – 5(5)7(7)7 li. Wenden.
Reihe 12: 1abhFh – 100(100)122(122)122 M in Rippen str. Wenden.

Reihe 13: 1abhFv – 98(98)120(120)120 li. Wenden.
Reihe 14: 1abhFh – 96(96)118(118)118 M in Rippen str. Wenden.
Reihe 15: 1abhFv – 1(1)3(3)3 li – *3 li verschr zus(3 re verschr zus)3 re verschr zus(3 li verschr zus)3 re verschr zus – 7(7)9(9)9 li*.
Von * bis * insg 9-mal str.
Enden mit 3 li verschr zus(3 re verschr zus)3 re verschr zus(3 li verschr zus)3 re verschr zus – 0(0)2(2)2 li. Wenden.
Reihe 16: 1abhFh – 72(72)94(94)94 M in Rippen str. Wenden.

Reihe 17: 1abhFv – 70(70)92(92)92 li. Wenden.
Reihe 18: 1abhFh – 68(68)90(90)90 M in Rippen.

Nicht wenden, sondern mit einer HinR weiter str: *1 neue re – 2 M in Rippen*.
Von * bis * bis zu den mittleren 5(5)7(7)7 VorderteilM wdh. 1 neue re – 5(5)7(7)7 M in Rippen – wieder von * bis * wdh, bis über alle Wenden hinweg gestrickt ist. Enden mit 1 neue re aus der letzten Wende.

In einer HinR alle M sehr locker re abk.

FERTIGSTELLUNG

Die Ärmel in die Armausschnitte nähen.
Alle Fäden vernähen.

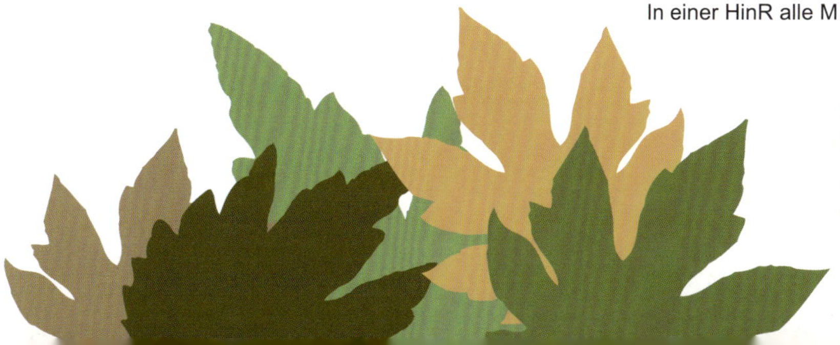

DIAGRAMM

A = Isager Alpaca 2 Fa 60

B = Isager Highland Fa Charcoal

C = Isager Alpaca 2 Fa 7s

D = Isager Alpaca 2 Fa 59

E = Isager Tvinni Fa 58

F = Isager Tvinni Fa 27s

G = Isager Tvinni Fa 19s

H = Isager Tvinni Fa 39s

I = Isager Tvinni Fa 37s

*= Abnahmen an der Passe

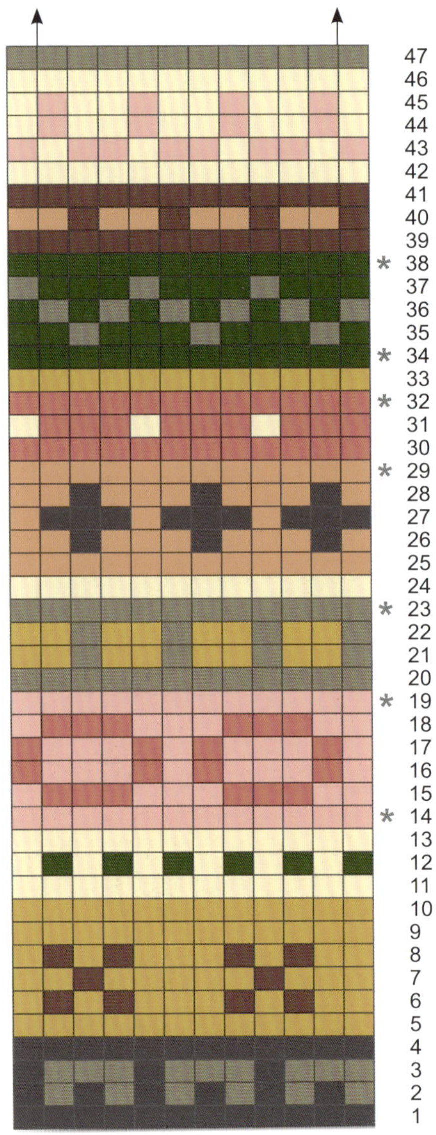

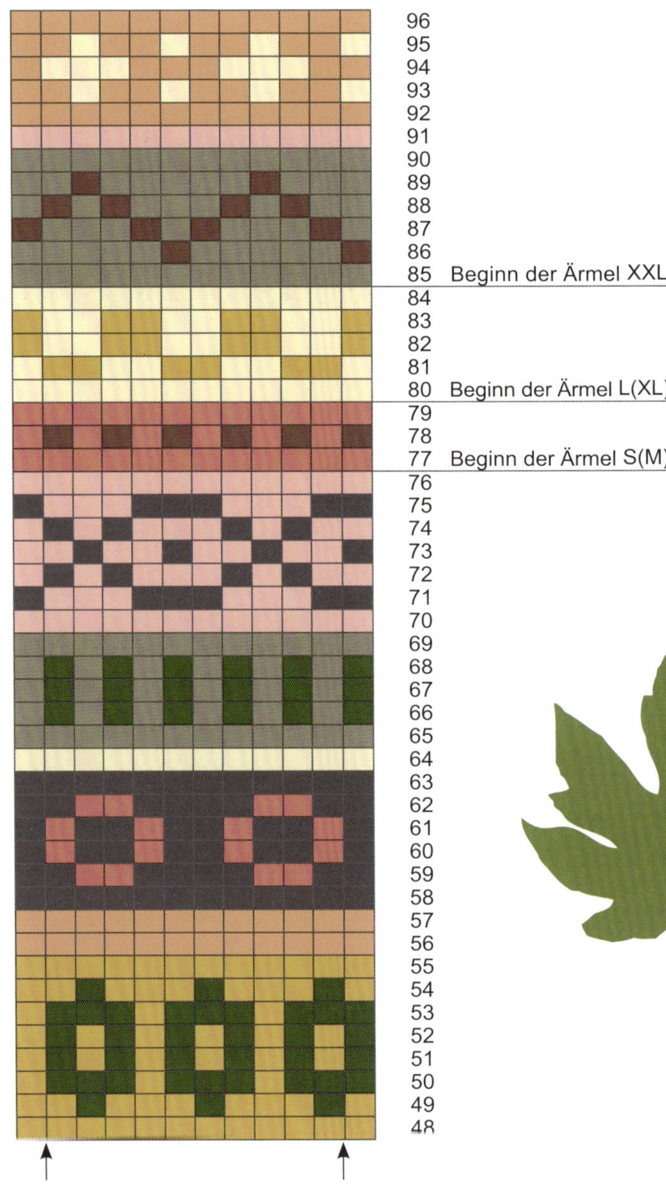

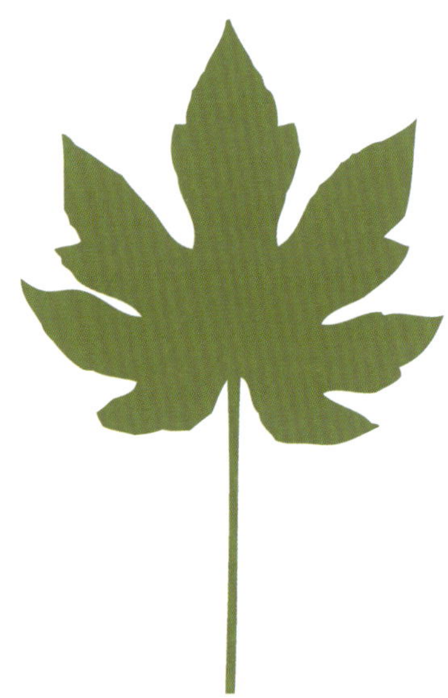

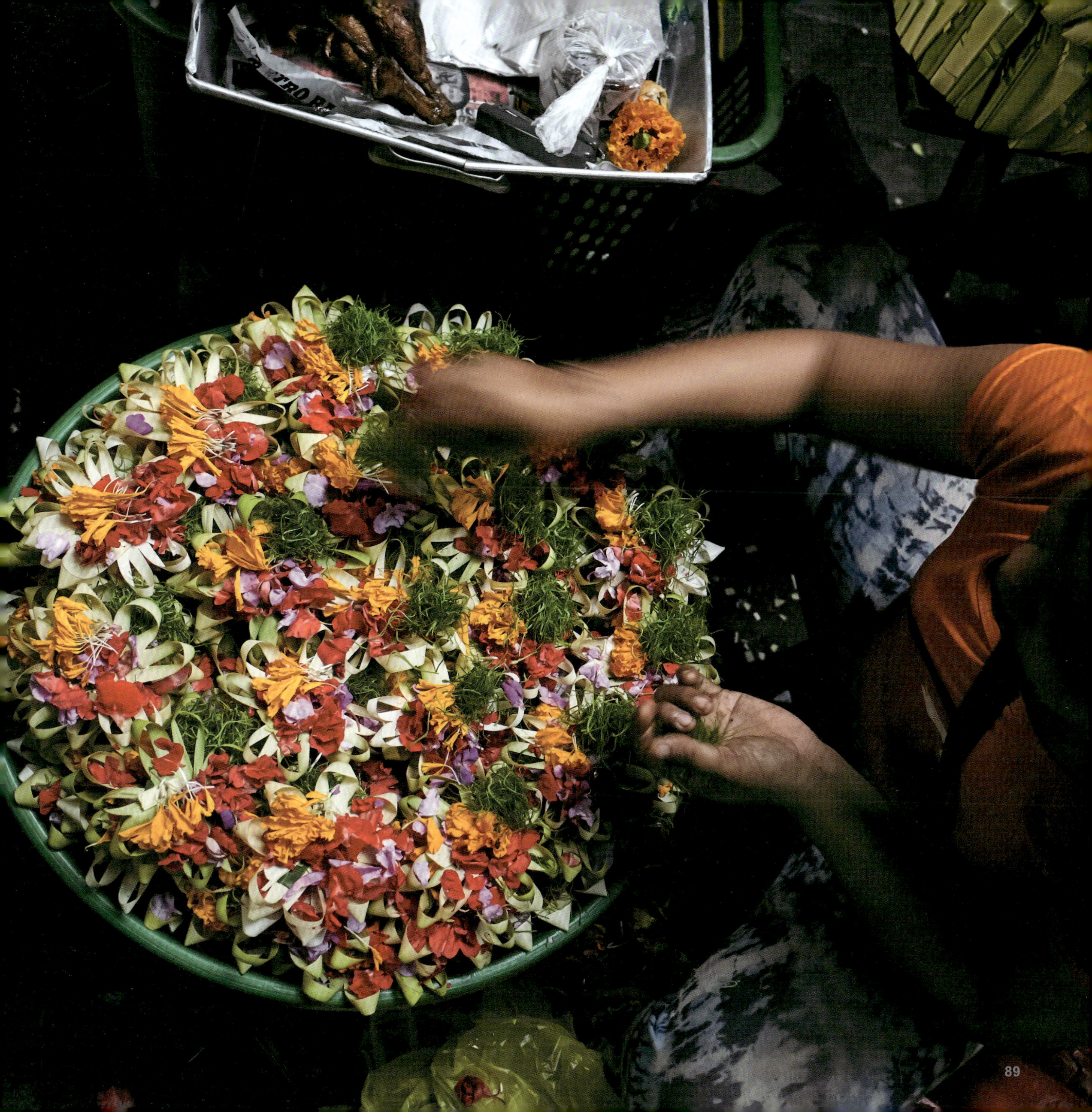

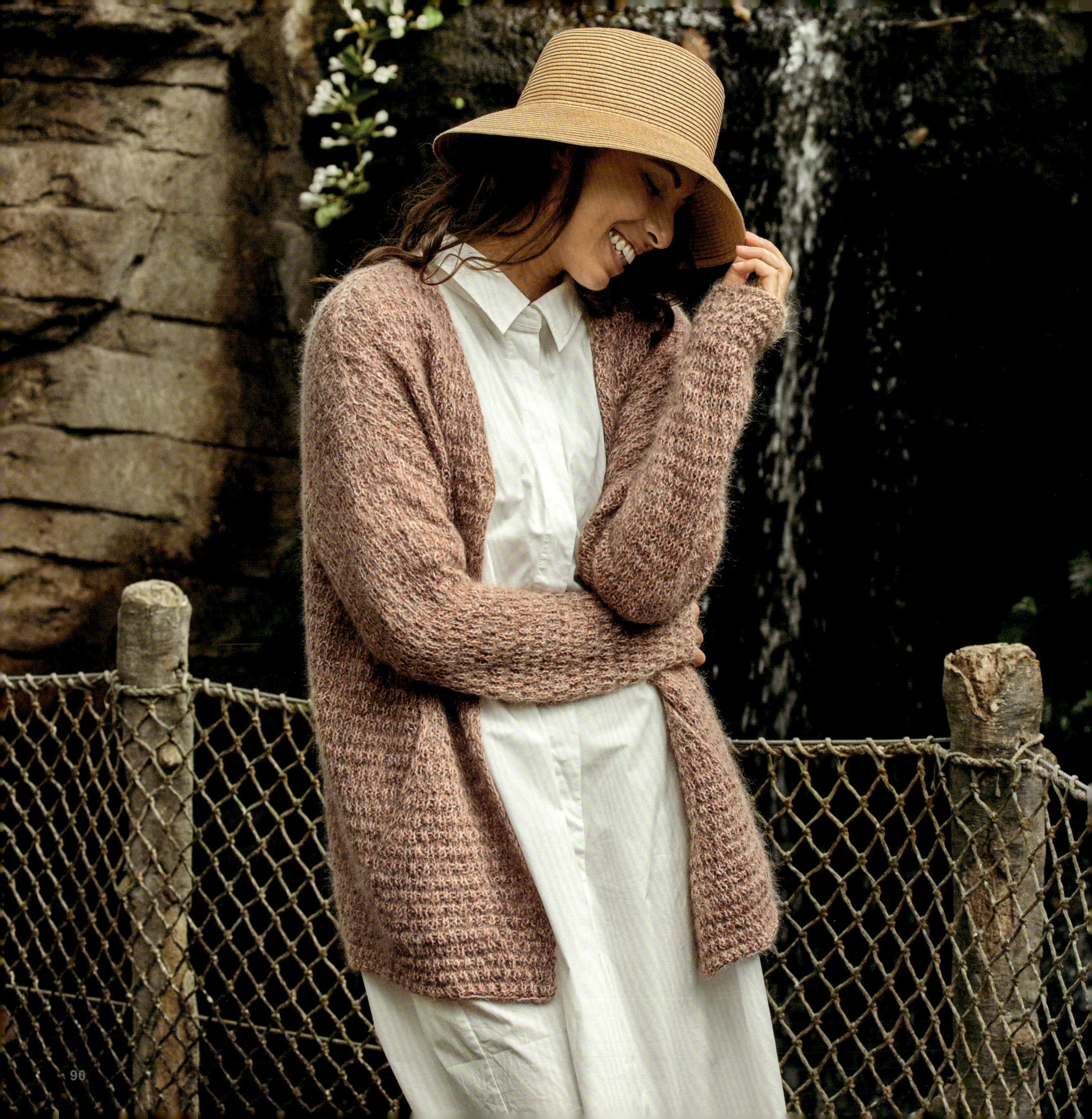

Nelken

Alle haben etwas zu tun – alle haben ihren Platz im Familienalltag. Die Balinesen sind fleißig. Ist man im Landesinneren oder in den Bergen unterwegs, erhält man einen Einblick in das alltägliche Arbeitsleben. Hält man an, kann man ein wenig plaudern – egal ob man die Sprache der anderen versteht. Ein Nicken, ein Lächeln, ein anerkennender, erhobener Daumen – das reicht häufig, um eingeladen zu werden.

Hier ist es der Großvater, der zu alt geworden ist, um in die Nelkenbäume zu klettern. Nun bleibt er auf dem Boden und sortiert die frischen Nelken.
Ich fühle mich bei dem Geruch von Nelken eingeengt: Es erinnert mich immer viel zu sehr an die tagelangen Bustouren mit Nelke-Zigaretten rauchenden Männern, bei meiner ersten Rundreise durch Indonesien.

Gr.: S(M)L(XL)XXL

Halbe Oberweite: 51(55)59(63)68 cm
Länge: 67(69)68(68)70 cm
Ärmellänge ab Armausschnitt: 43(42)40(39)37 cm

Material
150(150)150(200)200g Isager Alpaca 1 Farbe 61
150(150)150(175)175g Isager Silk Mohair Farbe 7s
150(200)200(200)250g Isager Trio Farbe Blush
Mit je 1 Faden der drei Qualitäten stricken

5 Knöpfe

Rund- und Strumpfnadeln 4 mm

Maschenprobe im Muster mit Nd 4 mm: 10 cm = 19 M und 27 R

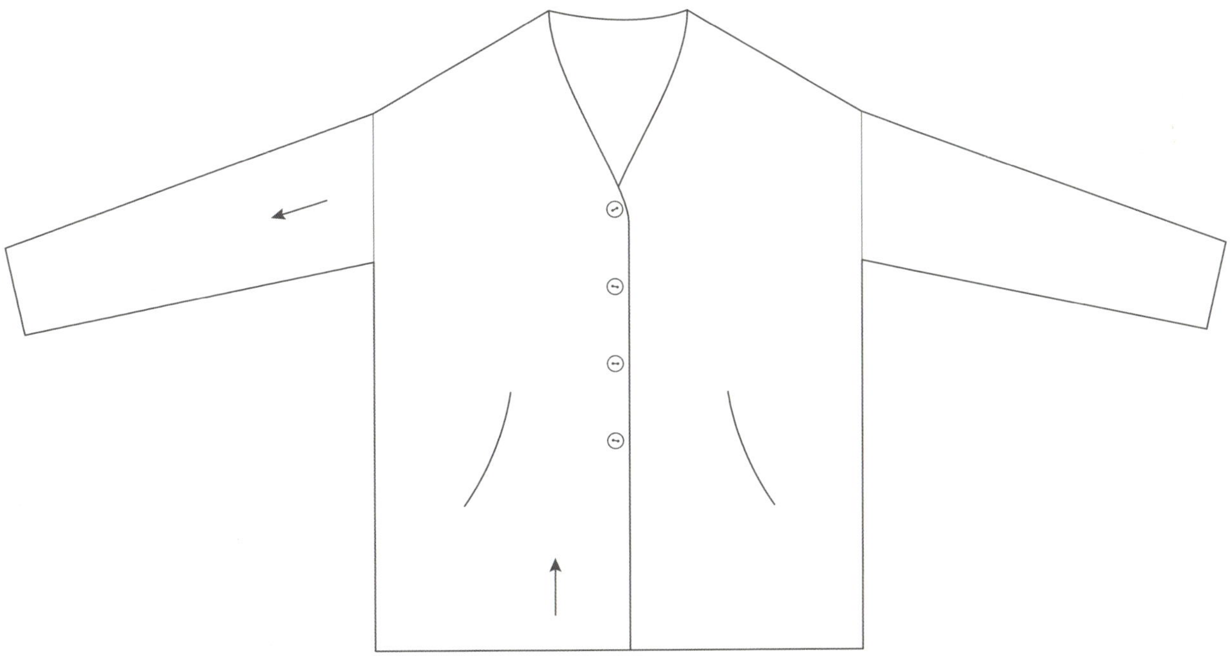

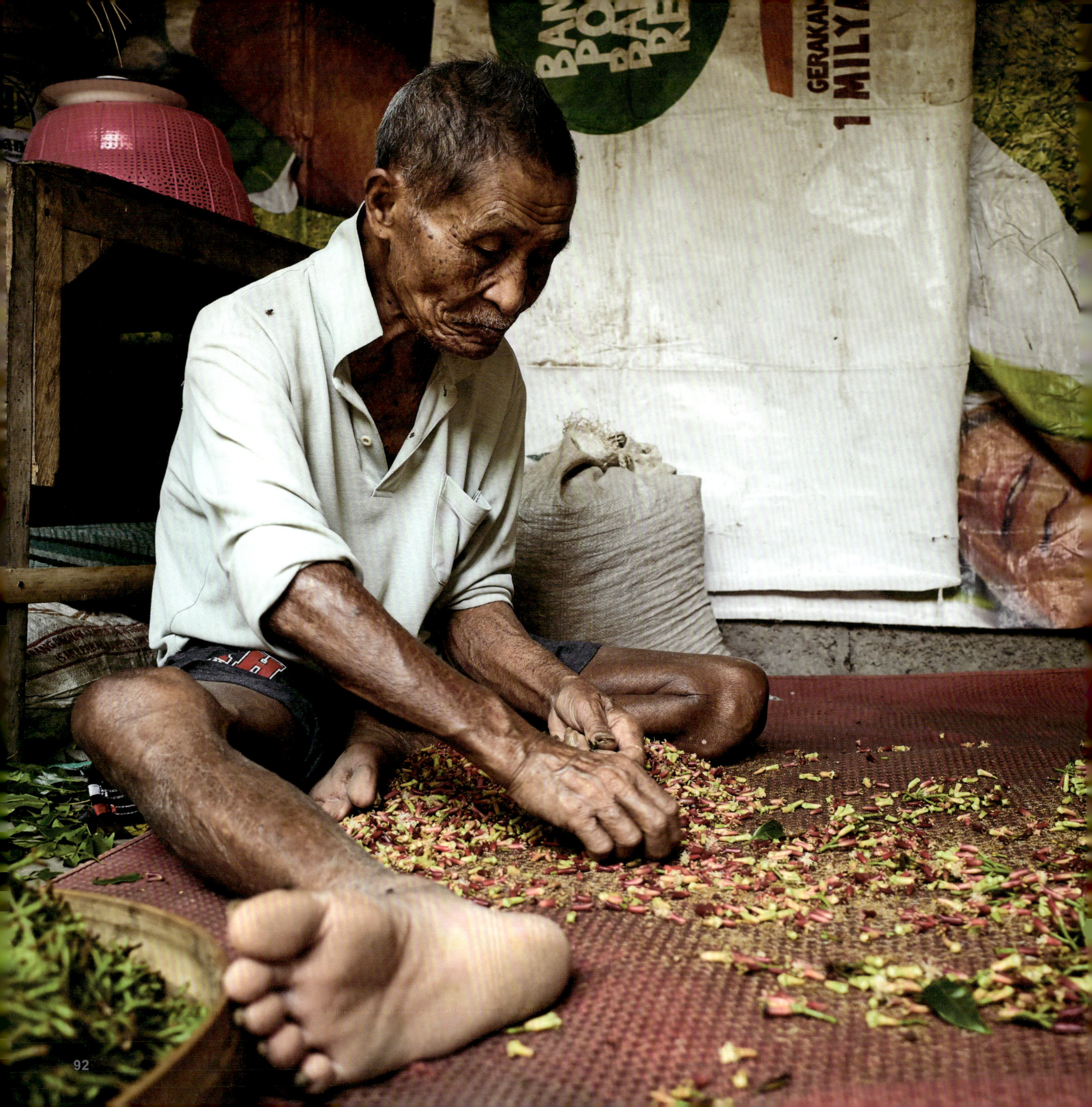

TASCHENBEUTEL

23 M mit Nd 4 mm und den 3 Qualitäten anschl.
In Reihen hin und zurück str.

Vorbereitungsreihe (RückR): 1 re – 21 li – 1 re.

Reihe 1: 2 re – *1 li – 1 re*.
Von * bis * wdh. Enden mit 1 re.
Reihe 2: *1 re – 1 li*.
Von * bis * wdh. Enden mit 1 re.

Reihe 3: 23 re.
Reihe 4: 1 re – 21 li – 1 re.

Reihe 5: *1 re – 1 li*.
Von * bis * wdh. Enden mit 1 re.
Reihe 6: 2 re – *1 li – 1 re*.
Von * bis * wdh. Enden mit 1 re.

Reihen 7 – 8: Wie Reihen 3 – 4 str.

Reihen 1 – 8 insg 2-mal str.
Noch einmal Reihen 1 – 6 str.
Die Fäden abschneiden.
Der Taschenbeutel soll 12 cm in der Breite und 8 cm in der Höhe messen.

Die Arbeit zur Seite legen.
Den zweiten Taschenbeutel genauso str.

KÖRPER

193(209)225(241)257 M mit RundNd 4 mm und den 3 Qualitäten anschl.

Vorbereitungsreihe (RückR):
2abhFv (s. Abk.) – re str und vor den letzten 2 M enden – 1abhFv – 1 re.

Reihe 1: 1abhFv – *1 re – 1 li*.
Von * bis * wdh.
Enden mit 2 re.
Reihe 2: 2abhFv – *1 re – 1 li*.
Von * bis * wdh. Enden mit 1 re – 1 abhFv – 1 re.

Reihe 3: 1abhFv – alle M re str.
Reihe 4: 2abhFv – li str und vor den 2 letzten M enden – 1 abhFv – 1 re.

Reihe 5: 1 abhFv – 2 re – *1 li – 1 re*.
Von * bis * wdh. Enden mit 2 re.
Reihe 6: 2abhFv – *1 li – 1 re*.
Von * bis * wdh. Enden mit 1 li – 1 abhFv – 1 re.

Reihen 7 – 8: Wie Reihen 3 – 4 str.

Reihen 1 – 8 wdh, bis 29(29)21(17)17 R im Muster gestr sind.
Die Arbeit misst 11(11)8(7)7 cm.

Das 1. Knopfloch str (RückR):
2 abhFv – li bis zu den 6 letzten M str – 2 li zus – 2 M anschl – 2 li zus – 1 abhFv – 1 re.
Das Knopfloch in jeder 24. R wdh.

8(8)16(20)20 R im Muster str.
Die Arbeit misst 14 cm.

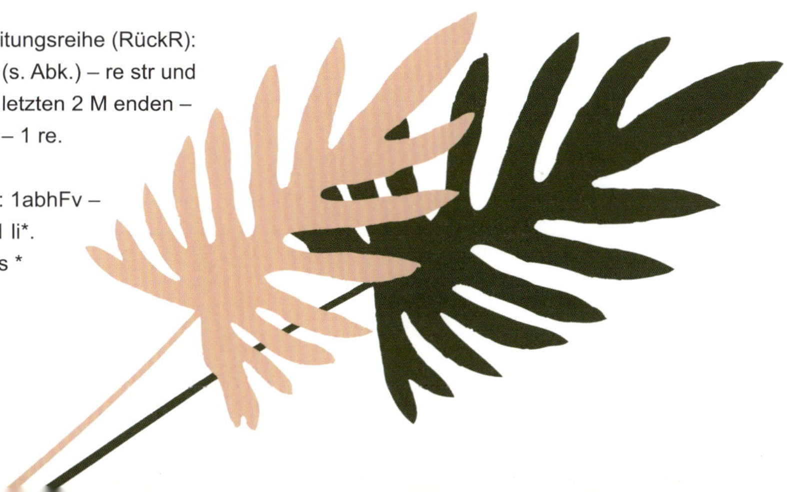

RECHTES VORDERTEIL

Das Muster nur über die ersten 36(38)40(44)46 M des rechten Vorderteils str.
Nach diesen M eine Markierung setzen.
Die Knopflöcher beachten.

Reihe 1 (HinR): 1abhFv – re bis zur Markierung str. Wenden.
Reihe 2: 2abhFv – li str und vor den 2 letzten M enden – 1abhFv – 1 re.
Reihe 3 mit Abn: 1abhFv – 1 re – *1 li – 1 re*.
Von * bis * bis zu den 4 letzten M wdh.
Enden mit 2 li zus – 2 re. Wenden.
Reihe 4: 2abhFv – *1 re – 1 li*.
Von * bis * wdh. Enden mit 1 re – 1 abhFv – 1 re.

Reihe 5: 1abhFv – re zu Ende str. Wenden.
Reihe 6: 2 abhFv – re str und vor den 2 letzten M enden – 1abhFv – 1 re.
Reihe 7 mit Abn: 1abhFv – 2 re – *1 li – 1 re*.
Von * bis * bis zu den 4 letzten M wdh.
Enden mit 2 li zus – 2 re. Wenden.
Reihe 8: 2abhFv – *1 re – 1 li*.
Von * bis * wdh. Enden mit 1abhFv – 1 re.

Reihen 1 – 8 insg 4-mal str.
Reihen 1 – 5 str = 27(29)31(35)37 M.
Die Fäden abschneiden und die M stilllegen.

RÜCKEN UND TASCHENBEUTEL

Die letzten 36(38)40(44)46 M der Reihe ebenfalls stilllegen.
Nun die Taschenbeutel an beiden Seiten der mittleren 121(133)145(153)165 KörperM einsetzen.

Das Muster wie bisher weiter str.
22 M des ersten Taschenbeutels re str – die letzte M mit der ersten M der mittleren KörperM re zus str – 119(131)143(151)163 re str – die letzte KörperM mit der ersten M des 2. Taschenbeutels re zus str – 22 M des 2. Taschenbeutel re str.
Insg sind 165(177)189(197)209 M auf der Nd.

34 R im Muster str.

Nach einer HinR enden.
Am Anfang der nächsten 2 R 12 M abk = 141(153)165(173)185 M.
Die Fäden abschneiden und die M stilllegen.

LINKES VORDERTEIL
Die letzten 36(38)40(44)46 M wieder auf die Nd heben und den Tascheneingriff str.

Im Muster weiter str.
Reihe 1 (HinR): 1abhFv – die R re zu Ende str.
Reihe 2: 2abhFv – li str und vor den letzten 2 M enden – 1abhFv – 1 re.
Reihe 3 mit Abn: 1abhFv – 1 re – 2 li zus – *1 re – 1 li*.
Von * bis * wdh. Enden mit 2 re.
Reihe 4: 2abhFv – *1 re – 1 li*.
Von * bis * wdh. Enden mit 1 re – 1abhFv – 1 re.

Reihen 5 – 6: Wie Reihen 1 – 2 str.
Reihe 7 mit Abn: 1abhFv – 1 re – 2 li zus – *1 re – 1 li*. Von * bis * wdh. Enden mit 3 re.
Reihe 8: 2abhFv – *1 li – 1 re*.
Von * bis * wdh. Enden mit 1abhFv – 1 re.

Reihen 1 – 8 insg 4-mal str.
Reihen 1 – 5 str = 27(29)31(35)37 M.
Die Fäden nicht abschneiden.

KÖRPER
Im Muster weiter str.
Nun die Vorderteil- und RückenM wieder mitstr (RückR):
1 abhFv – 1abhFv – 24(26)28(32)34 M li str (linkes Vorderteil) – die nächsten 2 M li zus str – 139(151)163(171)183 li str – die nächsten 2 M li zus str – 24(26)28(32)34 li – 1abhFv – 1 re.
Es sind nun 193(209)225(241)257 M auf der Nd.

Im Muster über alle M str und 2 R nach dem 4. Knopfloch enden.
Die Arbeit misst ca. 39(39)36(34)34 cm.

Für die Armausschnitte abk (HinR):
1 abhFv – 48(52)56(60)64 re – 1 M abk – 93(101)109(117)125 re (die 1. M ist bereits auf der Nd) – 1 M abk – 49(53)57(61)65 re.

Jedes Teil für sich fertig str.

LINKES VORDERTEIL
25 R im Muster über die 49(53)57(61)65 M des linken Vorderteils str, dabei die letzte M am Armausschnitte in allen R re str.

Abnahmen am Halsausschnitt str.
Reihe 1 mit Abn (HinR): *1 re – 1 li*.
Von * bis * wdh und vor den letzten 5 M enden – 1 re – 2 li zus – 2 re.
Reihe 2: 2abhFv – *1 re – 1 li*.
Von * bis * wdh. Enden mit 2 re.
Reihe 3: Alle M re str.
Reihe 4: 2abhFv – li str und vor der letzten M enden – 1 re.

Reihe 5 mit Abn: 2 re – *1 li – 1 re*.
Von * bis * wdh und vor den letzten 4 M enden – 2 li zus – 2 re.
Reihe 6: 2abhFv – *1 re – 1 li*.
Von * bis * wdh. Enden mit 1 re.
Reihen 7 – 8: Wie Reihen 3 – 4 str.

Reihen 1 – 8 insg 2(2)3(3)3-mal str = 45(49)51(55)59 M.
Reihen 1 – 2(6)2(2)6 noch einmal str = 44(47)50(54)57 M.
Die letzte R ist eine RückR.
Der Armausschnitt misst 16(17)19(19)20 cm.
Die Fäden abschneiden.

RÜCKEN
Mit einer RückR beg.
43(47)51(51)55 R über die 93(101)109(117)125 RückenM str, dabei die erste und letzte M in allen R re str.
Die letzte R ist eine RückR.

Die Fäden abschneiden.

RECHTES VORDERTEIL
Mit einer RückR beg.

25 R im Muster über die 49(53)57(61)65 M des rechten Vorderteils str, dabei die letzte M am Armausschnitte in allen R re str.

Abnahmen am Halsausschnitt str.
Reihe 1 mit Abn (HinR): 1abhFv – 1 re – 2 li zus – *1 re – 1 li*. Von * bis * wdh. Enden mit 1 re.
Reihe 2: 2 re – *1 li – 1 re*.
Von * bis * wdh. Enden mit 1abhFv – 1 re.
Reihe 3: 1abhFv – die R re zu Ende str.
Reihe 4: 1abhFv – li str und vor den letzten 2 M enden – 1abhFv – 1 re.

Reihe 5 mit Abn: 1abhFv – 1 re – 2 li zus – *1 re – 1 li*. Von * bis * wdh. Enden mit 2 re.
Reihe 6: *1 re – 1 li*.
Von * bis * wdh. Enden mit 1 re – 1abhFv – 1 re.
Reihen 7 – 8: Wie Reihen 3 – 4 str.

Reihen 1 – 8 insg 2(2)3(3)3-mal str = 45(49)51(55)59 M.

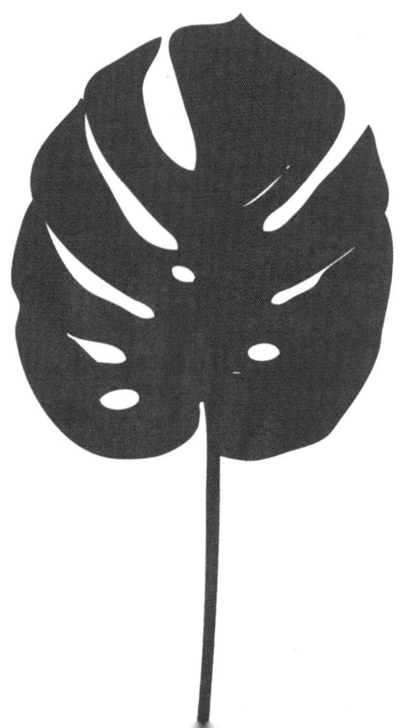

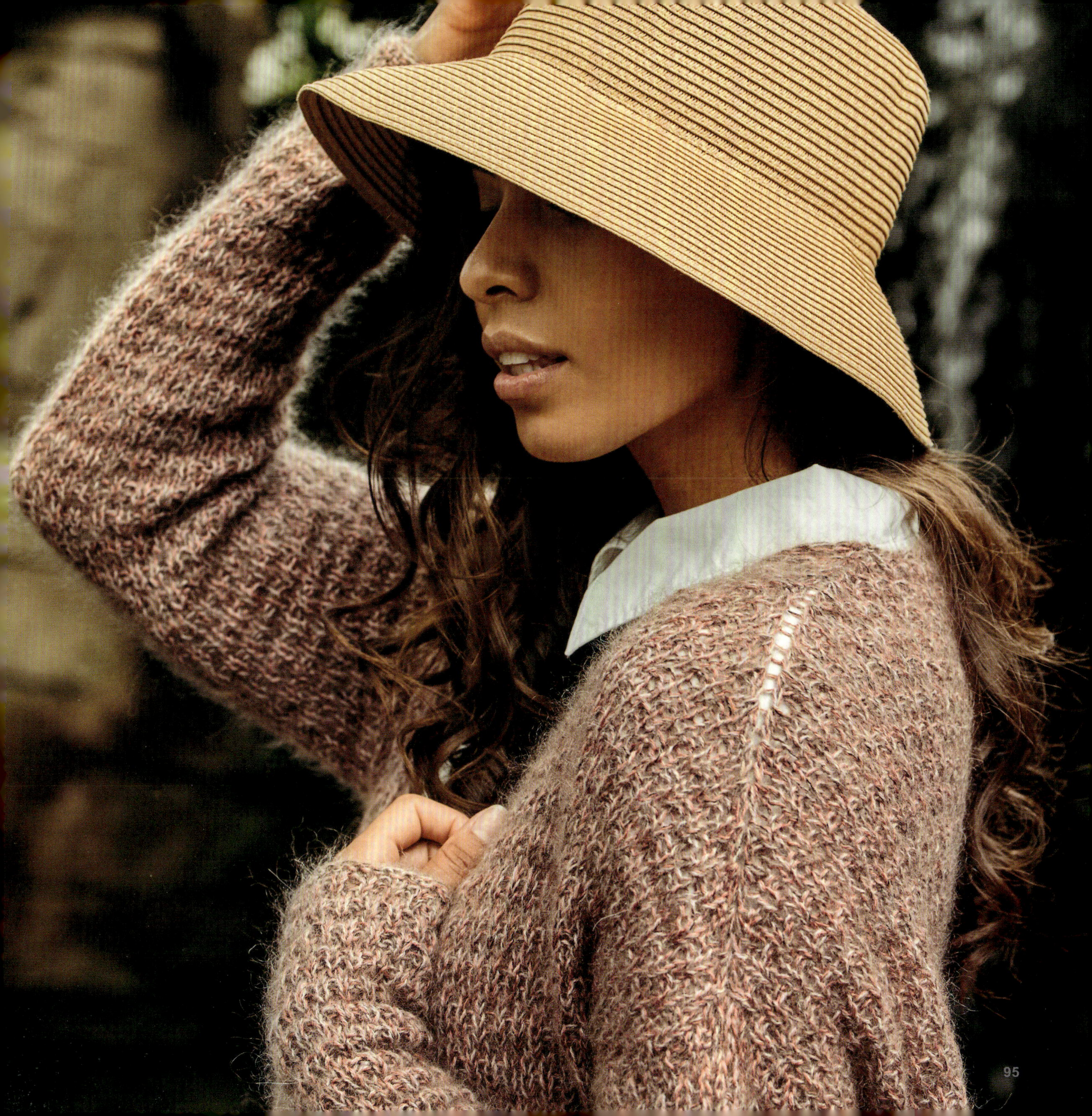

Reihen 1 – 2(6)2(2)6 noch einmal str = 44(47)50(54)57 M.
Die letzte R ist eine RückR.

PASSE

Ab der Passe die Vorderteile und den Rücken wieder zusammen auf einer Nd str.
Im Muster weiter str. An den Schultern in jeder 2. R und am Halsausschnitt in jeder 4. R Abnahmen str.

Reihe 1 mit Abn an der Schulter (HinR):
1abhFv – 40(43)46(50)53 re – 3 re verschr zus – eine Markierung setzen – 3 re zus – 87(95)103(111)119 re – 3 re verschr zus – eine Markierung setzen – 3 re zus – 41(44)47(51)54 re = 173(187)201(217)231 M.
Reihe 2: 2abhFv – li str und vor den letzten 2 M enden – 1abhFv – 1 re.

Reihe 3 mit Abn an der Schulter und am Hals:
1abhFv – 1 re – 2 li zus – im Muster str und 3 M vor der Markierung enden – 3 re verschr zus – 3 re zus – im Muster str und 3 M vor der Markierung enden – 3 re verschr zus – 3 re zus – im Muster str und vor den letzten 4 M enden – 2 li zus – 2 re = 163(177)191(217)221 M.
Reihe 4: 2abhFv – im Muster str und 1 M vor der Markierung enden – 2 li – im Muster str und 1 M vor der Markierung enden – 2 li – im Muster str und vor den letzten 2 M enden – 1abhFv – 1 re.

Die Abn an der Schulter in jeder 2. R und die Abn am Hals in jeder 4. R wdh, bis noch 37(43)47(45)51 M auf der Nd sind.
1 RückR im Muster str.

Letzte Abn str (HinR):
1abhFv – 1 re – 2(3)3(2)3 re verschr zus – 3 re zus – im Muster str und 3 M vor der Markierung enden – 3 re verschr zus – 2(3)3(2)3 re verschr zus – 2 re = 31(35)39(39)43 M.
Die RückR str: 2abhFv – 2 li – im Muster str und 1 M vor der Markierung enden – 2 li – 1abhFv – 1 re.

Abketten: Die 1. M abhFv und abk – bis zu den 2 letzten M wie gewöhnlich abk – 2 re zus und abk.

ÄRMEL

Rund um den Armausschnitt mit Nd 4 mm und den 3 Qualitäten M heraus str.
Unten am Armausschnitt beg.
33(36)38(39)42 M aus einer Seite des Armausschnitts heraus str – 1 M aus der Schulternaht str und diese M markieren – 33(36)38(39)42 M aus der zweiten Seite str – 1 M unten aus dem Armausschnitt heraus str = 68(74)78(80)86 M.

Zur Runde schließen.
Runden 1 – 2: *1 re – 1 li*. Von * bis * wdh.
Runden 3 – 4: Alle M re str.
Runden 5 – 6: *1 li – 1 re*. Von * bis * wdh.
Runde 7: Alle M re str.
Runde 8 mit Abn: Re str und 1 M vor der Markierung enden – 3 re zus – re zu Ende str = 66(72)76(78)84 M.

Runden 1 – 8 wdh und dabei insg 13(13)12(12)11-mal in jeder 8. Rd Abn an der Ärmelmitte str = 42(48)54(56)64 M.

10(6)10(6)8 MusterRd ohne Abnahmen str.
Der Ärmel misst 42(41)39(38)36 cm

Abn am Handgelenk str:
6(4)3(2)3 re – *3 re zus – 10(6)6(5)3 re*. Von * bis * wdh.
Enden mit 3 re zus – 7(5)3(3)4 re = 36(38)42(42)44 M.
1 Rd li str.
Alle M re abk.

Den zweiten Ärmel genauso str.

FERTIGSTELLUNG

Alle Fäden vernähen und die Knöpfe annähen. Die Taschenbeutel an die Innenseite der Jacke nähen.

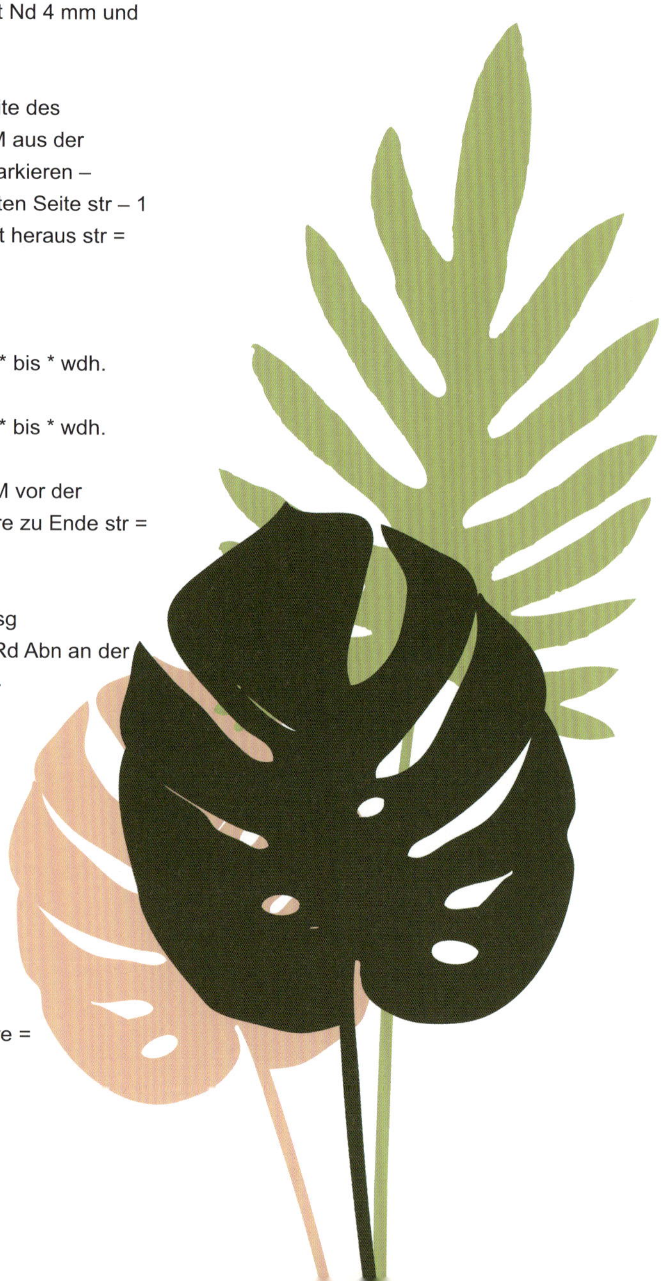

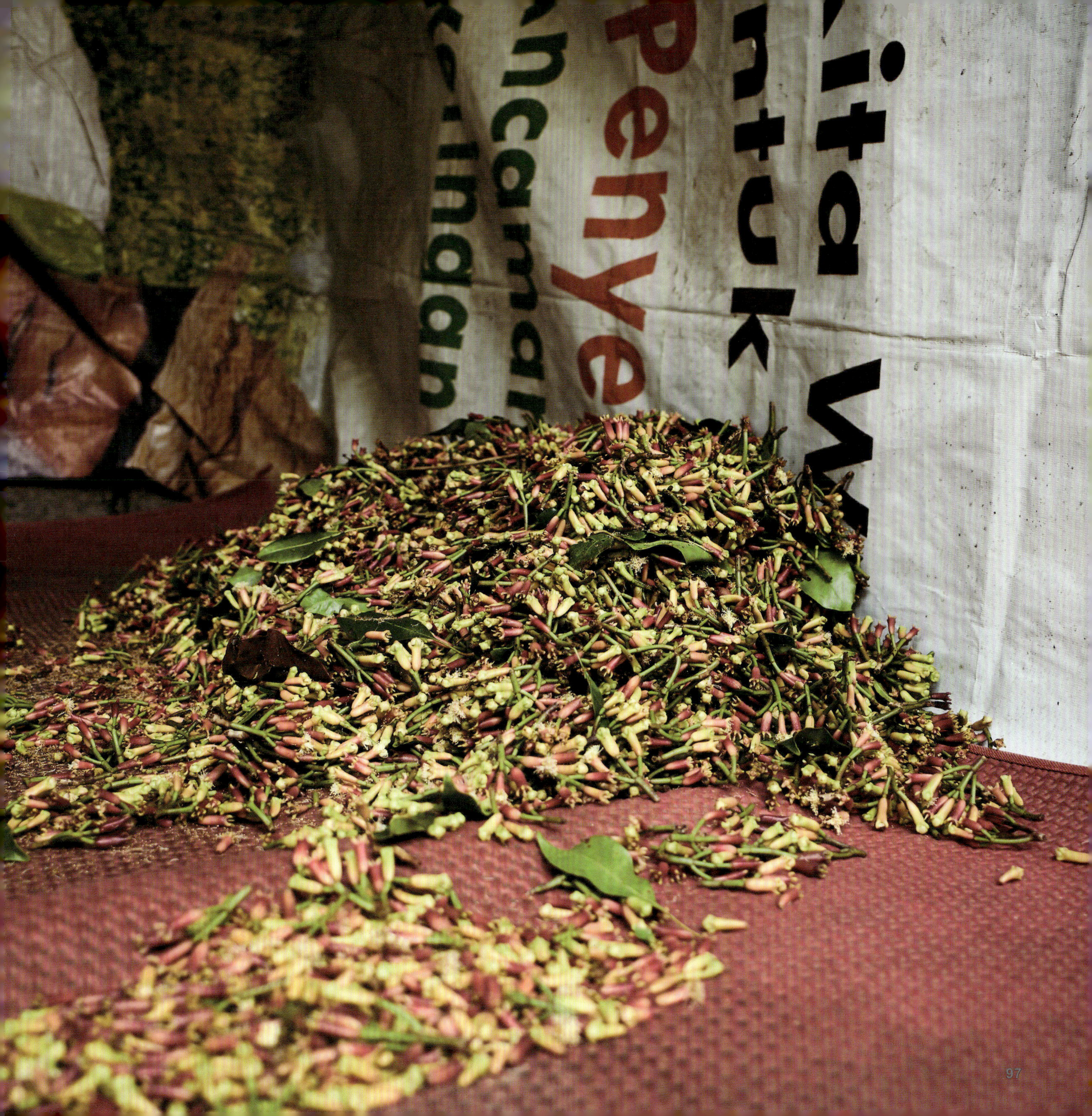

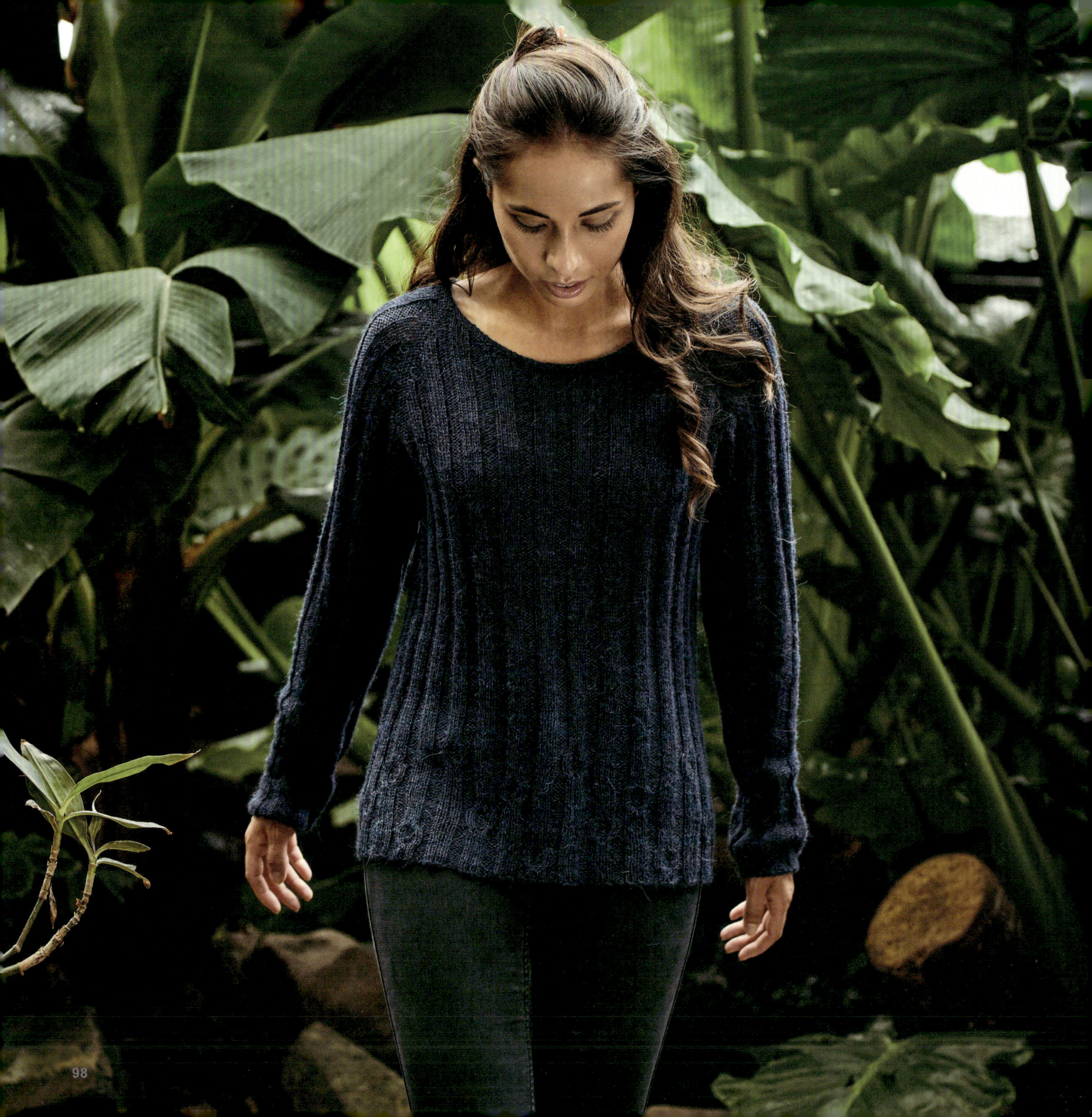

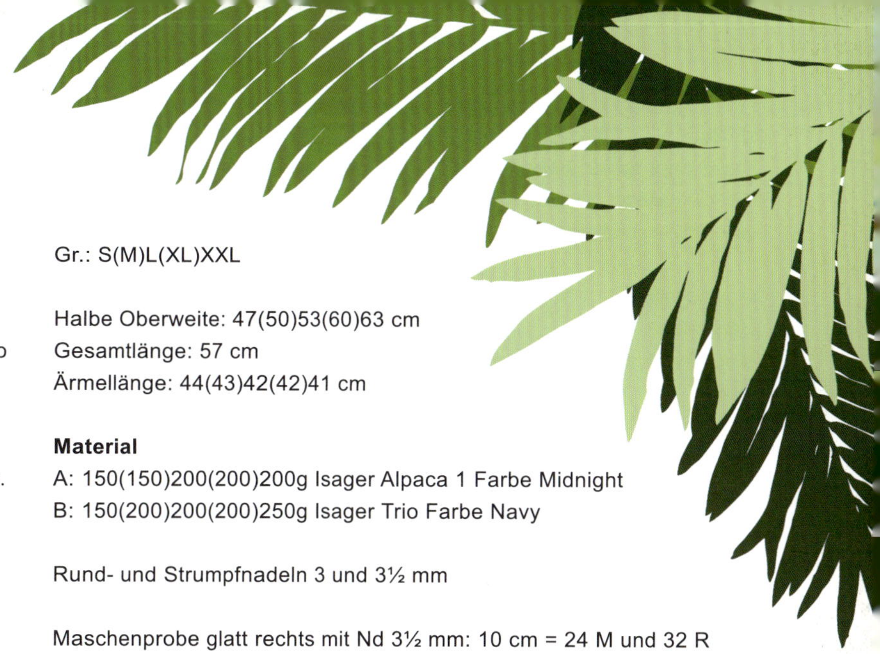

Abendstunde

Wenn sich der Nachmittag zu Ende neigt und die Sonne untergeht, tummeln sich die einheimischen Kinder am Wasser. Sie genießen es, dass die schlimmste Hitze vorüber und das Wasser lauwarm ist – und wenn sie sowieso gewaschen werden müssen, können sie das genauso gut im Meer erledigen.

Ich ging spazieren und genoss den Sonnenuntergang, als ich auf die Schar von Jungen traf, die sich wie kleine Fische im Wasser tummelten. Gleichzeitig mit mir kam von den Fischerhäusern eine Frau und rief den Jungs etwas zu. Sie riefen zurück. Sie versuchte „streng" zu sein, musste aber gleichzeitig über die Jungen lachen.
Ich hatte keinen Zweifel über das Gesagte: Die Kinder sollten aus dem Wasser kommen. Sie sollten nach Hause und essen, Hausaufgaben machen und ins Bett ... aber wie alle Kinder auf der Welt, hatten sie viele Ausreden, um das Spielen fortzusetzen. Das Beharren der Mutter hat schließlich gewonnen – sie bekam die Kinder mit nach Hause.

Gr.: S(M)L(XL)XXL

Halbe Oberweite: 47(50)53(60)63 cm
Gesamtlänge: 57 cm
Ärmellänge: 44(43)42(42)41 cm

Material
A: 150(150)200(200)200g Isager Alpaca 1 Farbe Midnight
B: 150(200)200(200)250g Isager Trio Farbe Navy

Rund- und Strumpfnadeln 3 und 3½ mm

Maschenprobe glatt rechts mit Nd 3½ mm: 10 cm = 24 M und 32 R

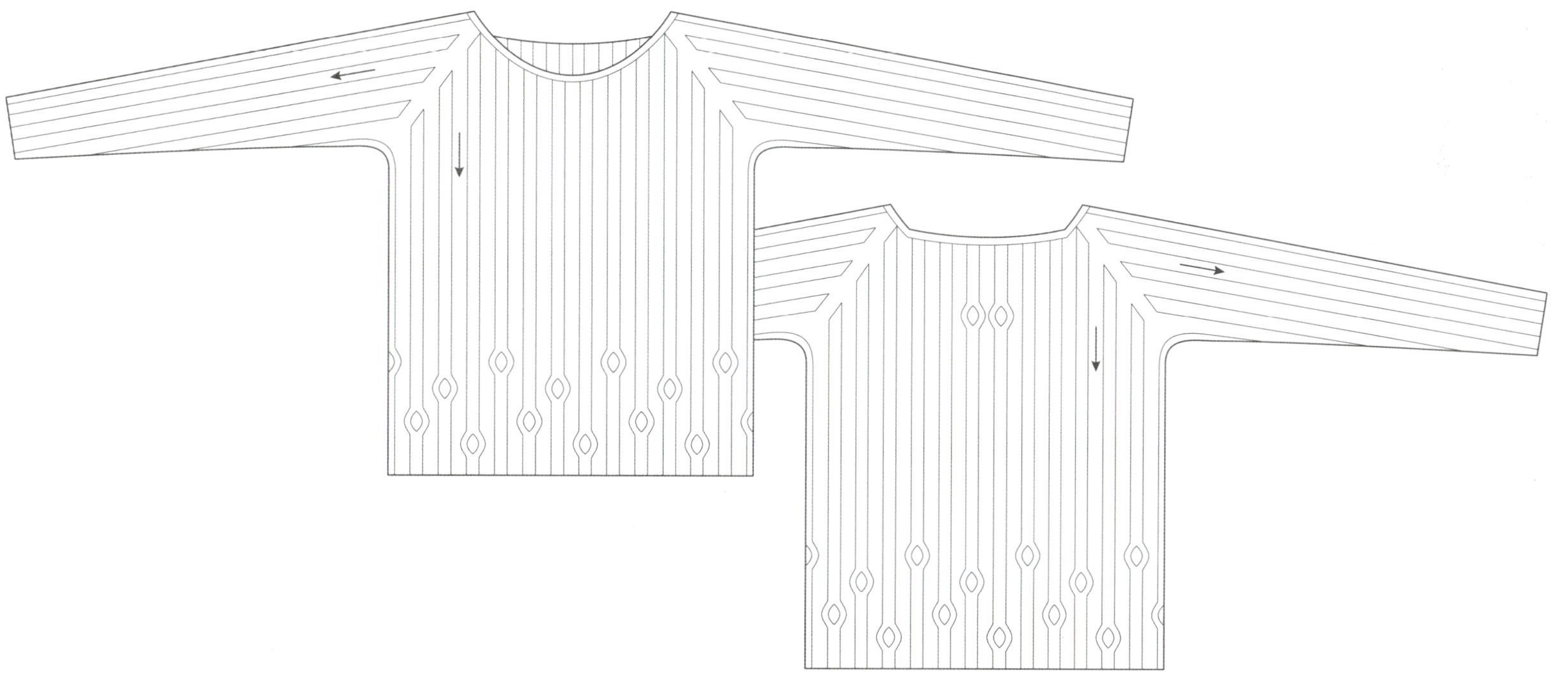

U: Normaler Umschlag, der Faden wird von vorne nach hinten über die Nadel gelegt
uU: Umgekehrter Umschlag, der Faden wird von hinten nach vorne über die Nadel gelegt

U re verschr: Den hinteren Schenkel des Umschlags re str
U re: Den vorderen Schenkel des Umschlags re str

U li verschr: Den hinteren Schenkel des Umschlags li str
U li: Den vorderen Schenkel des Umschlags li str

PASSE

86(86)86(94)94 M mit Nd 3½ mm und A + B anschl.

Reihe 1 (RückR): 5 re – *4 li – 4 re*. Von * bis * wdh. Enden mit 1 re.

Reihe 2: 1 re – uU – 4 li und als RaglanM markieren – U – 4 re – 4 li – 4 re – uU – 4 li und als RaglanM markieren – U – *4 re – 4 li*. Von * bis * insg 5(5)5(6)6-mal str – 4 re – uU – 4 li und markieren – U – 4 re – 4 li – 4 re – uU – 4 li und markieren – U – 1 re – 2 neue M anschl = 96(96)96(104)104 M.

Reihe 3: 1 re – 2 li – U re verschr str – 4 re – U re str – 4 li – 4 re – 4 li – U re verschr – 4 re – U re – *4 li – 4 re*. Von * bis * insg 5(5)5(6)6-mal str – 4 li – U re verschr – 4 re – U re – 4 li – 4 re – 4 li – U re verschr – 4 re – U re – 1 li – 2 M anschl = 98(98)98(106)106 M.

Reihe 4: 3 re – 1 li – uU – 4 li – U – 1 li – 12 M in Rippen – 1 li – uU – 4 li – U – 1 li – 44(44)44(52)52 M in Rippen – 1 li – uU – 4 li – U – 1 li – 12 M in Rippen – 1 li – uU – 4 li – U – 1 li – 3 re – 2 M anschl = 108(108)108(116)116 M.

Reihe 5: 1 re – 4 li – 1 re – U re verschr – 4 re – U re – 1 re – 12 M in Rippen – 1 re – U re verschr – 4 re – U re – 1 re – 44(44)44(52)52 M in Rippen – 1 re – U re verschr – 4 re – U re – 1 re – 12 M in Rippen – 1 re – U re verschr – 4 re – U re – 1 re – 3 li – 2 M anschl = 110(110)110(118)118 M.

Reihe 6: 5 re – 2 li – uU – 4 li – U – 2 li – 12 M in Rippen – 2 li – uU – 4 li – U – 2 li – 44(44)44(52)52 M in Rippen – 2 li – uU – 4 li – U – 2 li – 12 M in Rippen – 2 li – uU – 4 li – U – 2 li – 4 re – 1 li – 2 M anschl = 120(120)120(128)128 M.

Reihe 7: 3 re – 4 li – 2 re – U re verschr – 4 re – U re – 2 re – 12 M in Rippen – 2 re – U re verschr – 4 re – U re – 2 re – 44(44)44(52)52 M in Rippen – 2 re – U re verschr – 4 re – U re – 2 re – 12 M in Rippen – 2 re – U re verschr – 4 re – U re – 2 re – 4 li – 1 re – 2 M anschl = 122(122)122(130)130 M.

Reihe 8: 1 re – 2 li – 4 re – 3 li – uU – 4 li – U – 3 li – 12 M in Rippen – 3 li – uU – 4 li – U – 3 li – 44(44)44(52)52 M in Rippen – 3 li – uU – 4 li - U – 3 li – 12 in Rippen – 3 li – uU – 4 li – U – 3 li – 4 re – 3 li – 2 M anschl = 132(132)132(140)140 M.

Reihe 9: 5 re – 4 li – 3 re – U re verschr – 4 re – U re – 3 re – 12 M in Rippen – 3 re – U re verschr – 4 re – U re – 3 re – 44(44)44(52)52 M in Rippen – 3 re – U re verschr – 4 re – U re – 3 re – 12 M in Rippen – 3 re – U re verschr – 4 re – U re – 3 re – 4 li – 3 re – 2 M anschl = 134(134)134(142)142 M.

Reihe 10: 1 re – 12 M in Rippen – uU – 4 li – U – 20 M in Rippen – uU – 4 li – U – 52(52)52(60)60 M in Rippen – uU – 4 li – U – 20 M in Rippen – uU – 4 li – U – 12 M in Rippen – 1 re – 2 M anschl = 144(144)144(152)152 M.

Nun die Umschläge links str.

Reihe 11: 1 re – 2 li – 12 M in Rippen – U li verschr – 4 re – U li – 20 M in Rippen – U li verschr – 4 re – U li – 52(52)52(60)60 M in Rippen – U li verschr – 4 re – U li – 20 M in Rippen – U li verschr – 4 re – U li – 12 M in Rippen – 1 li – 2 M anschl = 146(146)146(154)154 M.

Reihe 12: 3 re – 12 M in Rippen – 1 re – uU – 4 li – U – 1 re – 20 M in Rippen – 1 re – uU – 4 li – U – 1 re – 52(52)52(60)60 M in Rippen – 1 re – uU – 4 li – U – 1 re – 20 M in Rippen – 1 re – uU – 4 li – U – 1 re – 12 M in Rippen – 3 re – 2 M anschl = 156(156)156(164)164 M.

Reihe 13: 1 re – 16 M in Rippen – 1 li – U li verschr – 4 re – U li – 1 li – 20 M in Rippen – 1 li – U li verschr – 4 re – U li – 1 li – 52(52)52(60)60 M in Rippen – 1 li – U li verschr – 4 re – U li – 1 li – 20 M in Rippen – 1 li – U li verschr – 4 re – U li – 1 li – 12 M in Rippen – 3 li – 2 M anschl = 158(158)158(166)166 M.

Noch 4 R im Muster mit RaglanZun und 2 neuen M am Ende der R str = 182(182)182(190)190 M.
Die letzte R ist eine RückR.
Die Fäden abschneiden.

Die ersten 59 M der HinR auf die rechte Nd heben, ohne sie zu str.
Hier eine Markierung für den neuen RdBeginn setzen (= Mitte der 4 RaglanM zwischen linkem Ärmel und Rücken).

Runde 1: 2 li – U – 60(60)60(68)68 M in Rippen – uU – 4 li – U – 28 M in Rippen – uU – 4 li – U – 25 M in Rippen – 10(10)10(18)18 M anschl, die Arbeit zur Rd schließen und weiter über die 25 M des linken Vorderteils in Rippen str – uU – 4 li – U – 28 M in Rippen – uU – 2 li = 200(200)200(216)216 M.

Runde 2: 2 li – U li verschr – 60(60)60(68)68 M in Rippen – U li – 4 li – U li verschr – 28

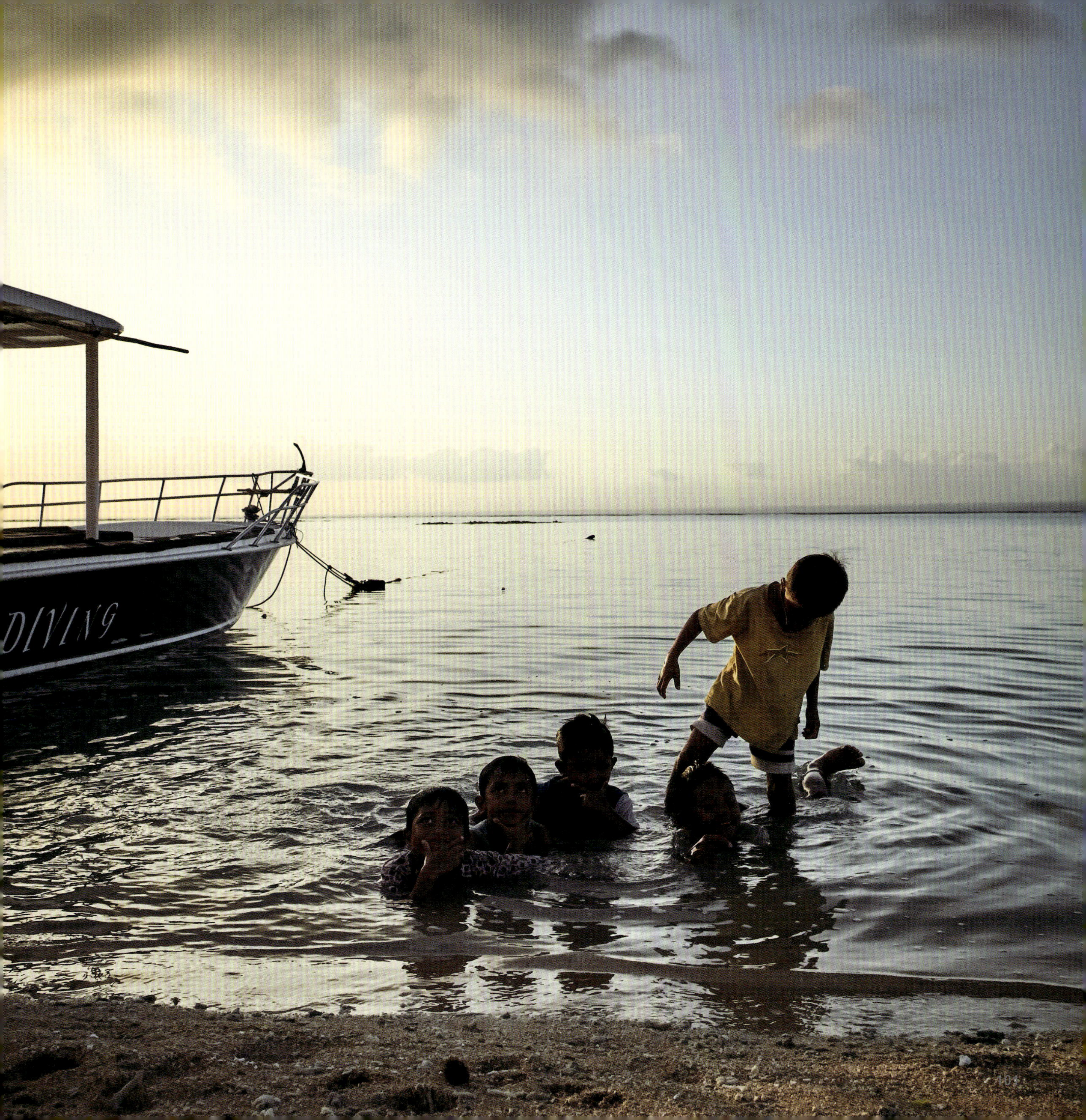
DIVING

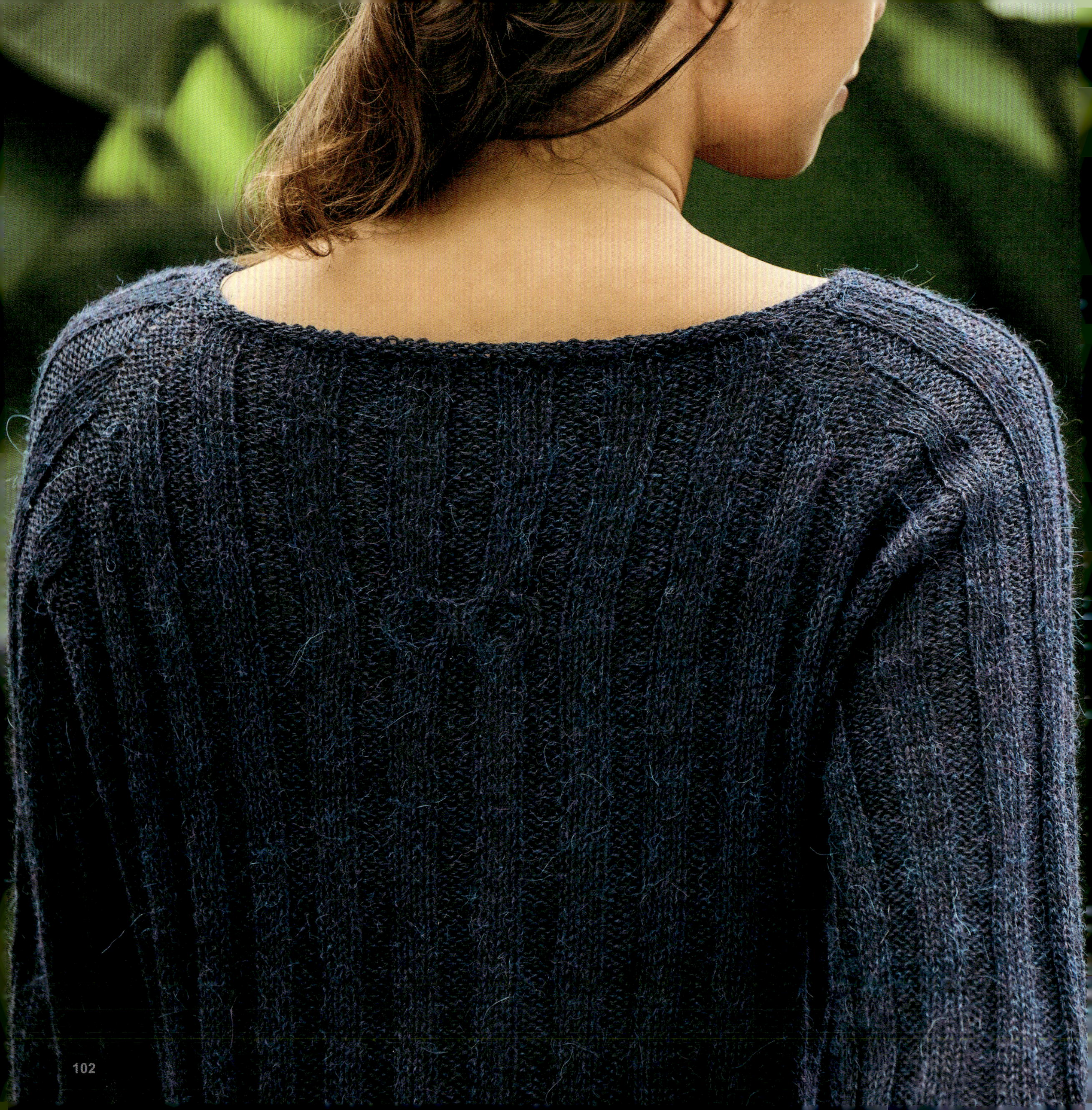

M in Rippen – U li – 4 li – U li verschr – 60(60)60(68)68 M in Rippen – U li – 4 li – U li verschr – 28 M in Rippen – U li – 2 li.

Runde 3: *2 li – U – Rippen bis zu den 4 markierten RaglanM str – uU – 2 li*.
Von * bis * insg 4-mal str = 208(208)208(224)224 M.

Runde 4: Wie Runde 2 str.

Es sind nun 10 ZunRd gestr.
Runden 3 – 4 noch 2-mal str = 224(224)224(240)240 M.

Wie bisher weiter str, aber die nächsten 4 Zun re str.
Es sind nun 16 ZunRd gestr = 256(256)256(272)272 M.

Die mittleren 16(16)16(24)24 RückenM markieren.
Weitere Zun wie bisher str, aber nun über die markierten M laut Diagramm 1 str.
Für die Gr. S(M)L die 1. – 16. M und für Gr. XL(XXL) die 1. – 24. M des Diagramms str.

Nach den 8 DiagrammR wie vorher mit Rippen und Zun weiter str, bis insg 26(32)32(34)34 ZunRd gestr sind = 336(384)384(416)416 M.

1(1)3(3)5 Rd ohne Zun str.
Die Arbeit misst ab dem Nacken ca.17(20)21(22)23 cm.

AUFTEILUNG

Im Muster weiter str und die M in Ärmel und Körper trennen:
100(112)112(124)124 RückenM str – 68(80)80(84)84 ÄrmelM stilllegen – 12(8)16(20)28 M anschl – 100(112)112(124)124 VorderteilM str – 68(80)80(84)84 ÄrmelM stilllegen – 12(8)16(20)28 M anschl.

KÖRPER

Im Muster weiter str.
106(112)120(138)138 M str =
Mitte in den 4 LinksM unter dem rechten Ärmel.
Hier eine Markierung für den neuen RdBeginn setzen.

Über die 224(240)256(288)304 KörperM im Muster str, bis die Arbeit nach der Aufteilung ca. 25(22)21(20)19 cm misst.
Der Körper misst ab der Schulter 42 cm.

Nun laut Diagramm 2 str und die 1. Zun in der letzten DiagrammR beachten.
8 Rd wie folgt str: *Diagramm 2 str – 24 M im Muster*. Von * bis * wdh.
Enden mit Diagramm 2 – 24(8)24(24)8 M im Muster = 231(248)264(297)314 M.

2 Rd im Muster str und die neuen M li str.

Wieder laut Diagramm 2 str, mit 2. Zun in der letzten DiagrammR.
8 Rd wie folgt str: 17 M im Muster str – *Diagramm 2 – 25 M im Muster*.
Von * bis * wdh. Enden mit Diagramm 2 – 8(25)8(8)25 M im Muster = 238(255)272(306)323 M.

2 Rd im Muster str und die neuen M li str.

Wieder laut Diagramm 2 str, mit 3. Zun in der letzten DiagrammR.
8 Rd wie folgt str: 9 M im Muster str – *Diagramm 2 – 26 M im Muster*.
Von * bis * wdh. Enden mit Diagramm 2 – 17(0)17(17)0 M im Muster = 245(263)280(315)333 M.

2 Rd im Muster str und die neuen M li str.

Wieder laut Diagramm 2 str, mit 4. Zun in der letzten DiagrammR.
8 Rd wie folgt str: *27 M im Muster str – Diagramm 2*.
Von * bis * wdh. Enden mit 0(18)0(0)18 M im Muster = 252(270)288(324)342 M.

3 Rd im Muster str und die neuen M li str.
Im Muster abk.

ÄRMEL

Die ÄrmelM auf StrumpfNd 3½ mm setzen.
12(8)16(20)28 neue M aus den angeschl M im Armausschnitt str – im Muster über die 68(80)80(84)84 ÄrmelM str = 80(88)96(104)112 M.

Im Muster 6(4)8(10)14 der neuen M str und hier eine Markierung für den neuen RdBeginn setzen.

Gr. S, L, XXL:
12, 10, 8 Rd im Muster str: 2 li – *4 re – 4 li*.
Von * bis * wdh. Enden mit 4 re – 2 li.

1. Abn str: 2 li zus – *4 re – 4 li*. Von * bis * wdh. Enden mit 4 re – 2 li zus = 78, 94, 110 M.

Die Abn in jeder 11., 6., 5. Rd wdh.
Bei den nächsten 4 Abn wie folgt str: 2 re zus – im Muster bis zu den letzten 2 M str – 2 re verschr zus.
Bei den folgenden 4 Abn 2 li zus – im Muster bis zu den 2 letzten M – 2 li zus str.
Fortsetzen, bis insg 12, 20, 24 AbnahmeRd gestr sind = 56, 56, 64 M.

Nach der letzten Abn noch 4 Rd str.
Der Ärmel misst ca. 43, 41, 40 cm.

Gr. (M)(XL):
(10)(12) Rd im Muster: 2 re – *4 li – 4 re*.
Von * bis * wdh. Enden mit 4 li – 2 re.

1. Abn str: 2 re zus – *4 li – 4 re*.
Von * bis * wdh. Enden mit 4 li – 2 re verschr zus = (86)(102) M.

Die Abn in jeder (8.)(6.) Rd wdh.
Bei den nächsten 4 Abn wie folgt str: 2 li zus – im Muster bis zu den letzten 2 M – 2 li zus.
Bei den folgenden 4 Abn 2 re zus – im Muster bis zu den letzten 2 M – 2 re verschr zus.
Fortsetzen, bis insg (16)(20) AbnahmeRd gestr sind = (56)(64) M.

Nach der letzten Abn noch 4 Rd str.
Der Ärmel misst ca. (42)(41) cm.

Gr. S(M)L:
2 re zus – 4 li – 2 re verschr zus str.
Von * bis * wdh = 42 M.

Gr. (XL)XXL:
2 li – *2 re verschr zus – 2 re zus – 4 li* str.
Von * bis * wdh. Enden mit 2 re verschr zus – 2 re zus – 2 li = 48 M.

Alle Gr.:
Zu StrumpfNd 3 mm wechseln.
4 Rd li str.
Alle M links abk.
Den Rand einrollen lassen.

Den zweiten Ärmel genauso str.

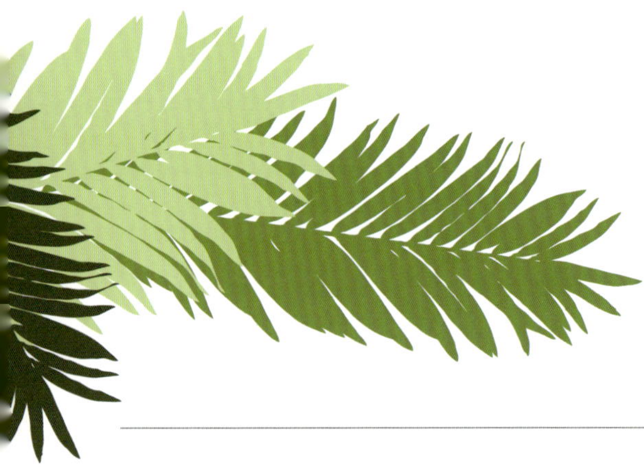

HALSRAND

Mit A + B und Nd 3 mm rund um den Halsausschnitt M heraus str.

Bei der Markierung zwischen Rücken und linkem Ärmel beg:
2 M aus den RaglanM – 9 M aus der linken Schulter – 4 M aus den RaglanM – 17 M aus der linken Vorderteilhälfte bis zu den mittleren M heraus str – 10(10)10(18)18 M aus den mittleren VorderteilM – 17 M aus der rechten Vorderteilhälfte – 4 M aus den RaglanM – 9 M aus der linken Schulter – 4 M aus den RaglanM – 39(39)39(46)46 M aus den RückenM str, dafür 4 M aus den rechten Rippen und 3 M aus den linken Rippen str – 2 M aus den RaglanM str = 117(117)117(132)132 M.

4 Rd li str.
Alle M links abk.
Den Rand einrollen lassen.

FERTIGSTELLUNG

Alle Fäden vernähen.

DIAGRAMM

In den HinR li - in den RückR re str

In den HinR re - in den RückR li str

2 li M auf HilfsNd hinter die Arbeit legen – 2 re – die 2 M der HilfsNd li str

2 re M auf HilfsNd vor die Arbeit legen – 2 li – die 2 M der HilfsNd re str

1 ncuc M li

DIAGRAMM 2

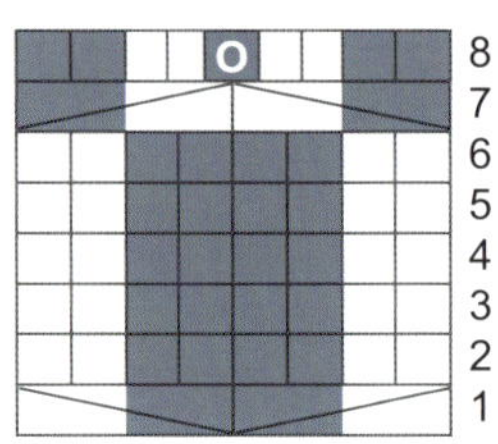

DIAGRAMM 1

Gr.(XL)XXL Gr.S(M)L

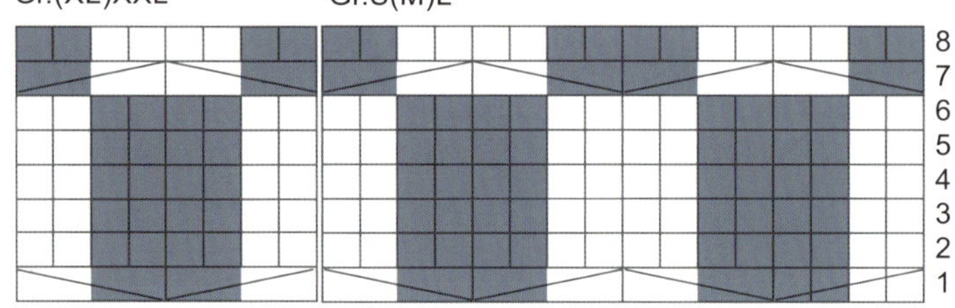

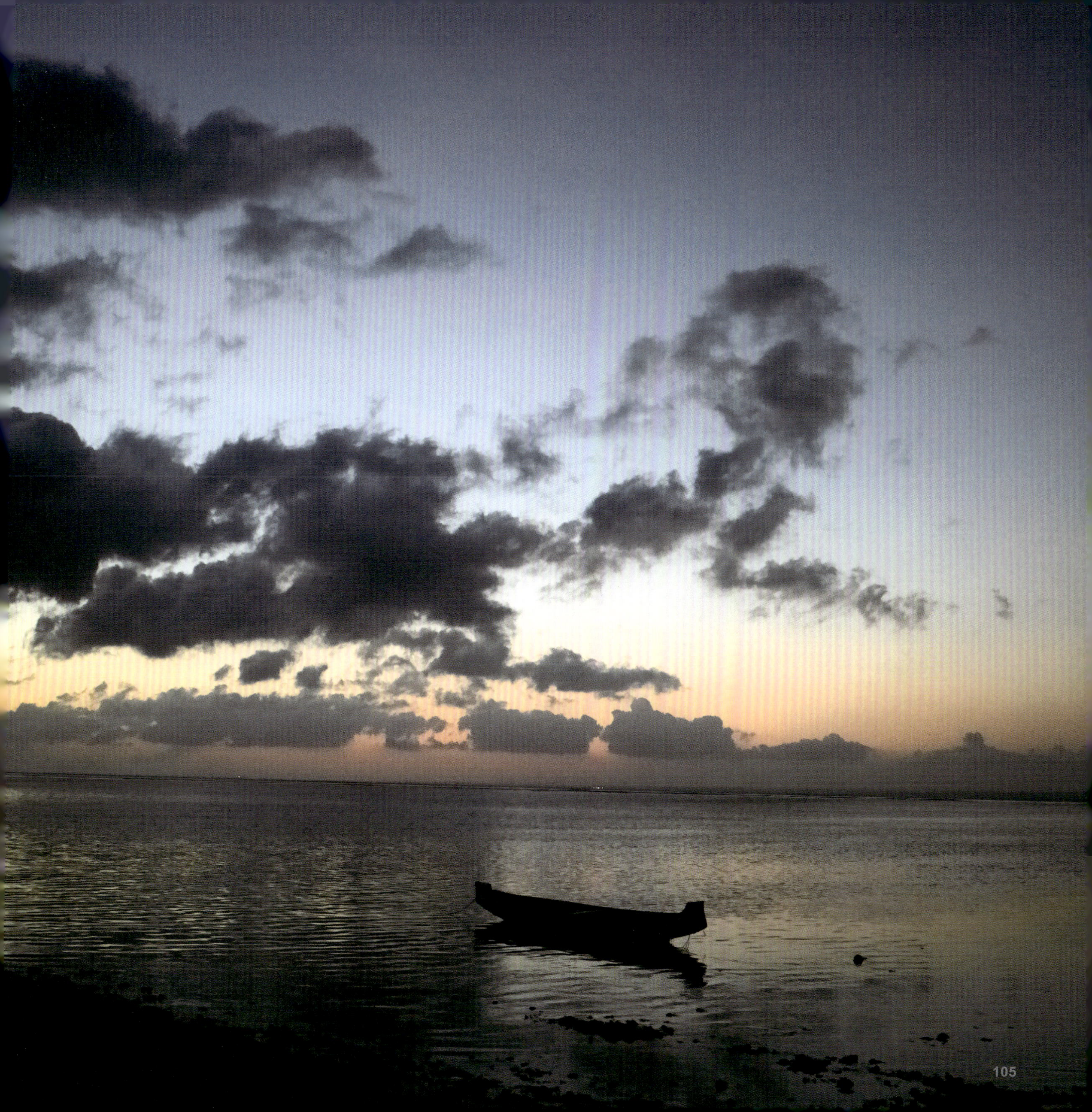

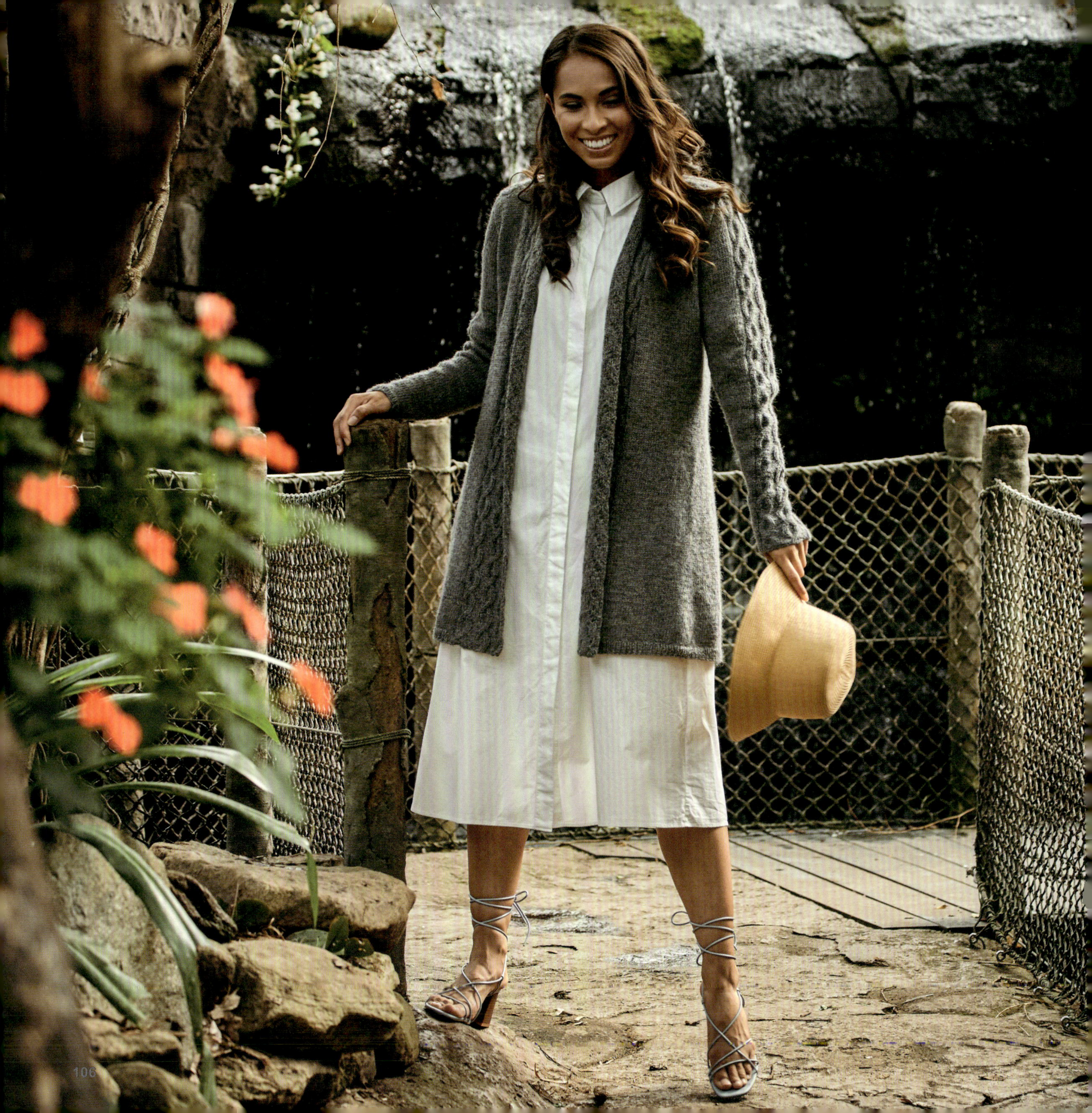

Statuen

Überall auf Bali sind Statuen zu finden. Riesige, als Drachen verkleidete, gewaltige Götter, aber auch ganz kleine, symbolhafte Statuen. Einige der Statuen erinnern an die traditionellen balinesischen Tänze. Viele der Statuen tragen ein schwarz-weiß-kariertes Tuch, das den Kampf zwischen Gut und Böse symbolisiert.

Wenn eine Gesellschaft reich an Nahrung ist, werden Ressourcen für Kreativität, Dekoration und Kunst freigesetzt. Auf Bali ist dies in Holzschnitzereien, Webereien, Gemälden, Batik, Korbwaren und Statuen zu erkennen. Die Balinesen sind geschickte Handwerker – und Handwerkskunst wird sehr geschätzt.

Gr.: S(M)L(XL)XXL

Rückenbreite: 48(52)56(60)64 cm
Länge: 77 cm
Ärmellänge ab Armausschnitt: 44(43)43(42)41 cm

Material
200(200)250(250)250g Isager Alpaca 1 Farbe E4s
300(300)350(350)350g Isager Highland Farbe Sky
Mit je 1 Faden beider Qualitäten stricken

Rund- und Strumpfnadeln 3½ mm

Maschenprobe glatt rechts mit beiden Qualitäten: 10 cm = 22 M und 29 R

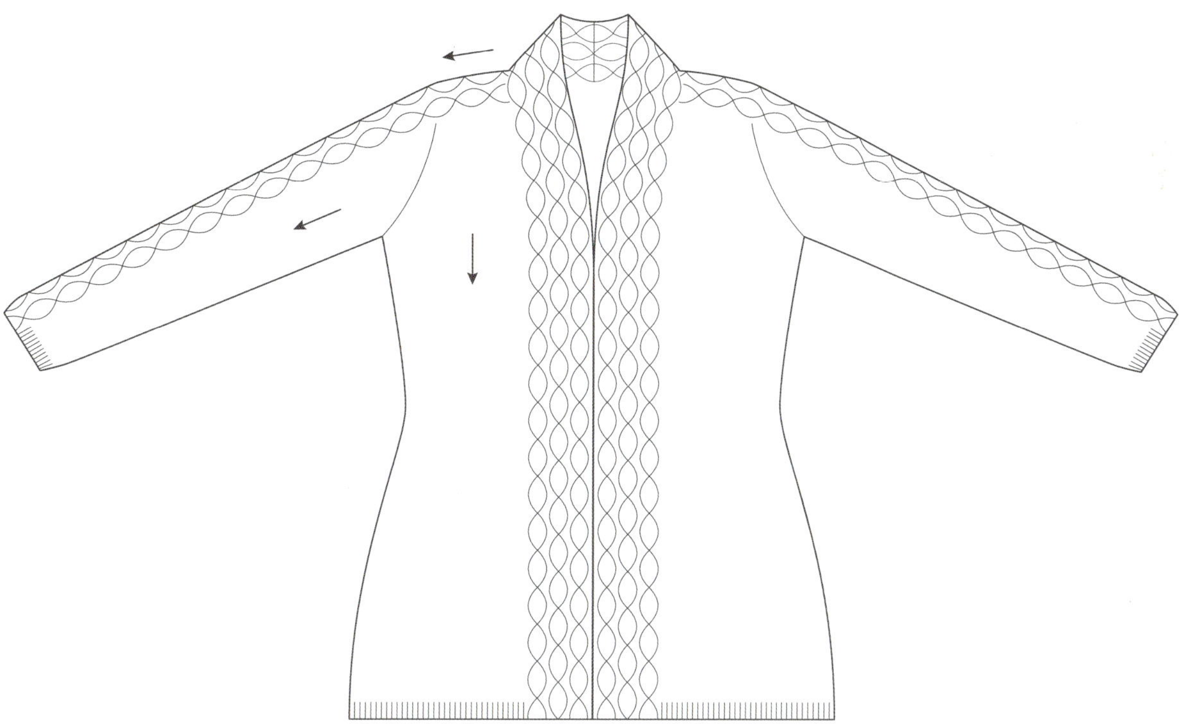

Die Jacke wird von oben nach unten gestrickt.

SCHULTER

32 M mit Nd 3½ mm und beiden Qualitäten anschl.

Reihe 1 (RückR): 1 re – 1. DiagrammR (von links nach rechts lesen) – 1 re.
Reihe 2: 1 re – 2. DiagrammR – 1 re.

Die 12 DiagrammR 2-mal str.
Danach weitere 1(1)1(7)7 R str.
An beiden Seiten eine Markierung setzen.

ARMKUGEL

Weiterhin laut Diagramm str.

Reihe 1 (HinR): 1 re – Diagramm – 1 re – 2 neue M anschl = 34 M.
Reihe 2: 1 re – 2 li – Diagramm – 1 li – 2 neue M anschl = 36 M.
Reihe 3: 3 re – Diagramm – 3 re – 2 neue M anschl = 38 M.
Reihe 4: 1 re – 4 li – Diagramm – 3 li – 2 neue M anschl = 40 M.

Beidseitig am Ende der R noch 0(1)2(3)5-mal 2 neue M anschl = 40(44)48(52)60 M.
Die neuen M in den HinR re und in den RückR li str.
Die erste und letzte M in allen R re str.

Beidseitig 16(15)16(15)15-mal Zun mit 2aus1 (s. Abk.) aus der letzten M str = 72(74)80(82)90 M.

Beidseitig am Ende der R 2(3)3(4)4-mal 2 neue M anschl = 80(86)92(98)106 M.
Die Armkugel ist nun fertig.
Die Fäden nicht abschneiden.

ÄRMEL

Die Arbeit zur Runde schließen und am RdBeginn eine Markierung setzen.

4(6)6(6)10 Rd im Zopfmuster + glatt rechts wie bisher str.
1. Abn str: 1 re – 2 re zus – im Muster str, bis noch 3 M auf der Nd sind – 2 re verschr zus – 1 re = 78(84)90(96)104 M.

Die Abn insg 15(18)19(22)24-mal in jeder 8.(6.)6.(5.)4. Rd str = 50(50)54(54)58 M.

Gerade weiter str, bis der Ärmel nach der Armkugel ca. 43(42)42(41)40 cm misst.
Nach einer ZopfR enden.

Zu Nd 3 mm wechseln.
4 Rd mit Rippen str: *1 li – 1 re*.
Von * bis * bis zum Diagramm wdh – Diagramm – *1 re – 1 li*. Von * bis * bis zum RdEnde wdh.

Im Muster abk.
Den zweiten Ärmel genauso str.

RÜCKEN

Aus den Schultern mit Nd 3½ mm und beiden Qualitäten M für den Rücken heraus str.

Die Ärmel so hinlegen, dass die Anschlagreihen der Schultern zueinander liegen.
25(25)25(31)31 M von der Außenseite entlang der linken Schulter, von der Markierung bis zum Anschlag, heraus str – 42(42)42(50)50 neue M anschl – 25(25)25(31)31 M von der Außenseite aus der rechten Schulter vom Anschlag bis zu der Markierung str = 92(92)92(112)112 M.

Reihe 1 (RückR):
1 re – 1. DiagrammR – 1 re.
Reihe 2: 1 re – 2. DiagrammR – 1 re.

Weiter str, bis die 12 DiagrammR 1-mal gestr sind.
Weitere 3(1)1(9)7 R str.

Im Muster laut Diagramm weiter str und gleichzeitig Zun am Armausschnitt str:
Reihe 1 (HinR): 1 re – Diagramm – 1 re – 1 neue M anschl = 93(93)93(113)113 M.
Reihe 2: 1 re – 1 li – Diagramm – 1 li – 1 neue M anschl = 94(94)94(114)114 M.
Reihe 3: 2 re – Diagramm – 2 re – 1 neue M anschl = 95(95)95(115)115 M.
Reihe 4: 1 re – 2 li – Diagramm – 2 li – 1 neue M anschl = 96(96)96(116)116 M.

Beidseitig insg 7(9)9(8)9-mal 1 neue M anschl = 106(110)110(128)130 .
Die neuen M in den HinR re und in den RückR li str.

Beidseitig am Ende der R 3(3)4(4)4-mal 2 neue M anschl = 118(122)126(144)146 M.

Beidseitig am Ende der R 1(2)3(2)3-mal 3 neue M anschl = 124(134)144(156)164 M.

Der Rücken misst ab den Schultern ca. 13(14)16(17)18 cm.
Die Fäden abschneiden und die M stilllegen.

KRAGEN RECHTE SEITE

32 M mit Nd 3½ mm und beiden Qualitäten anschl.

Reihe 1 mit Kettrand (RückR): 1abhFv (s. Abk.) – 1. DiagrammR – 1 re.
Reihe 2: 1 re – 2. DiagrammR – 1 re.

Die 12 DiagrammR insg 4-mal str.
Weitere 5(5)5(11)11 R laut Diagramm str.
Die letzte R ist eine RückR. Die Fäden abschneiden.

RECHTES VORDERTEIL

20(20)20(25)25 M mit Nd 3½ mm von der Außenseite aus der rechten Schulter heraus str
Bei der Markierung beg und bis zur AnschlagR

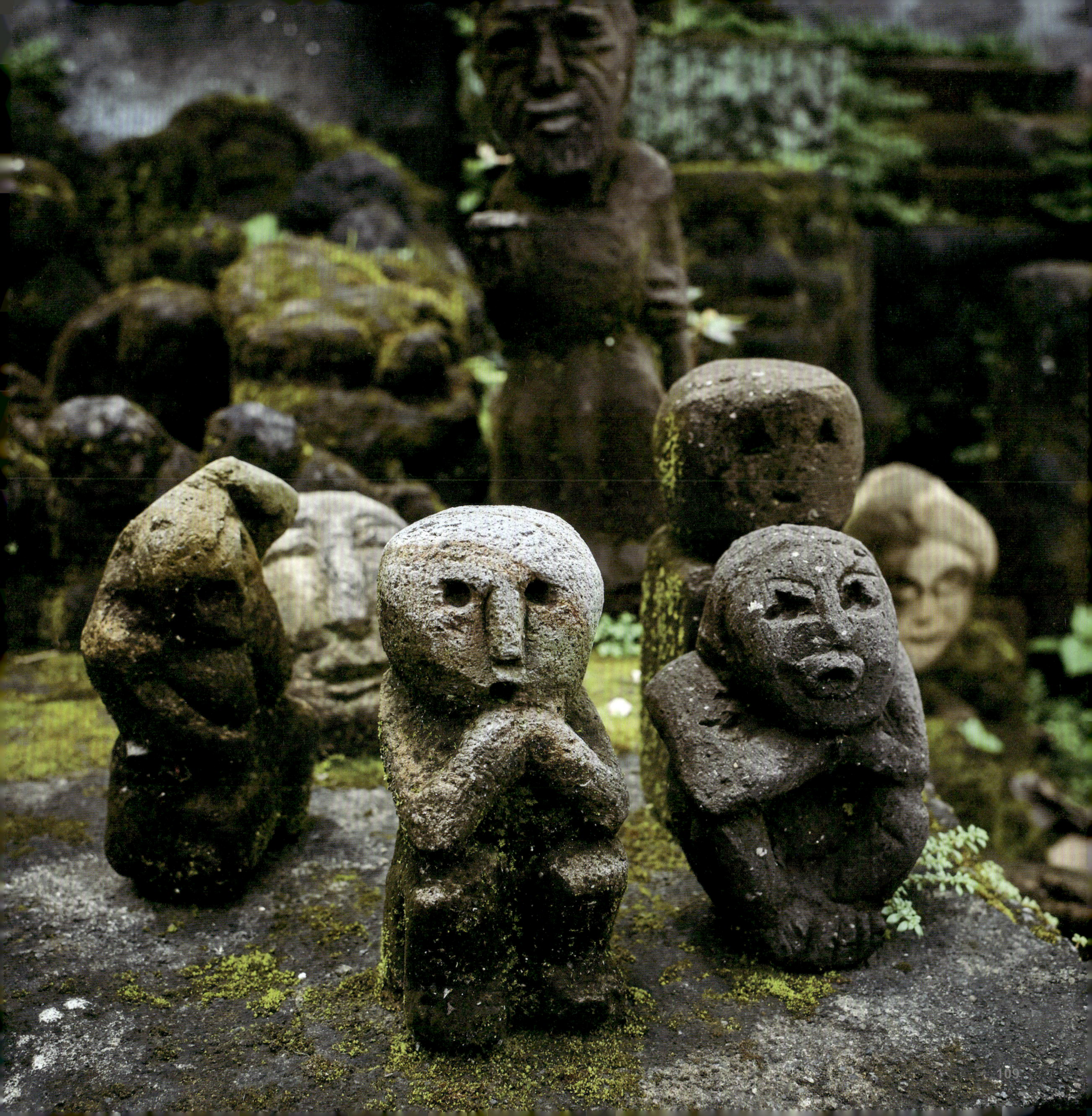

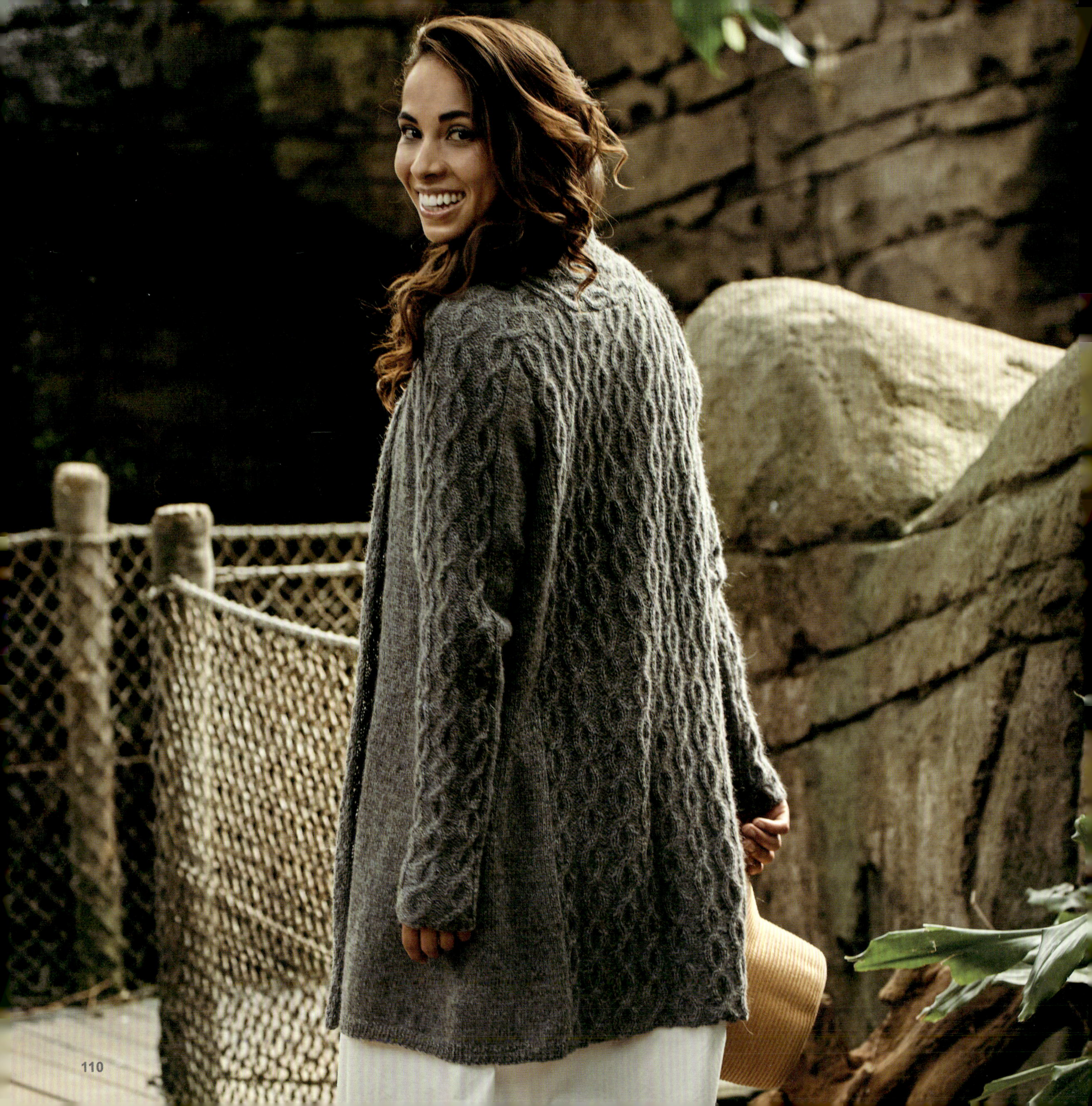

str – weiter über den Kragen str:
Die ersten 2 M li zus str – laut Diagramm weiter str – 1 re = 51(51)51(56)56 M.

Reihe 1 (RückR): 1abhFv – Diagramm – 19(19)19(24)24 li – 1 re.
Reihe 2: 20(20)20(25)25 re – Diagramm – 1 re.
Reihe 3: Wie Reihe 1 str.
Reihe 4 mit Zun am Halsausschnitt: 19(19)19(24)24 re – 1 neue re (s. Abk.) – 1 re – Diagramm – 1 re = 52(52)52(57)57 M.

Weiterhin über die 31 KragenM laut Diagramm str und die übrigen M glatt rechts str.
Die Zun am Ausschnitt in jeder 4. R wdh, bis insg 4(3)3(5)5 Zun gestr sind = 55(54)54(61)61 M.
Nach der letzten Zun noch 0(2)2(2)0 R str.

Das Muster mit den Zun in jeder 4. R wie bisher str.
GLEICHZEITIG am Armausschnitt insg 7(9)9(8)9-mal am Ende der RückR 1 M anschl = 65(68)68(73)74 M.

Die Zun am Ausschnitt in jeder 4. R wie bisher str.
GLEICHZEITIG 3(3)4(4)4-mal am Ende der RückR 2 M anschl = 73(75)78(83)84 M.

Die Zun am Ausschnitt in jeder 4. R wie bisher str.
GLEICHZEITIG 1(2)3(2)3-mal am Ende der RückR 3 M anschl = 76(82)88(90)95 M.

Für den Ausschnitt sind nun insg 9(10)11(12)13 Zun gestr.
Die Fäden abschneiden und die M stilllegen.

KRAGEN LINKE SEITE

32 M mit Nd 3½ mm und beiden Qualitäten aus der AnschlagR der rechten Kragenhälfte heraus str.
Reihe 1 (RückR):
1 re – 11. DiagrammR – 1 re.
Reihe 2 mit Kettrand:
1abhFv – 12. DiagrammR – 1 re.

Die 1. – 12. DiagrammR noch 4-mal str.
Weitere 5(5)5(11)11 R laut Diagramm str.
Die letzte R ist eine RückR.
Die Fäden nicht abschneiden.

LINKES VORDERTEIL

Über die 32 KragenM str: 1abhFv – laut Diagramm bis zu den 2 letzten KragenM str – 2 li zus – 20(20)20(25)25 M von der Außenseite aus der linken Schulter heraus str = 51(51)51(56)56 M.

Reihe 1 (RückR):
1 re – 19(19)19(24)24 li – Diagramm – 1 re.
Reihe 2: 1abhFv – Diagramm – 20(20)20(25)25 re.
Reihe 3: Wie Reihe 1 str.
Reihe 4 mit Zun am Halsausschnitt: 1abhFv – Diagramm – 1 re – 1 neue re – 19(19)19(24)24 re = 52(52)52(57)57 M.

Weiterhin über die 31 KragenM laut Diagramm str und die übrigen M glatt rechts str.
Die Zun am Ausschnitt in jeder 4. R wdh, bis insg 3(3)3(5)4 Zun gestr sind.

Nach der letzten Zun noch 3(1)1(1)3 R str.

Im Muster und mit den Zun in jeder 4. R wie bisher str.
GLEICHZEITIG für den Armausschnitt insg 7(9)9(8)9-mal am Ende der HinR 1 M anschl.
Danach 3(3)4(4)4-mal am Ende der HinR 2 M anschl.
Noch 1(2)3(2)3-mal am Ende der HinR 3 M anschl = 76(82)88(90)95 M.

Es sind am Ausschnitt nun insg 9(10)11(12)13 Zun gestr.
Die letzte R ist eine RückR.

KÖRPER

Den Rücken und das rechte Vorderteil wieder auf die Nd setzen.

Im Muster eine HinR über alle Teile str:
76(82)88(90)95 VorderteilM str – 124(134)144(156)164 RückenM str – 76(82)88(90)95 M des rechten Vorderteils str = 276(298)320(336)354 M.

13(13)9(9)9 R im Muster str.
1. Abn (HinR): 66(72)78(80)85 M – 2 re verschr zus – 16 re – 2 re zus – 104(114)124(136)144 M – 2 re verschr zus – 16 re – 2 re zus – 66(72)78(80)85 M str = 272(294)316(332)350 M.

9 R im Muster str.
2. Abn (HinR): 66(72)78(80)85 M – eine Markierung setzen – 2 re verschr zus – 14 re – 2 re zus – eine Markierung setzen – 104(114)124(136)144 M – eine Markierung setzen – 2 re verschr zus – 14 re – 2 re zus – eine Markierung setzen – 66(72)78(80)85 M = 268(290)312(328)346 M.

In jeder 10. R an jeder Seite der Markierung wie oben beschrieben abn, bis insg 5 AbnahmeR gestr sind = 256(278)300(316)334 M.

11(9)9(7)5 R im Muster str.

1. Zun (HinR): 66(72)78(80)85 M – 1 neue re – 10 re – 1 neue re – 104(114)124(136)144 M – 1 neue re – 10 re – 1 neue re – 66(72)78(80)85 M str = 260(282)304(320)338 M.

5 R im Muster.
2. Zun (HinR): 66(72)78(80)85 M – 1 neue re – 12 re – 1 neue re – 104(114)124(136)144 M – 1 neue re – 12 re – 1 neue re – 66(72)78(80)85 M str = 264(286)308(324)342 M.

Die Zun in jeder 6. R, wie oben beschrieben, vor und nach den Markierungen insg 8-mal str =

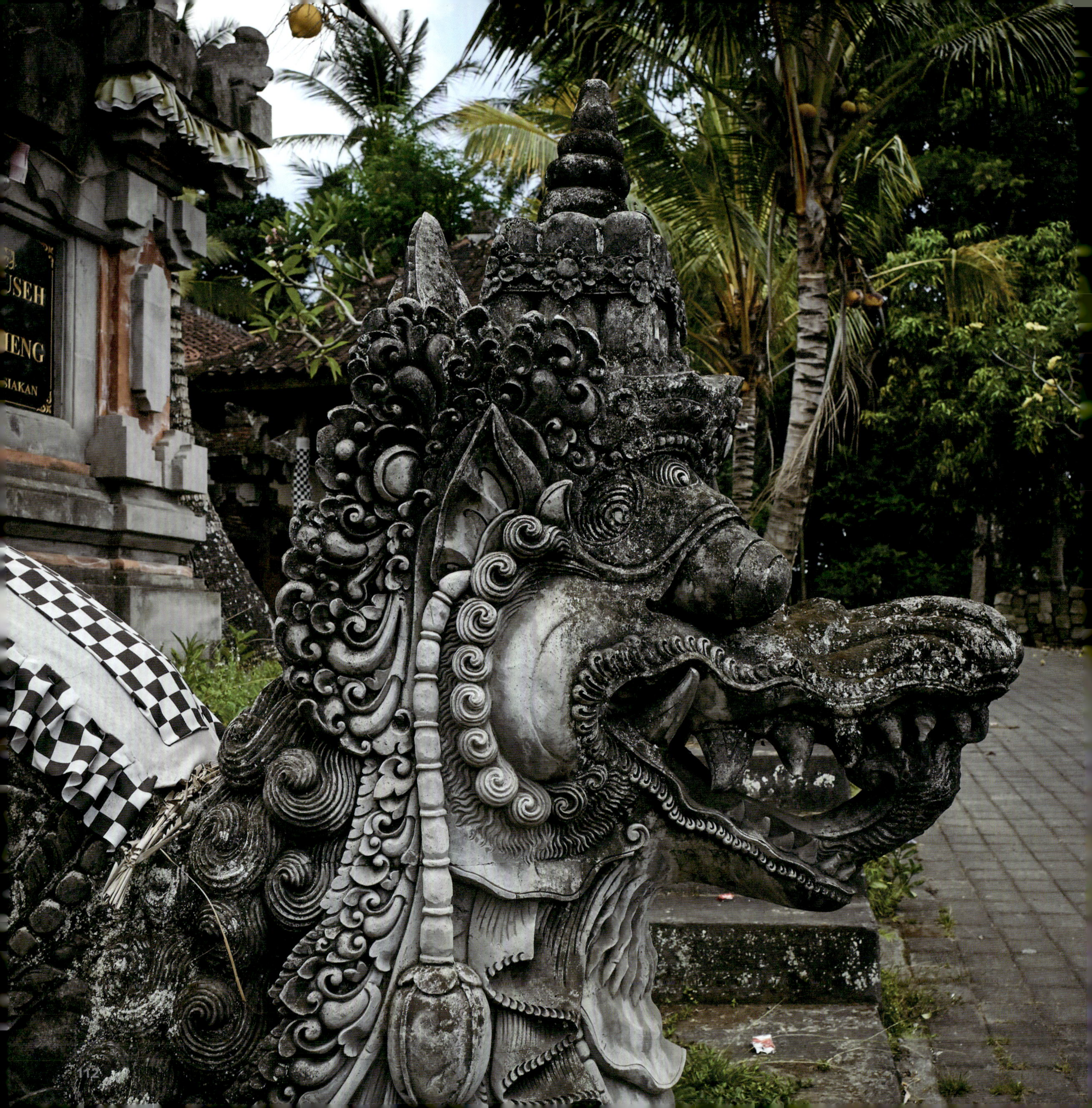
USEH
IENG
SIAKAN

288(310)332(348)366 M.

Danach noch weitere 7 Zun, wie oben beschrieben, in jeder 8. R str = 316(338)360(376)394 M.

Ohne Zun weiter str, bis am Rücken die 1. -12. DiagrammR insg 17-mal gestr sind.
Noch 5 R im Muster str.
Der Rücken misst ab dem Nacken ca. 72 cm.

Die Jacke im Rippenmuster beenden:
Reihe 1 (HinR): 1abhFv – Diagramm – 2 re zus(1re)2 re zus(2 re zus)1 re – *1 li – 1 re*. Von * bis * bis zum Diagramm str – Diagramm – *1 re – 1 li*. Von * bis * wdh und 2(1)2(2)1 M vor dem Diagramm enden – 2 re zus(1re)2 re zus(2 re zus)1 re – Diagramm – 1 re = 314(338)358(374)394 M.

Reihe 2: 1abhFv – Diagramm – 1 li – *1 re – 1 li*.
Von * bis * bis zum Diagramm str – Diagramm – 1 li – *1 re – 1 li*. Von * bis * bis zum Diagramm str – Diagramm – 1 re.

Reihe 3: 1abhFv – Diagramm – 1 re – *1 li – 1 re*.
Von * bis * bis zum Diagramm str – Diagramm – 1 re – *1 li – 1 re*. Von * bis * bis zum Diagramm str – Diagramm – 1 re.

Reihen 4 - 5: Wie Reihen 2 – 3 str.
In der nächsten RückR im Muster abk.

FERTIGSTELLUNG

Den Kragen an den Halsausschnitt nähen.
Vor dem Einnähen die Ärmel mit Nadeln in die Armausschnitte heften und von außen einnähen.
Alle Fäden vernähen.

DIAGRAMM

- In den HinR li – in den RückR re str
- In den HinR re - in den RückR li str
- 2 M auf eine HilfsNd hinter die Arbeit legen – 2 re – die 2 M der HilfsNd re str
- 2 M auf eine HilfsNd vor die Arbeit legen – 1 li – die 2 M der HilfsNd re str
- 1 M auf eine HilfsNd hinter die Arbeit legen – 2 re – die M der HilfsNd li str

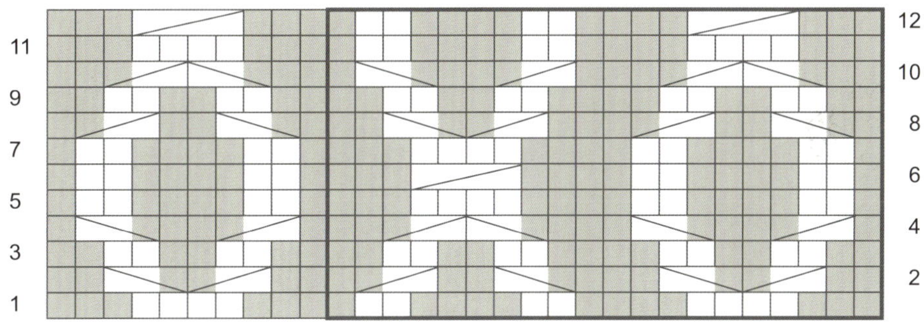

Rapport

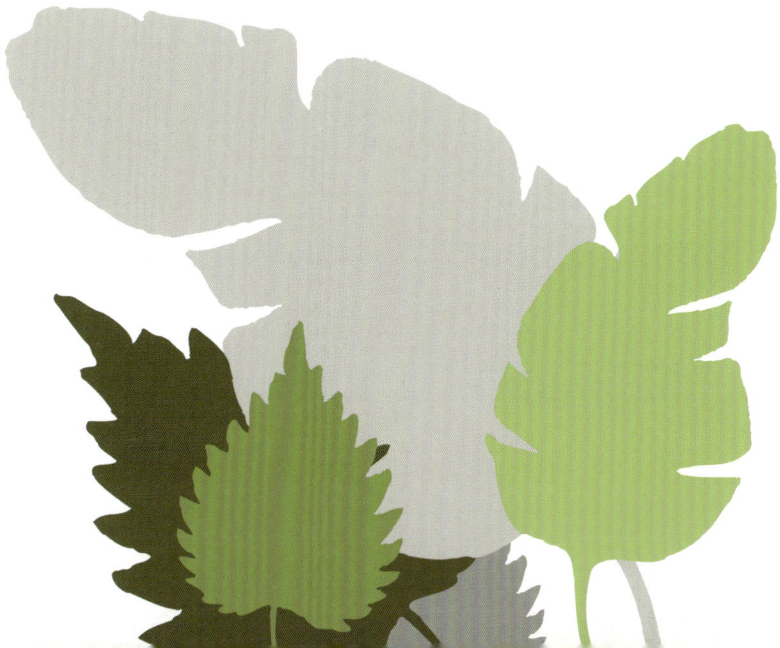

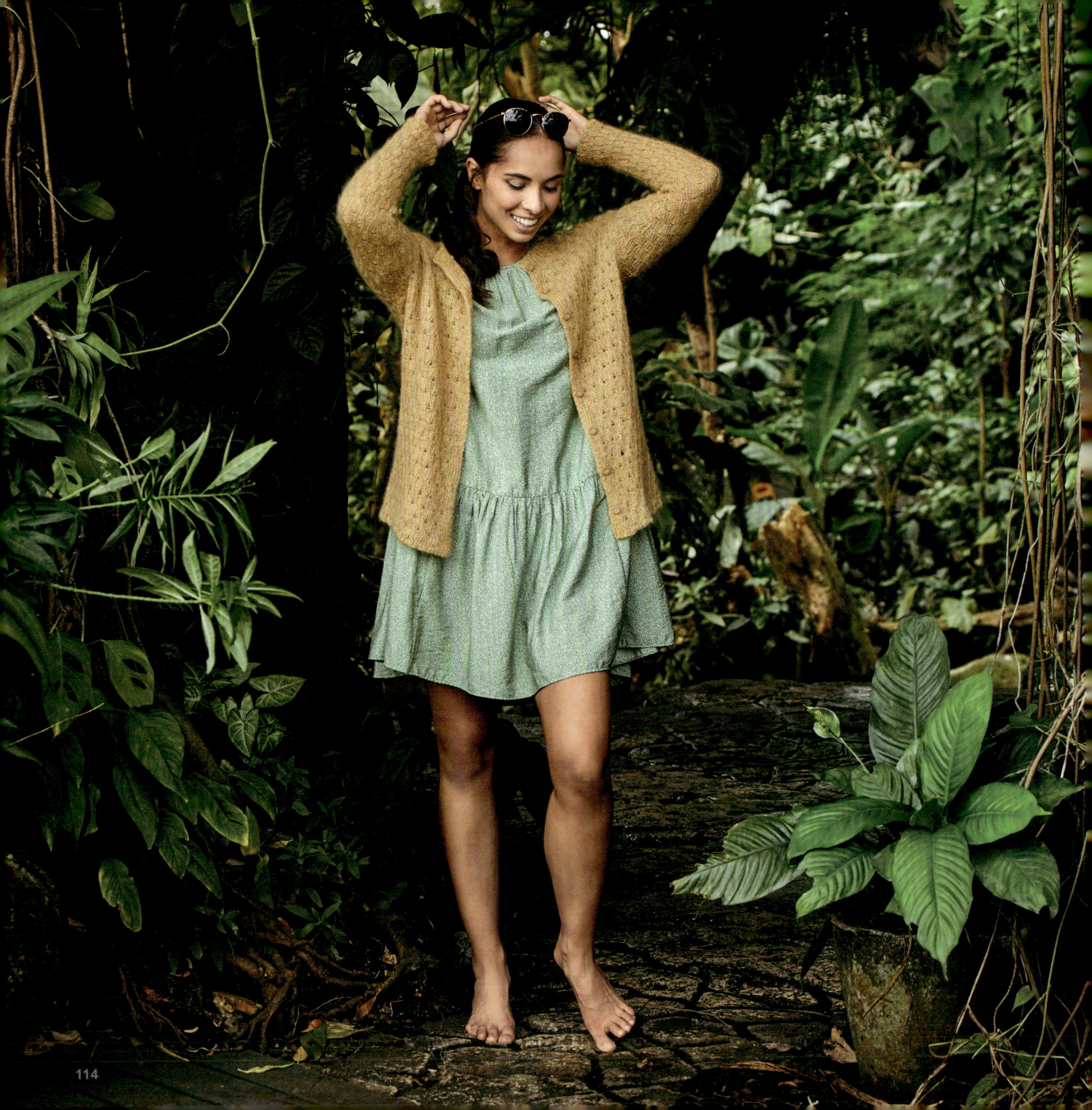

Tagetes

Die Blütenköpfe werden oft für die kleinen Opferkörbe verwendet, die man überall auf Bali sieht.
Morgens wird geopfert - vor der Haustür, auf Statuen, vor Geschäften, in den Tempeln – ja, überall liegen die kleinen geflochtenen Körbe mit bunten Opfergaben.

Bali ist mit einer sehr üppigen Natur gesegnet, die in der Lage ist, diese riesigen Blumenmengen zu liefern, die für die täglichen Opfer verwendet werden.

Gr.: S(M)L(XL)XXL

Halbe Oberweite: 49(54)57(63)66 cm
Länge: 54 cm
Ärmellänge ab Armausschnitt: 39(39)37(36)35 cm.

Material
150(150)150(200)200g Isager Alpaca 1 Farbe 59
125(125)150(175)175g Isager Silk Mohair Farbe 59
Mit je 1 Faden beider Qualitäten stricken

8 Knöpfe

Rund- und Strumpfnadeln 3½ mm

Maschenprobe glatt rechts mit Nd 3½ mm: 10 cm = 23 M und 30 R
Maschenprobe im Muster mit Nd 3½ mm: 10 cm = 25 M und 30 R

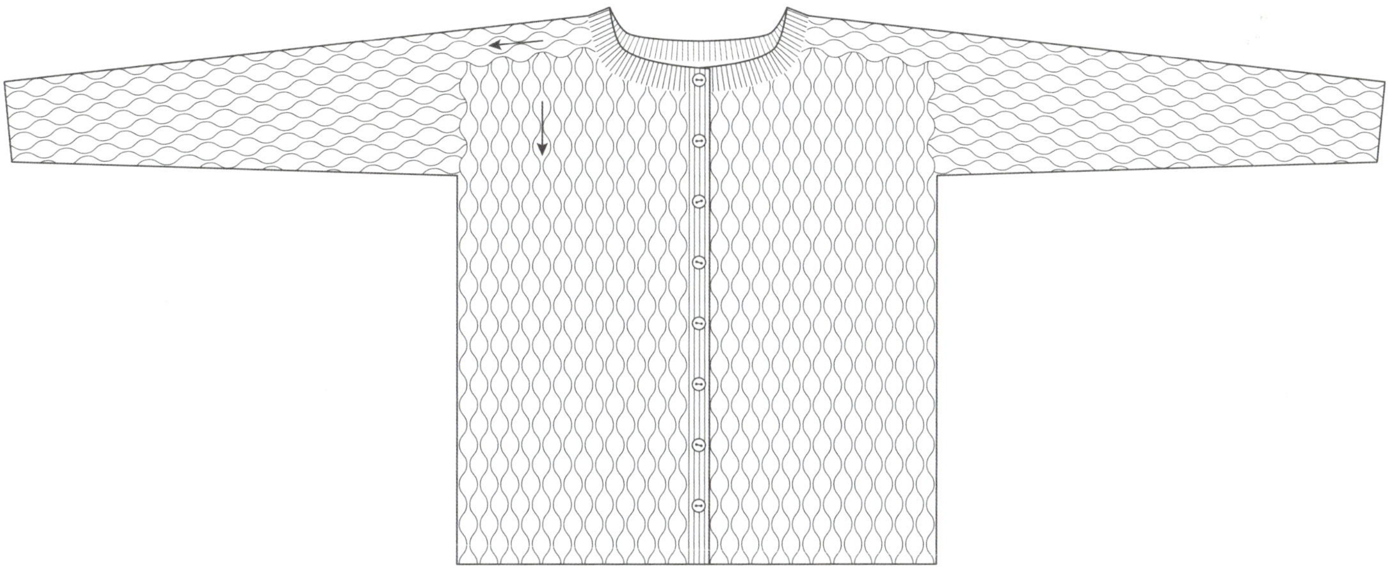

3 re zus = 2 M gleichzeitig wie zum rechts stricken abheben, 1 re str, die ersten beiden M über die gestr M heben.

3in1 = Aus der nächsten Masche 3 M str, dafür die M re str, ohne sie von der Nd zu heben – 1 U – wieder 1 re aus derselben M str.

SCHULTER

17 M mit Nd 3½ mm und beiden Qualitäten anschl.

Vorbereitungsreihe 1 (RückR): *1 re – 1 li*.
Von * bis * wdh. Enden mit 1 re.
Vorbereitungsreihe 2: 2 re – *1 li – 1 re*.
Von * bis * wdh. Enden mit 1 re.
Vorbereitungsreihe 3: 1 re – *1 li – 1 re – 1 li – 3in1*.
Von * bis * wdh. Enden mit 1 li – 1 re – 1 li – 1 re = 23 M.

MUSTER
Reihe 1 (HinR): 2 re – *1 li – 1 re – 3 li – 1 re*.
Von * bis * wdh. Enden mit 1 li – 2 re.
Reihe 2: 1 re – *1 li – 1 re – 1 li – 3 re*.
Von * bis * wdh. Enden mit 1 li – 1 re – 1 li – 1 re.
Reihen 3 – 4: Wie Reihen 1 – 2 str.
Reihe 5: Wie Reihe 1 str.

Reihe 6: 1 re – *1 li – 3in1 – 1 li – 3 re zus*.
Von * bis * wdh. Enden mit 1 li – 3in1 – 1 li – 1 re = 25 M.

Reihe 7: 2 re – *3 li – 1 re – 1 li – 1 re*.
Von * bis * wdh. Enden mit 3 li – 2 re.
Reihe 8: 1 re – *1 li – 3 re – 1 li – 1 re*.
Von * bis * wdh. Enden mit 1 li – 3 re – 1 li – 1 re.
Reihen 9 – 10: Wie Reihen 7 – 8 str.
Reihe 11: Wie Reihe 7 str.

Reihe 12: 1 re – *1 li – 3 re zus – 1 li – 3in1*.
Von * bis * wdh. Enden mit 1 li – 3 re zus – 1 li – 1 re – 23 M.

Reihe 1 – 12 insg 4(4)5(5)6-mal str.

Gr. (M)(XL):
Reihen 1 – 6 str = 25 M.

ÄRMEL

In der letzten R an beiden Seiten eine Markierung setzen.
Im Muster weiter str und gleichzeitig neue M für die Armkugel anschl.
Beidseitig am Ende jeder R 4(5)5(6)6-mal 6 M anschl = 71(85)83(97)95 M.

12(6)6(2)6 R str.
1. Abn (HinR): 2 re zus – im Muster bis zu den 2 letzten M str – 2 re zus = 69(83)81(95)93 M.

Die erste und letzte M in allen R re str.
Die Abn in jeder 8.(6.)6.(5.)5. R wdh, bis insg 12(18)15(21)18 AbnahmeR gestr sind.

Weiter str, bis die MusterR 1 – 12 insg 14(15)15(15)15-mal gestr sind.

Weitere 8(2)2(8)8 R str.
In der nächsten HinR im Muster abk.

Die Schulter und den Ärmel der zweiten Seite genauso str.

RÜCKEN

Die Ärmel mit den Außenseiten nach oben und die Schultern aneinander legen.
Mit Nd 3½ mm und beiden Qualitäten von außen neue M heraus str.
Aus der rückwärtigen Seite der linken Schulter 25(29)33(37)37 M von der Markierung bis zum Anschlag heraus str – 31(31)27(27)31 neue M anschl – 25(29)33(37)37 M aus der rückwärtigen Seite der rechten Schulter vom Anschlag bis zu der Markierung heraus str = 81(89)93(101)105 M.

Vorbereitungsreihe 1 (RückR): *1 re – 1 li*.
Von * bis * wdh. Enden mit 1 re.
Vorbereitungsreihe 2: 2 re – *1 li – 1 re*.
Von * bis * wdh. Enden mit 1 re.
Vorbereitungsreihe 3: 1 re – *1 li – 1 re – 1 li – 3in1*.
Von * bis * wdh. Enden mit 1 li – 1 re – 1 li – 1 re = 119(131)137(149)155 M.

MUSTER
Reihe 1 (HinR): 2 re – *1 li – 1 re – 3 li – 1 re*.
Von * bis * wdh. Enden mit 1 li – 2 re.
Reihe 2: 1 re – *1 li – 1 re – 1 li – 3 re*.
Von * bis * wdh. Enden mit 1 li – 1 re – 1 li – 1 re.
Reihen 3 – 4: Wie Reihen 1 – 2 str.
Reihe 5: Wie Reihe 1 str.

Reihe 6: 1 re – *1 li – 3in1 – 1 li – 3 re zus*.
Von * bis * wdh. Enden mit 1 li – 3in1 – 1 li – 1 re = 121(133)139(151)157 M.

Reihe 7: 2 re – *3 li – 1 re – 1 li – 1 re*.
Von * bis * wdh. Enden mit 3 li – 2 re.
Reihe 8: 1 re – *1 li – 3 re – 1 li – 1 re*.
Von * bis * wdh. Enden mit 1 li – 3 re – 1 li – 1 re.
Reihen 9 – 10: Wie Reihen 7 – 8 str.
Reihe 11: Wie Reihe 7 str.

Reihe 12: 1 re – *1 li – 3 re zus – 1 li – 3in1*.
Von * bis * wdh. Enden mit 1 li – 3 re zus – 1 li – 1 re = 119(131)137(149)155 M.

Reihen 1 – 12 insg 2(3)3(3)3-mal str.
Weitere 7(1)1(7)7 R str = 121(131)137(151)157 M.
Die Arbeit misst ca. 11(13)13(15)15 cm.

Die Fäden abschneiden und die M stilllegen.

RECHTES VORDERTEIL

Mit Nd 3½ mm und beiden Qualitäten von außen aus der zweiten Seite der rechten

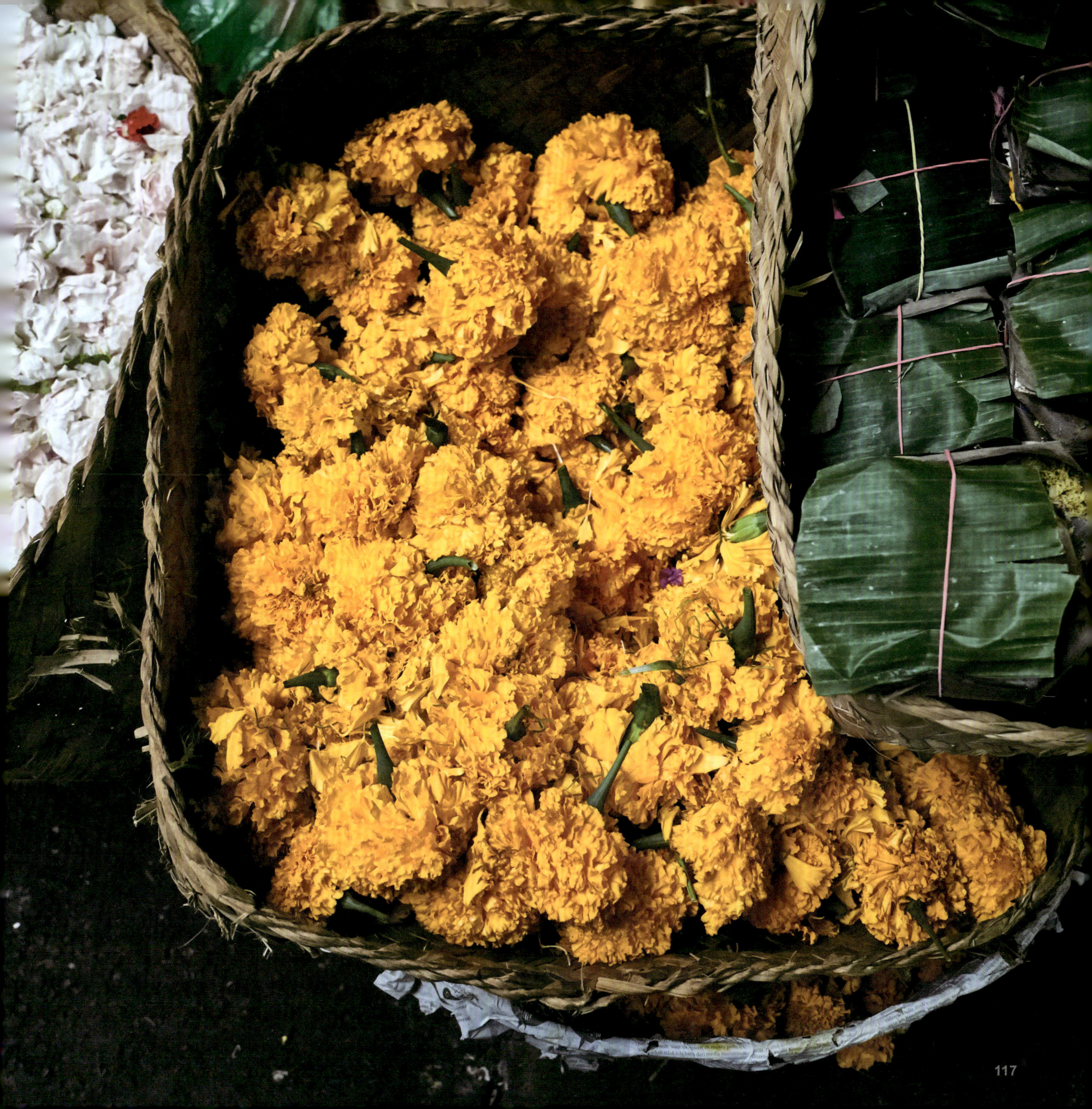

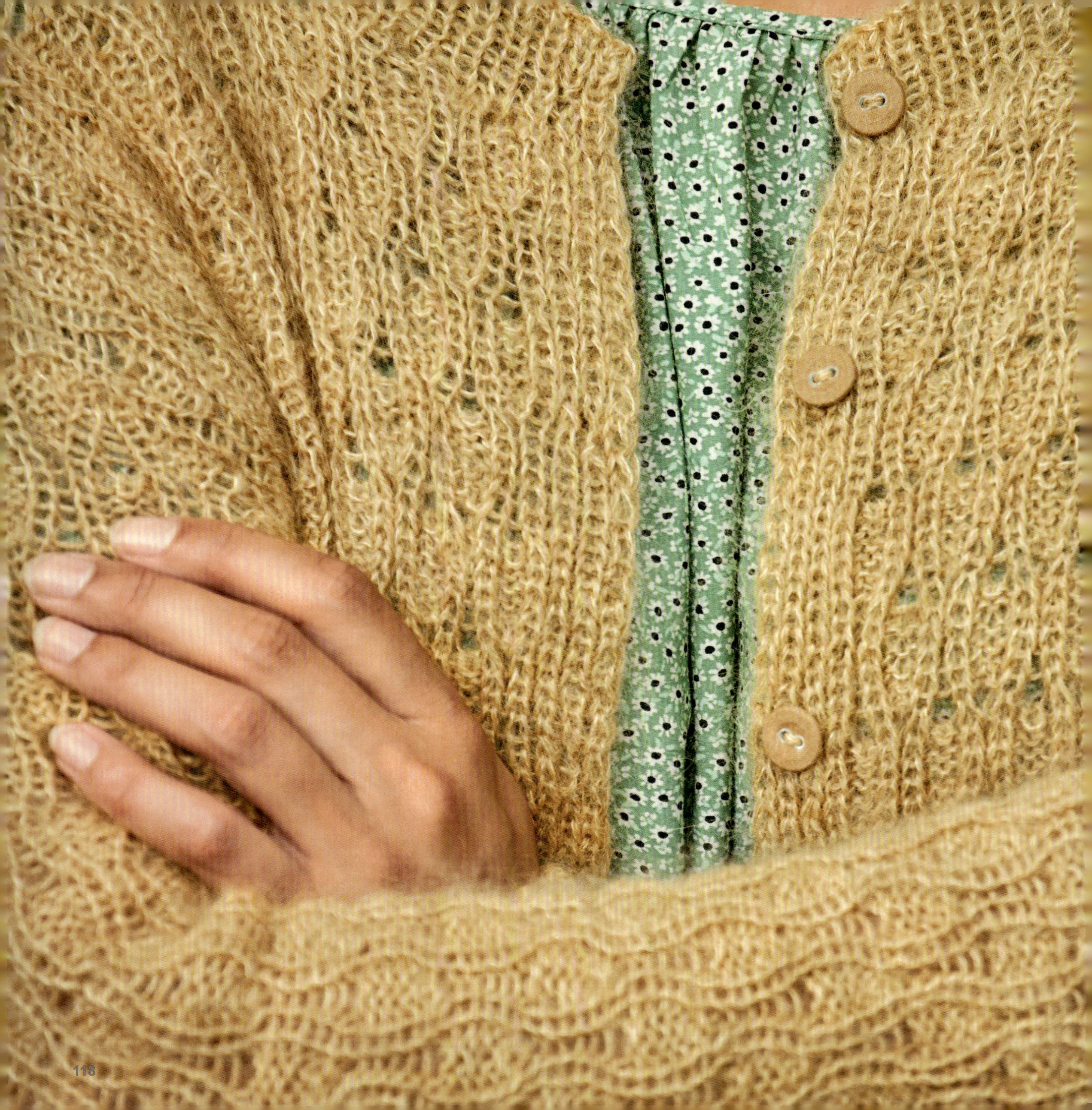

Schulter 25(29)33(37)41 M heraus str.
Bei der Markierung beg.

Vorbereitungsreihe 1 (RückR): *1 re – 1 li*.
Von * bis * wdh. Enden mit 1 re.
Vorbereitungsreihe 2: 2 re – *1 li – 1 re*.
Von * bis * wdh. Enden mit 1 re.
Vorbereitungsreihe 3: 1 re – *1 li – 1 re – 1 li – 3in1*.
Von * bis * wdh. Enden mit 1 li – 1 re – 1 li – 1 re = 35(41)47(53)59 M.

Im Muster und mit Zun am Halsausschnitt str.
Reihe 1 (HinR): 2 re – *1 li – 1 re – 3 li – 1 re*.
Von * bis * wdh. Enden mit 1 li – 1 re – 1 li – 6 M anschl = 41(47)53(59)65 M.
Reihe 2: 1 re – *1 li – 1 re – 1 li – 3 re*.
Von * bis * wdh. Enden mit 1 li – 1 re – 1 li – 1 re.
Reihe 3: Wie Reihe 1 str = 47(53)59(65)71 M.
Reihe 4: Wie Reihe 2 str.
Reihe 5: Wie Reihe 1 str = 53(59)65(71)77 M.

Reihe 6: 1 re – *1 li – 3in1 – 1 li – 3 re zus*.
Von * bis * wdh. Enden mit 1 li – 3in1 – 1 li – 1 re = 55(61)67(73)79 M.

Reihe 7: 2 re – *3 li – 1 re – 1 li – 1 re*.
Von * bis * wdh. Enden mit 3 li – 1 re – 1 li – 6 M anschl = 61(67)73(79)85 M.
Reihe 8: 1 abhFv (s. Abk.) – 1 li – 1 re – 1 li – 1 re – 1 li – *1 re – 1 li – 3 re – 1 li*.
Von * bis * wdh. Enden mit 1 re.
Reihe 9: 2 re – *3 li – 1 re – 1 li – 1 re*.
Von * bis * wdh. Enden mit 3 li – eine Markierung setzen – 1 re – 1 li – 1 re – 1 li – 1 re – 1 li – 2 re.
Reihe 10: Wie Reihe 8 str.
Reihe 11: 2 re – *3 li – 1 re – 1 li – 1 re*.
Von * bis * wdh. Enden mit 3 li – 1 re – 1 li – 1 re – 1 li – 1 re – 1 li – 2 re.

Reihe 12: 8 M wie bisher str – *3 re zus – 1 li – 3in1 – 1 li*.
Von * bis * wdh. Enden mit 3 re zus – 1 li – 1 re = 59(65)71(77)83 M.

10 R im Muster str.
Die äußeren 8 M am Ausschnitt wie bisher str.

1 Knopfloch str (HinR): Wie bisher bis zu den letzten 6 M str – 2 re verschr zus – 2 M anschl – 2 li zus – wie bisher weiter str.

Das Knopfloch insg 7-mal in jeder 18. R str.

Weiter str, bis die Reihen 1 – 12 insg 2(3)3(3)3-mal gestr sind.
Weitere 7(1)1(7)7 R str = 61(65)71(79)84 M.
Das rechte Vorderteil hat nun die gleiche Länge wie der Rücken.
Die Arbeit misst ca. 11(13)13(15)15 cm.

Die Fäden abschneiden und die M stilllegen.

LINKES VORDERTEIL

Mit Nd 3½ mm und beiden Qualitäten von außen aus der zweiten Seite der linken Schulter 25(29)33(37)41 M heraus str.
An dem Anschlag beg.

Vorbereitungsreihe 1 (RückR): *1 re – 1 li*.
Von * bis * wdh. Enden mit 1 re.
Vorbereitungsreihe 2: 2 re – *1 li – 1 re*.
Von * bis * wdh. Enden mit 1 re.
Vorbereitungsreihe 3: 1 re – *1 li – 1 re – 1 li – 3in1*.
Von * bis * wdh. Enden mit 1 li – 1 re – 1 li – 1 re = 35(41)47(53)59 M.

Im Muster und mit Zun am Halsausschnitt str.
Reihe 1 (HinR): 2 re – *1 li – 1 re – 3 li – 1 re*.
Von * bis * wdh. Enden mit 1 li – 2 re.
Reihe 2: 1 re – *1 li – 1 re – 1 li – 3 re*.
Von * bis * wdh. Enden mit 1 li – 1 re – 1 li – 1 re – 6 M anschl = 41(47)53(59)65 M.
Reihe 3: Wie Reihe 1 str.
Reihe 4: Wie Reihe 2 str = 47(53)59(65)71 M.
Reihe 5: Wie Reihe 1 str.
Reihe 6: 1 re – *1 li – 3in1 – 1 li – 3 re zus*.
Von * bis * wdh. Enden mit 1 li – 3in1 – 1 li – 1 re – 6 M anschl = 55(61)67(73)79 M.

Reihe 7: 2 re – *3 li – 1 re – 1 li – 1 re*.
Von * bis * wdh. Enden mit 3 li – 2 re.
Reihe 8: *1 re – 1 li – 3 re – 1 li*.
Von * bis * wdh. Enden mit 1 re – 6 M anschl = 61(67)73(79)85 M.
Reihe 9: 1abhFv – 1 re – 1 li – 1 re – 1 li – 1 re – 1 li – 1 re – eine Markierung setzen – *3 li – 1 re – 1 li – 1 re*.
Von * bis * wdh. Enden mit 3 li – 2 re.
Reihe 10: *1 re – 1 li – 3 re – 1 li*.
Von * bis * wdh. Enden mit 1 re – 1 li – 1 re – 1 li – 1 re – 1 li – 1 re.
Reihe 11: Wie Reihe 9 str.

Reihe 12: 1 re – 1 li – *3 re zus – 1 li – 3in1 – 1 li*.
Von * bis * wdh. Enden mit 3 re zus – die letzten 8 M wie bisher str = 59(65)71(77)83 M.

Im Muster und mit 8 RandM am Ausschnitt wie bisher weiter str, bis die Reihen 1 – 12 insg 2(3)3(3)3-mal gestr sind.
Weitere 7(1)1(7)7 R str = 61(65)71(79)84 M.

KÖRPER

Nun wieder über den Rücken und beide Vorderteile str.

Im Muster weiter str.
Das linke Vorderteil str – 5(7)7(5)5 neue M anschl – den Rücken str – 5(7)7(5)5 neue M anschl – das rechte Vorderteil str = 253(275)293(319)337 M.

Im Muster weiter str, bis die Reihen 1 – 12 insg 12-mal gestr sind.
Weitere 2 R str.

In der nächsten HinR im Muster abk.

HALSRAND

Mit Nd 3½ mm und beiden Qualitäten str.
28 M aus dem rechten Vorderteil heraus str – 17 M aus dem Anschlag der rechten Schulter str - 31(31)27(27)31 M aus dem Anschlag des Rückens str – 17 M aus dem Anschlag der linken Schulter str – 28 M aus dem linken Vorderteil str = 121(121)117(117)121 M.

Reihe 1 (RückR): 1abhFv – *1 li – 1 re*.
Von * bis * wdh.
Reihe 2: 1 abhFv - *1 re – 1 li*.
Von * bis * wdh. Enden mit 2 re.
Reihe 3: Wie Reihe 1 str.
Reihe 4 mit Knopfloch: 1abhFv – 1 re – 2 li zus – 2 M anschl – 2 re zus – *1 li – 1 re*.
Von * bis * wdh. Enden mit 1 re.
Reihen 5 – 8: Wie Reihen 1 – 2 str.

In der RückR in Rippen abk.

FERTIGSTELLUNG

Die Ärmelnähte und die Öffnungen unter den Ärmeln schließen.
Alle Fäden vernähen und die Knöpfe annähen.

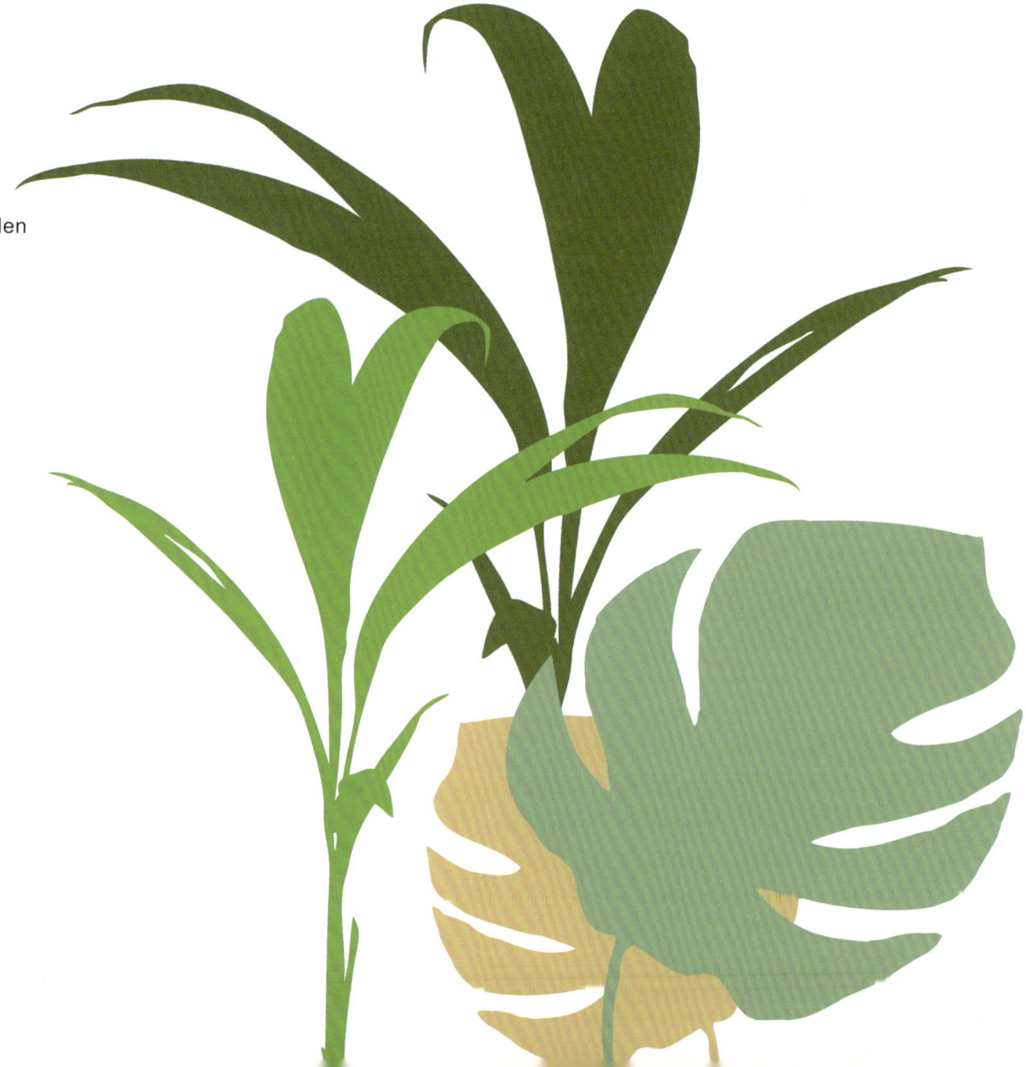

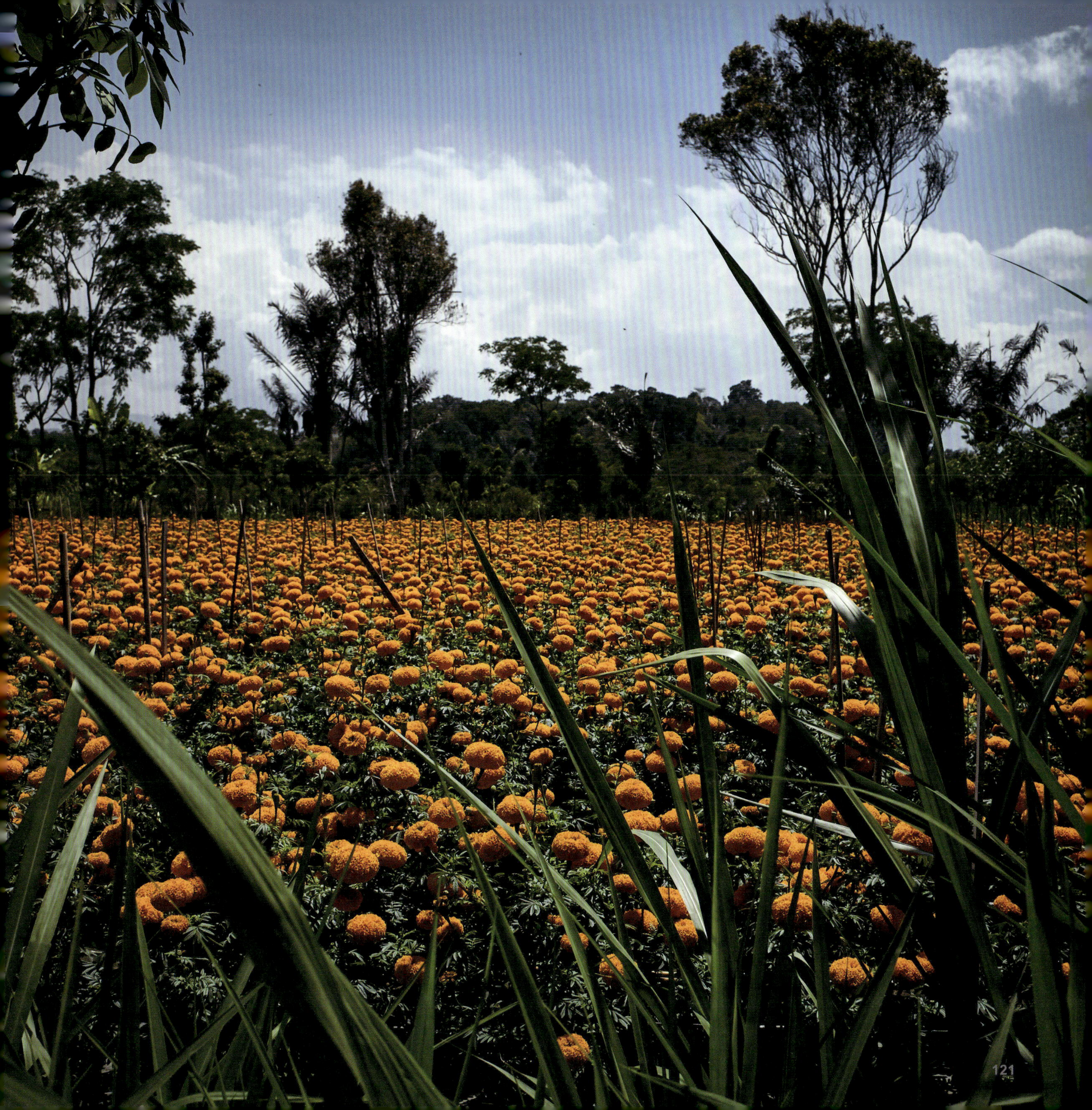

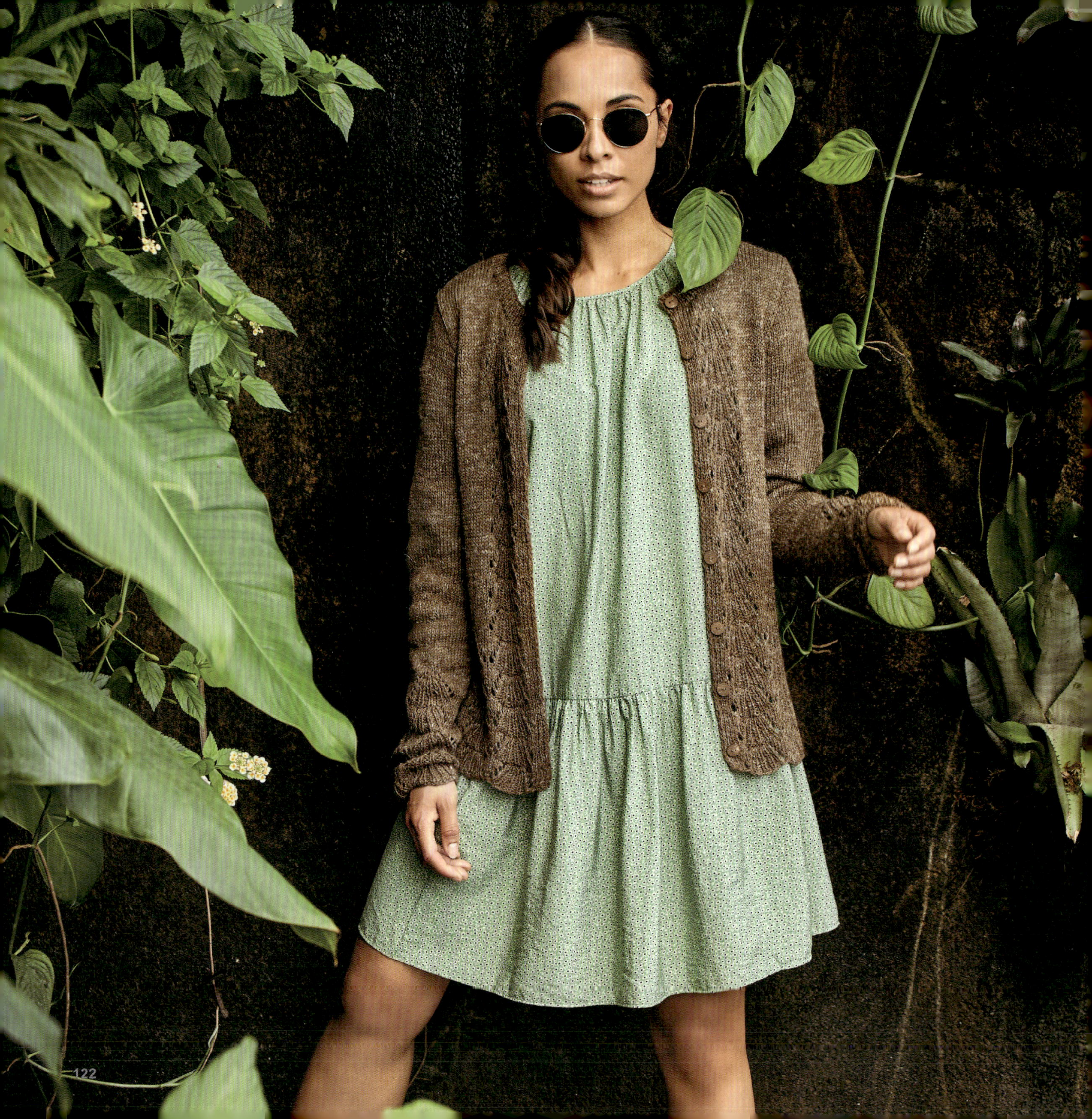

Tempel

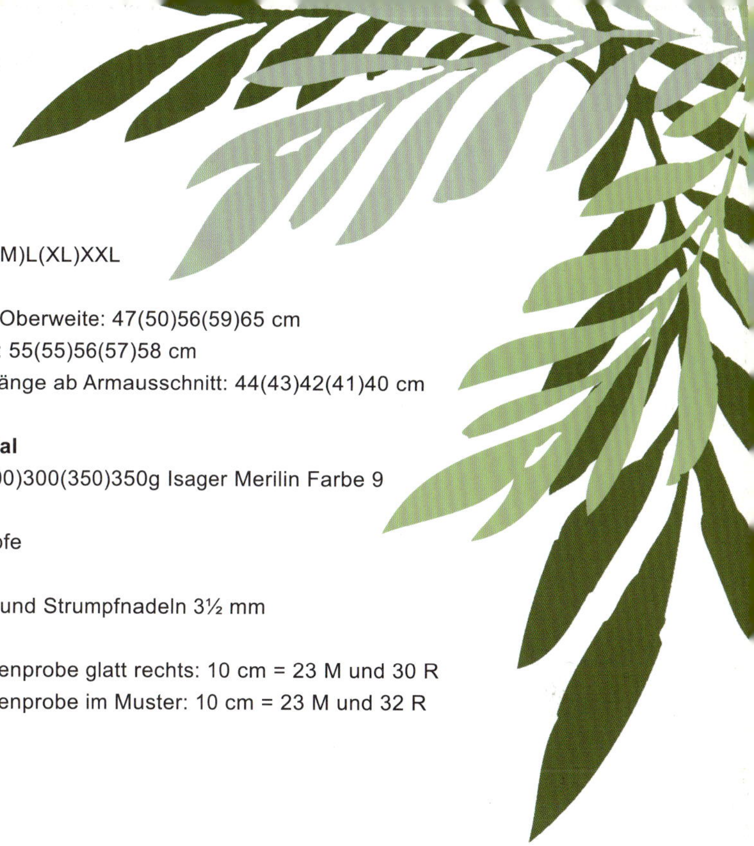

Bali wird "Die Insel mit den 1000 Tempeln" oder "Insel der Götter" genannt - und das wird niemanden, der schon einmal auf Bali war, überraschen.

Um viele der Privathäuser herum gibt es einen Innenhof und in dem Eingang, durch den man ihn betritt, ist eine dekorative, kleine Mauer gebaut - etwa 2 Meter in den Innenhof hinein. Der Grund dafür ist, dass die bösen Geister nur geradeaus gehen können… Sie können sich also nicht um diese Blockierung herum bewegen. Das ist schlau.

Die Geister sind ziemlich anspruchsvoll - sowohl die guten als auch die schlechten und es gibt eine Reihe von Maßnahmen, um mit ihnen umzugehen.
Jede Familie hat mehrere kleine Tempel in einer Ecke des Hofes. Einer der Tempel ist ein winziges Dreizimmerhaus, in dem ein kleiner Rest der Asche der Vorfahren aufbewahrt wird. Dreimal täglich ehrt eines der Familienmitglieder die Geister der Vorfahren.
Die Balinesen haben ein Sprichwort, das sagt: Reich oder arm, wir alle landen im „Haus mit den drei Zimmern". Mit anderen Worten: Niemand ist besser als andere…
Die größeren Tempel in den Dörfern dienen offiziellen Zeremonien.

Gr.: S(M)L(XL)XXL

Halbe Oberweite: 47(50)56(59)65 cm
Länge: 55(55)56(57)58 cm
Ärmellänge ab Armausschnitt: 44(43)42(41)40 cm

Material
250(300)300(350)350g Isager Merilin Farbe 9

8 Knöpfe

Rund- und Strumpfnadeln 3½ mm

Maschenprobe glatt rechts: 10 cm = 23 M und 30 R
Maschenprobe im Muster: 10 cm = 23 M und 32 R

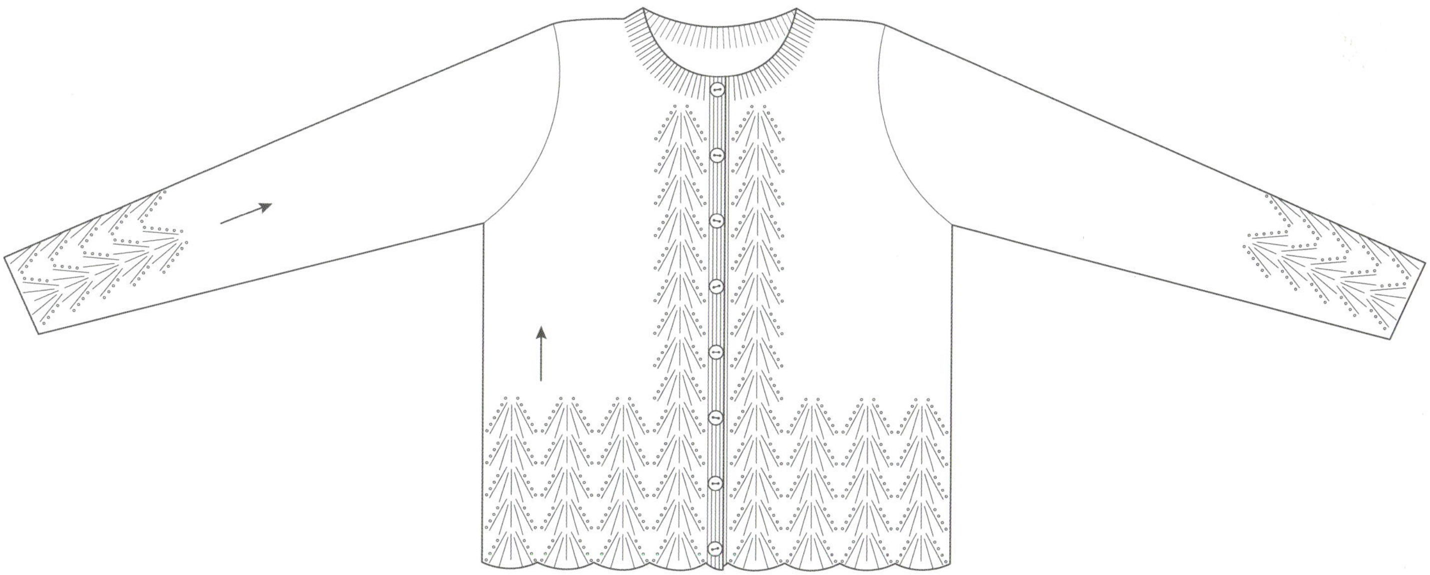

KÖRPER

223(237)265(279)307 M mit Nd 3½ mm anschl.

In Reihen hin und zurück str.
Reihe 1 (RückR): 1abhFv (s. Abk.) – 1 re – 1 li – 1 re – 1 li – 1 re – 1 li – *1 li – 2 re – 1 li – 2 re – 1 li – 2 re – 1 li – 2 re – 2 li*.
Von * bis * insg 15(16)18(19)21-mal str.
Enden mit 1 re – 1 li – 1 re – 1 li – 2 re.
Reihe 2: 1abhFv – 1 li – 1 re – 1 li – 1 re – 1 li – 1 re – *U – 1 re – 2 li – 1 re – 2 li – 1 re – 2 li – 1 re – 2 li – 1 re – U – 1 re*. Von * bis * insg 15(16)18(19)21-mal str. Enden mit 1 li – 1 re – 1 li – 1 re – 1 li – 1 re = 253(269)301(317)349 M.

Reihe 3: 7 M wie bisher – *2 li – 2 re – 1 li – 2 re – 1 li – 2 re – 1 li – 2 re – 3 li*. Von * bis * insg 15(16)18(19)21-mal str. Enden mit 6 M wie bisher.
Reihe 4: 7 M wie bisher – *1 re – U – 1 re – 2 li – 1 re – 2 li – 1 re – 2 li – 1 re – 2 li – 1 re – U – 2 re*. Von * bis * insg 15(16)18(19)21-mal str. Enden mit 6 M wie bisher = 283(301)337(355)391 M.

Reihe 5: 7 M wie bisher – *3 li – 2 re – 1 li – 2 re – 1 li – 2 re – 1 li – 2 re – 4 li*. Von * bis * insg 15(16)18(19)21-mal str. Enden mit 6 M wie bisher.
Reihe 6: 7 M wie bisher – *2 re – U – 1 re – 2 li – 1 re – 2 li – 1 re – 2 li – 1 re – 2 li – 1 re – U – 3 re*. Von * bis * insg 15(16)18(19)21-mal str. Enden mit 6 M wie bisher = 313(333)373(393)433 M.

Reihe 7: 7 M wie bisher – *4 li – 2 re – 1 li – 2 re – 1 li – 2 re – 1 li – 2 re – 5 li*. Von * bis * insg 15(16)18(19)21-mal str. Enden mit 6 M wie bisher.
Reihe 8 mit 1. Knopfloch: 1abhFv – 1 li – 2 re verschr zus – 2 M anschl – 2 li zus – 1 re – *3 re – U – 1 re – 2 li – 1 re – 2 li – 1 re – 2 li – 1 re – 2 li – 1 re – U – 4 re*. Von * bis * insg 15(16)18(19)21-mal str. Enden mit 6 M wie bisher = 343(365)409(431)475 M.
Reihe 9: 7 M wie bisher – *5 li – 2 re zus – 1 li – 2 re zus – 1 li – 2 re zus – 1 li – 2 re zus – 6 li*. Von * bis * insg 15(16)18(19)21-mal str. Enden mit 6 M wie bisher = 283(301)337(355)391 M.
Reihe 10: 7 M wie bisher – *5 re – 2 re zus – 2 re zus – 2 re zus – 2 re zus – 5 re*. Von * bis * insg 15(16)18(19)21-mal str. Enden mit 6 M wie bisher = 223(237)265(279)307 M.

Reihen 1 – 10 wdh, jedoch das Knopfloch nur in jeder 20. R str.

Im Muster weiter str, bis die Reihen 1 – 10 insg 5-mal gestr sind.
Der Körper misst ca. 16 cm.

Das Muster nur noch am Anfang und Ende der Reihen str. Das Muster dazwischen in den nächsten 4 R beenden.

Reihe 11: 7 M wie bisher – *1 li – 2 re – 1 li – 2 re – 1 li – 2 re – 1 li – 2 re – 1 li* – eine Markierung setzen – 183(197)225(239)267 li – eine Markierung setzen – wieder von * bis * str. Enden mit 7 M wie bisher.
Reihe 12: 7 M wie bisher – U – 1 re – 2 li – 1 re – 2 li – 1 re – 2 li – 1 re – 2 li – 1 re – U – *5 re – aus dem Querfaden vor der nächsten M 1 re str – 2 re verschr zus – 1 re – 2 re zus – aus dem Querfaden 1 re str – 4 re*.
Von * bis * insg 13(14)16(17)19-mal str.
Enden mit 1 re – U – 1 re – 2 li – 1 re – 2 li – 1 re – 2 li – 1 re – 2 li – 1 re – U – 7 M wie bisher.

Reihe 13: 7 M wie bisher – *2 li – 2 re – 1 li – 2 re – 1 li – 2 re – 1 li – 2 re – 2 li* – bis zur Markierung li str – wieder von * bis * str. Enden mit 7 M wie bisher.
Reihe 14: 7 M wie bisher – 1 re – U – 1 re – 2 li – 1 re – 2 li – 1 re – 2 li – 1 re – 2 li – 1 re – U – 1 re – *6 re – aus dem Querfaden 1 re str – 3 re zus, dafür die ersten 2 M gleichzeitig rechts abh, 1 re str, die beiden M über die gestr M heben – aus dem Querfaden 1 re str – 5 re*. Von * bis * insg 13(14)16(17)19-mal str. Enden mit 2 re – U – 1 re – 2 li – 1 re – 2 li – 1 re – 2 li – 1 re – 2 li – 1 re – U – 1 re – 7 M wie bisher.

Das Muster nur noch an den vorderen Rändern str.

Reihe 15: 7 M wie bisher – *3 li – 2 re – 1 li – 2 re – 1 li – 2 re – 1 li – 2 re – 3 li* – bis zur Markierung li str – wieder von * bis * str. Enden mit 7 M wie bisher.
Reihe 16: 7 M wie bisher – *2 re – U – 1 re – 2 li – 1 re – 2 li – 1 re – 2 li – 1 re – 2 li – 1 re – U – 2 re* – bis zur Markierung re str – wieder von * bis * str. Enden mit 7 M wie bisher.

Reihe 17: 7 M wie bisher – *4 li – 2 re – 1 li – 2 re – 1 li – 2 re – 1 li – 2 re – 4 li* – bis zur Markierung li str – wieder von * bis * str. Enden mit 7 M wie bisher.
Reihe 18: 7 M wie bisher – *3 re – U – 1 re – 2 li – 1 re – 2 li – 1 re – 2 li – 1 re – 2 li – 1 re – U – 3 re* – bis zur Markierung re str – wieder von * bis * str. Enden mit 7 M wie bisher.

Reihe 19: 7 M wie bisher – *5 li – 2 re zus – 1 li – 2 re zus – 1 li – 2 re zus – 1 li – 2 re zus – 5 li* – bis zur Markierung li str – wieder von * bis * str. Enden mit 7 M wie bisher.
Reihe 20: 7 M wie bisher – *5 re – 2 re zus – 2 re zus – 2 re zus – 2 re zus – 4 re* – bis zur Markierung re str – wieder von * bis * str. Enden mit 7 M wie bisher.

Reihe 21: 7 M wie bisher – *1 li – 2 re – 1 li – 2 re – 1 li – 2 re – 1 li – 2 re – 1 li* – bis zur Markierung li str – wieder von * bis * str. Enden mit 7 M wie bisher.
Reihe 22: 7 M wie bisher – *U – 1 re – 2 li – 1 re – 2 li – 1 re – 2 li – 1 re – 2 li – 1 re – U* – bis zur Markierung re str – wieder von * bis * str. Enden mit 7 M wie bisher.

Reihe 23: 7 M wie bisher – *2 li – 2 re – 1 li – 2 re – 1 li – 2 re – 1 li – 2 re – 2 li* – bis zur

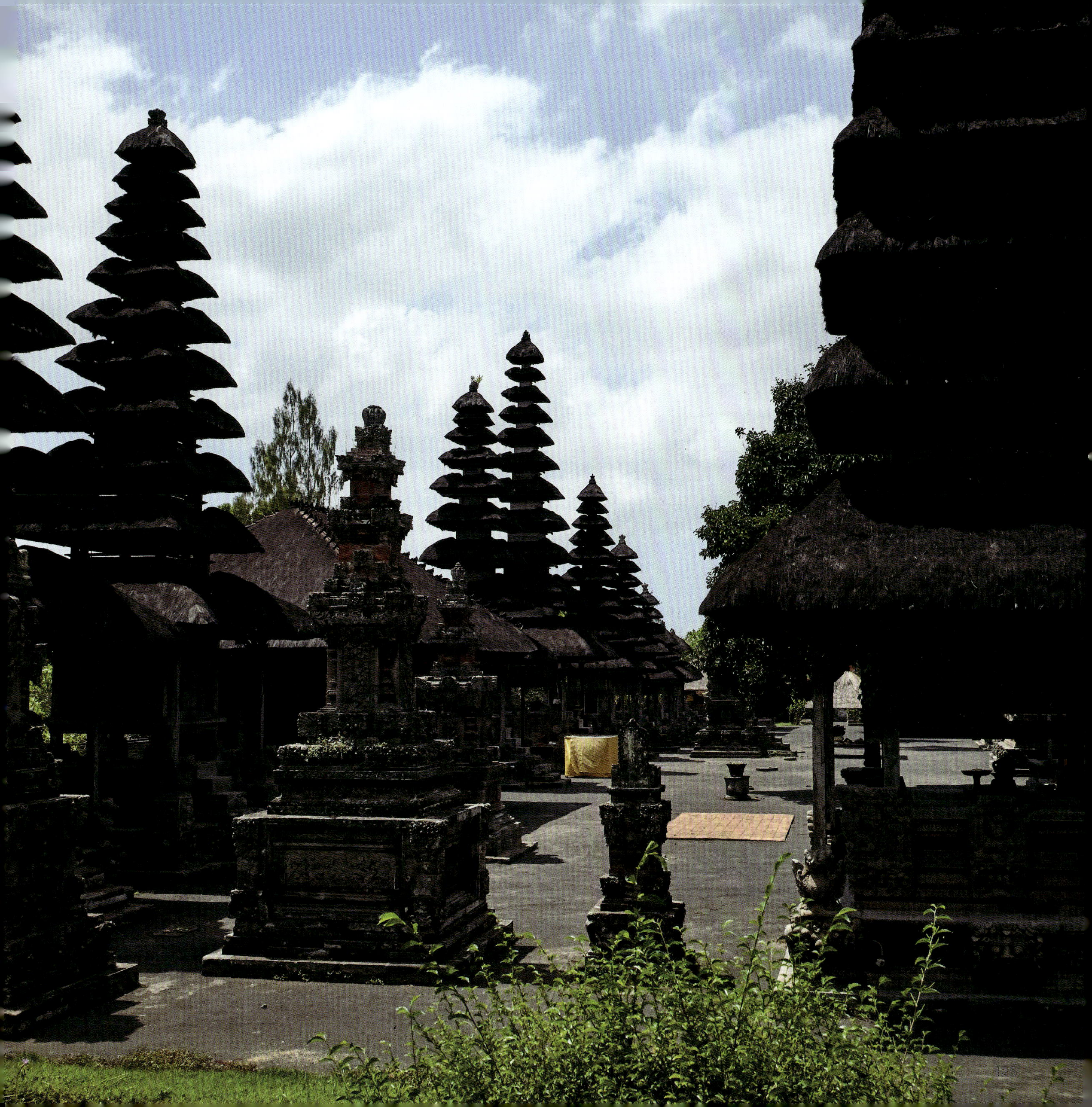

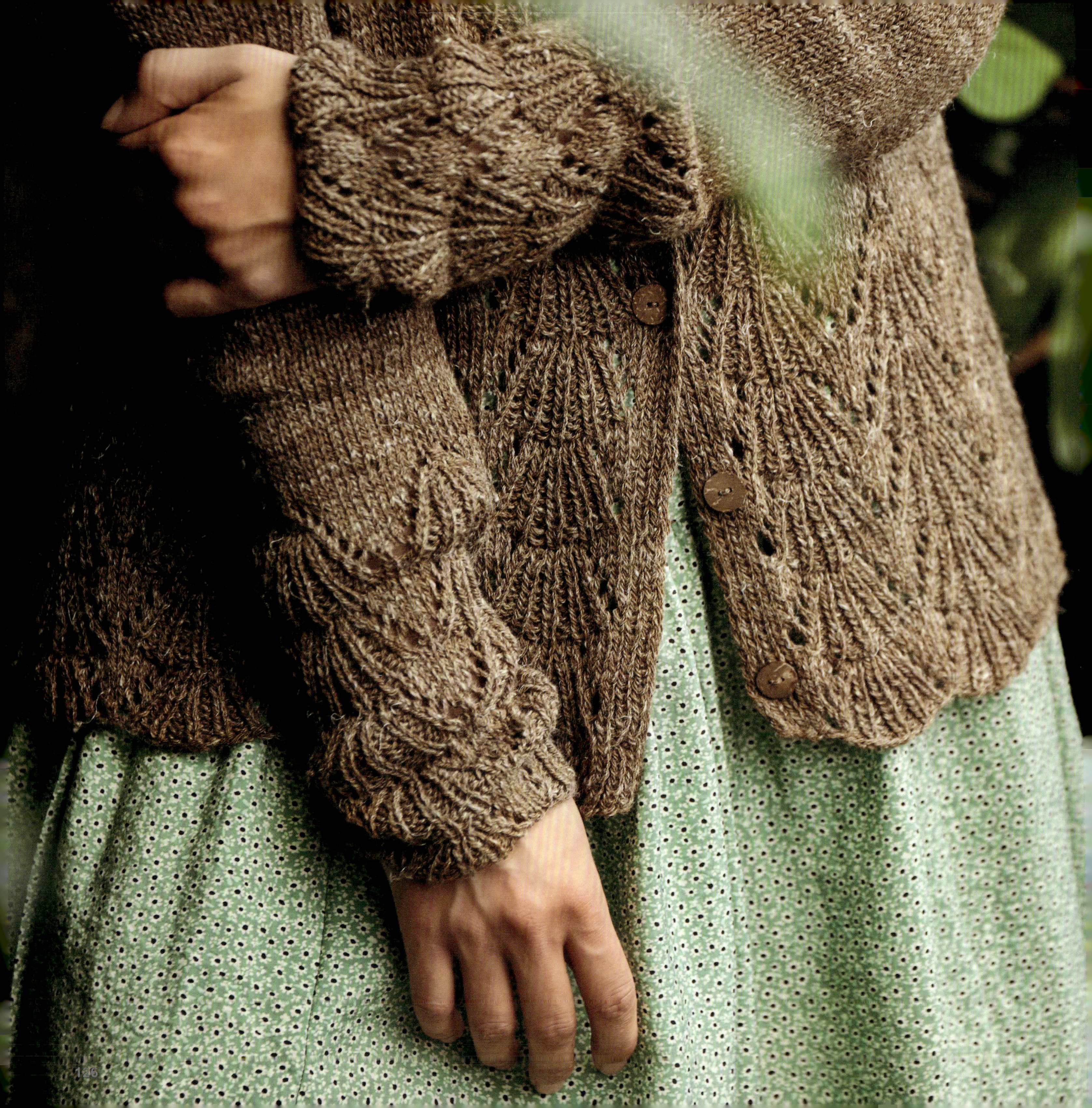

Markierung li str – wieder von * bis * str. Enden mit 7 M wie bisher.
Reihe 24: 7 M wie bisher – *1 re – U – 1 re – 2 li – 1 re – 2 li – 1 re – 2 li – 1 re – 2 li – 1 re – U – 1 re* – bis zur Markierung re str – wieder von * bis * str. Enden mit 7 M wie bisher.

Weiter str, bis das Muster an den vorderen Rändern insg 11(11)11(10)10-mal gestr ist.
Weitere 4(0)0(8)4 R str.
Der Körper misst ca. 37(36)36(35)34cm.

Im Muster wie bisher weiter str und gleichzeitig für die Armausschnitte abk (RückR):
Wie bisher bis zur Markierung str – 33(37)44(47)54 li – 8 M abk – 101(107)121(129)143 li (die 1. M ist bereits auf der Nd) – 8 M abk – 33(37)44(47)54 li – nach der Markierung wie bisher str.
Den Faden nicht abschneiden.

RECHTES VORDERTEIL

Mit einer HinR beg.
Im Muster wie bisher str und am Armausschnitt abk.
1 HinR str.
1(1)1(2)3-mal 4 M am Anfang der RückR abk.
1(1)3(3)4-mal 3 M am Anfang der RückR abk.
1(2)3(2)2-mal 2 M am Anfang der RückR abk.
5(6)3(4)4-mal 1 M am Anfang der RückR abk.

Weiter str, bis das Muster am Rand insg 14-mal gestr ist.
Die RandM am Armausschnitt in allen R re str.

Das Muster am Vorderrand beenden:
Reihe 1 (RückR): 1 re – li bis zu den letzten 6 M – 6 M wie bisher str.
Reihe 2: 11 M wie bisher – aus dem Querfaden 1 neue M re str – 2 re verschr zus – 1 re – 2 re zus – aus dem Querfaden 1 neue M re str – 23(24)26(26)26 re.
Reihe 3: Wie Reihe 1 str.
Reihe 4: 12 M wie bisher str – aus dem Querfaden 1 neue M re str – 3 re zus – aus dem Querfaden 1 neue M re str – 24(25)27(27)27 re.

Mit dem Abketten am Halsausschnitt beg:
Reihe 1 (RückR): 1 re – 32(33)35(35)35 li.
Die Arbeit wenden. Die 6 RippenM stilllegen, sie werden später weiter gestr.
Reihe 2: 4 M abk – die R re zu Ende str = 29(30)32(32)32 M.
Reihe 3: 1 re – die R li zu Ende str.
Reihe 4: 3 M abk – die R re zu Ende str = 26(27)29(29)29 M.
Reihe 5: Wie Reihe 3 str.
Reihe 6: 2(3)3(3)3 M abk – die R re zu Ende str = 24(24)26(26)26 M.
Reihe 7: Wie Reihe 3 str.
Reihe 8: 2 M abk – die R re zu Ende str = 22(22)24(24)24 M.
Reihe 9: Wie Reihe 3 str.
Reihe 10: 1(1)2(1)1 M abk – die R re zu Ende str = 21(21)22(23)23 M.

3-mal am Anfang der HinR 1 M abk = 18(18)19(20)20 M.

11(11)13(15)15 R über die letzten M gerade weiter str.
Die M stilllegen und das zweite Vorderteil str.

LINKES VORDERTEIL

Mit dem Abketten am Armausschnitt beg.
Im Muster wie bisher str und am Anfang der HinR abk:
1(1)1(2)3-mal 4 M abk.
1(1)3(3)4-mal 3 M abk.
1(2)3(2)2-mal 2 M abk.
5(6)3(4)4-mal 1 M abk.

Weiter str, bis das Muster am Rand insg 14-mal gestr ist = 39(40)42(42)42 M.
Die RandM am Armausschnitt in allen R re str.

Das Muster am Vorderrand beenden:
Reihe 1 (RückR): 6 M wie bisher str – li bis zur letzten M str – 1 re.
Reihe 2: 23(24)26(26)26 re – aus dem Querfaden 1 neue M re str – 2 re verschr zus – 1 re – 2 re zus – aus dem Querfaden 1 neue M re – 11 M wie bisher str.
Reihe 3: Wie Reihe 1 str.
Reihe 4: 24(25)27(27)27 re – aus dem Querfaden 1 neue M re str – 3 re zus – aus dem Querfaden 1 neue M re – 12 M wie bisher str.
1 RückR str.

Mit dem Abketten am Halsausschnitt beg:
Reihe 1 (HinR): 33(34)36(36)36 re. Wenden. 6 RippenM stilllegen.
Reihe 2: 4 M abk – 28(29)31(31)31 li (die 1. M ist bereits auf der Nd) – 1 re = 29(30)32(32)32 M.
Reihe 3: Alle M re str.
Reihe 4: 3 M abk – li bis zur letzten M str – 1 re = 26(27)29(29)29 M.
Reihe 5: Alle M re str.
Reihe 6: 2(3)3(3)3 M abk – li bis zur letzten M str – 1 re = 24(24)26(26)26 M.
Reihe 7: Alle M re str.
Reihe 8: 2 M abk – li bis zur letzten M str – 1 re = 22(22)24(24)24 M.
Reihe 9: Alle M re str.
Reihe 10: 1(1)2(1)1 M abk – li bis zur letzten M str – 1 re = 21(21)22(23)23 M.

3-mal am Anfang der RückR 1 M abk = 18(18)19(20)20 M.

10(10)12(14)14 R über die letzten M gerade weiter str.
Die M stilllegen.

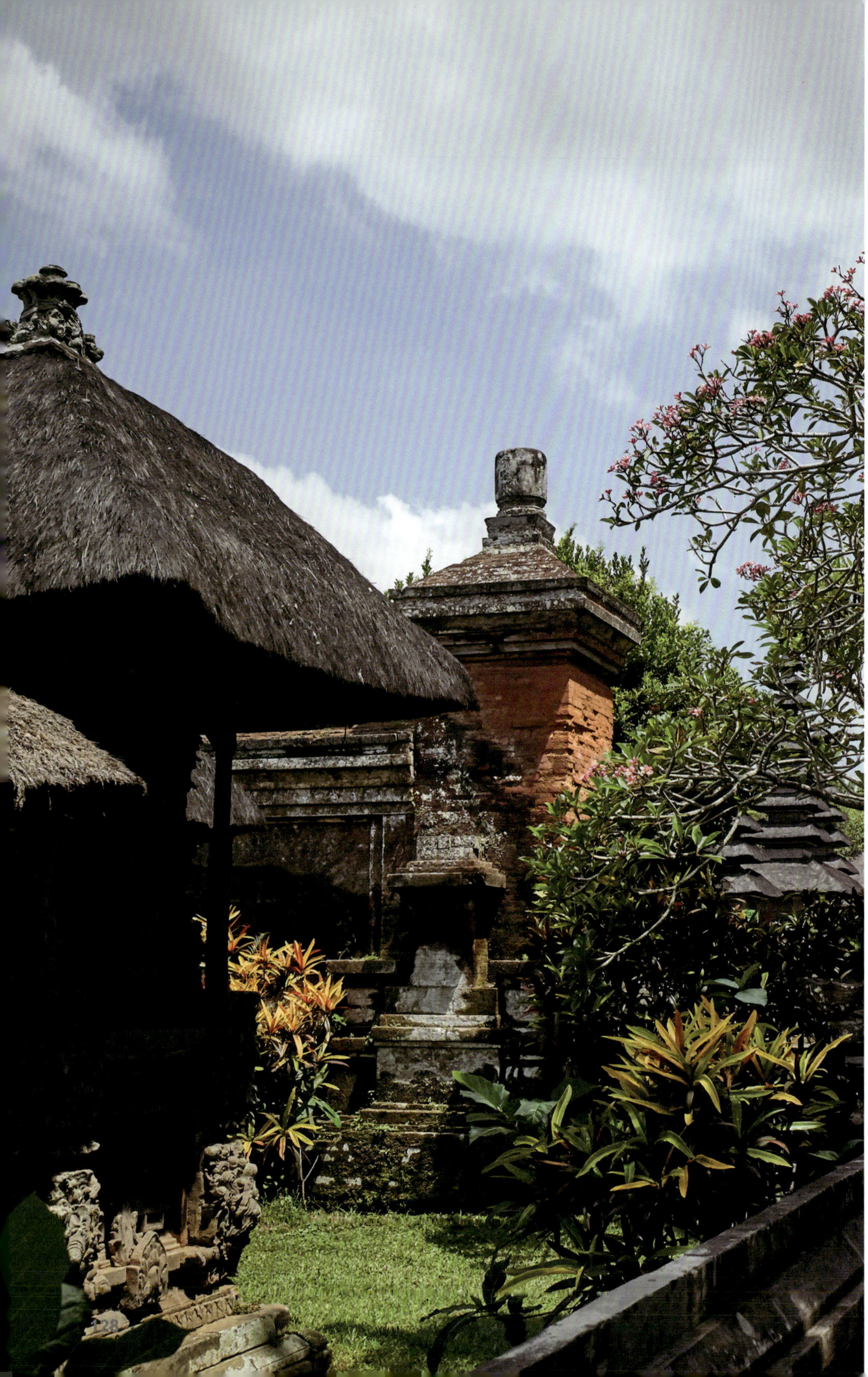

RÜCKEN

Mit dem Abketten in einer HinR beg.
Beidseitig am Anfang der R 1(1)1(2)3-mal 4 M abk = 93(99)113(113)119 M.
Beidseitig am Anfang der R 1(1)3(3)4-mal 3 M abk = 87(93)95(95)95 M.
Beidseitig am Anfang der R 1(2)3(2)2-mal 2 M abk = 83(85)83(87)87 M.
Beidseitig am Anfang der R 5(6)3(4)4-mal 1 M abk = 73(73)77(79)79 M.

36(36)38(40)40 R glatt rechts str und dabei die erste und letzte M in allen R re str.

Für die Schulter 6 R glatt rechts über die ersten 18(18)19(20)20 M str.
Die entsprechenden 18(18)19(20)20 VorderteilM wieder auf eine Nd setzten.
Den Rücken und das Vorderteil mit den Außenseiten aneinanderlegen und mit einer dritten Nd die gegenüberliegenden M zus str und gleichzeitig dabei abk.

Die mittleren 37(37)39(39)39 M stilllegen.
Für die zweite Rückenschulter ebenfalls 6 R glatt rechts über die letzten18(18)19(20)20 M str.
Wie bei der erste Schulter mit den entsprechenden VorderteilM zus str und abk.

ÄRMEL

45 M mit StrumpfNd 3½ mm anschl und zur Runde schließen.

Runde 1: 1 re – *2 re – 2 li – 1 re – 2 li – 1 re – 2 li – 1 re – 2 li – 1 re*.
Von * bis * insg 3-mal str. Enden mit 2 re.
Runde 2: 1 re – *1 re – U – 1 re – 2 li – 1 re – 2 li – 1 re – 2 li – 1 re – 2 li – 1 re – U*.
Von * bis * insg 3-mal str. Enden mit 2 re = 51 M.

Runde 3: 1 re – *3 re – 2 li – 1 re – 2 li – 1 re – 2 li – 1 re – 2 li – 2 re*.
Von * bis * insg 3-mal str. Enden mit 2 re.

Runde 4: 1 re – *2 re – U – 1 re – 2 li – 1 re – 2 li – 1 re – 2 li – 1 re – 2 li – 1 re – U – 1 re*.
Von * bis * insg 3-mal str. Enden mit 2 re = 57 M.

Runde 5: 1 re – *4 re – 2 li – 1 re – 2 li – 1 re – 2 li – 1 re – 2 li – 3 re*.
Von * bis * insg 3-mal str. Enden mit 2 re.
Runde 6: 1 re – *3 re – U – 1 re – 2 li – 1 re – 2 li – 1 re – 2 li – 1 re – 2 li – 1 re – U – 2 re*.
Von * bis * insg 3-mal str. Enden mit 2 re = 63 M.

Runde 7: 1 re – *5 re – 2 li – 1 re – 2 li – 1 re – 2 li – 1 re – 2 li – 4 re*.
Von * bis * insg 3-mal str. Enden mit 2 re.
Runde 8: 1 re – *4 re – U – 1 re – 2 li – 1 re – 2 li – 1 re – 2 li – 1 re – 2 li – 1 re – U – 3 re*.
Von * bis * insg 3-mal str. Enden mit 2 re = 69 M.

Runde 9: 1 re – *6 re – 2 li zus – 1 re – 2 li zus – 1 re – 2 li zus – 1 re – 2 li zus – 5 re*.
Von * bis * insg 3-mal str. Enden mit 2 re = 57 M.
Runde 10: 1 re – *6 re – 2 re zus – 2 re zus – 2 re zus – 2 re zus – 4 re*.
Von * bis * insg 3-mal str. Enden mit 2 re = 45 M.

Das Muster wdh und gleichzeitig Zun in der nächsten Rd und jeder folgenden 8.(6.)5.(4.)4. Rd str, bis insg 16(20)24(28)17 ZunRd gestr sind.

Gr. XXL:
Noch 15-mal Zun in jeder 3. Rd str.

Alle Gr.:
Die Zun wie folgt str: 1 re – 1 neue re (s. Abk.) – eine Markierung setzen – von * bis * insg 3-mal str – eine Markierung setzen – 1 re – 1 neue re – 1 re.
Die Zun direkt vor der ersten und direkt nach der letzten Markierung str.
Die neuen M re str.

Weiter str, bis das Muster 5-mal gestr ist.

Die Zun wie bisher weiter str, aber das Muster nun mit 3 Rd abschließen:

Runde 11: Re bis zur Markierung – *5 re – aus dem Querfaden eine neue M re – 2 re verschr zus – 1 re – 2 re zus – aus dem Querfaden eine neue M re – 4 re*.
Von * bis * insg 3-mal str. Die Rd re zu Ende str.
Runde 12: Alle M re.
Runde 13: Re bis zur Markierung str – *6 re – aus dem Querfaden eine neue M re – 3 re zus – aus dem Querfaden eine neue M re – 5 re*.
Von * bis * insg 3-mal str. Die Rd re zu Ende str.

Den restlichen Ärmel glatt rechts str.
Die Zun fortsetzen, bis 77(85)93(101)109 M auf der Nd sind.
Gerade weiter str, bis der Ärmel 44(43)42(41)40 cm misst.

Am Armausschnitt abk: 3 M abk – die Rd re zu Ende str = 74(82)90(98)106 M. Wenden.
3 M abk – die R li zu Ende str = 71(79)87(95)103 M.

Nun in Reihen hin und zurück str.

Beidseitig am Anfang der R 0(0)0(1)1-mal 3 M abk = 71(79)87(89)97 M.
Beidseitig am Anfang der R 3(3)4(4)4-mal 2 M abk = 59(67)71(73)81 M.
Beidseitig am Anfang der R 14-mal 1 M abk = 31(39)43(45)53 M.
Beidseitig am Anfang der R 1(2)1(2)2-mal 2 M abk = 27(31)39(37)45 M.
Beidseitig am Anfang der R 1(1)2(2)3-mal abk = 21(25)27(25)27 M.
Beidseitig am Anfang der R 1-mal 4 M abk = 13(17)19(17)19 M.
Die letzten M abk.

Den zweiten Ärmel genauso str.

HALSRAND

Die 6 RippenM von beiden Vorderteilen und die mittleren 37(37)39(39)39 RückenM wieder auf die Nd setzen.

Am rechten Vorderteil mit einer HinR beg: 1abhFv – 1 li – 1 re – 1 li – 1 re – 1 li – 30(32)34(36)36 M bis zur Schulternaht heraus str – 4 M bis zu den mittleren RückenM heraus str – 37(37)39(39)39 RückenM re str – 4 M bis zur Schulternaht heraus str – 30(32)34(36)36 M bis zu den RippenM heraus str – 1 li – 1 re – 1 li – 1 re – 1 li – 1 re = 117(121)127(131)131 M.

Reihe 1 (RückR): 1abhFv – *1 re – 1 li*.
Von * bis * wdh. Enden mit 2 re.
Reihe 2: 1abhFv – *1 li – 1 re*. Von * bis * wdh.
Reihe 3: Wie Reihe 1 str.
Reihe 4 mit Knopfloch: 1abhFv – 1 li – 2 re verschr zus – 2 M anschl – 2 li zus – 1 re – *1 li – 1 re*. Von * bis * wdh.
Reihen 5 – 6: Wie Reihen 1 – 2 str.
Reihe 7: Wie Reihe 1 str.

In der HinR im Rippenmuster abk: Die erste M abhFv bevor sie abgekettet wird. Die letzten 2 M erst re zus str und dann abk.

FERTIGSTELLUNG

Die Ärmel in die Armausschnitte nähen. Alle Fäden vernähen und die Knöpfe annähen.

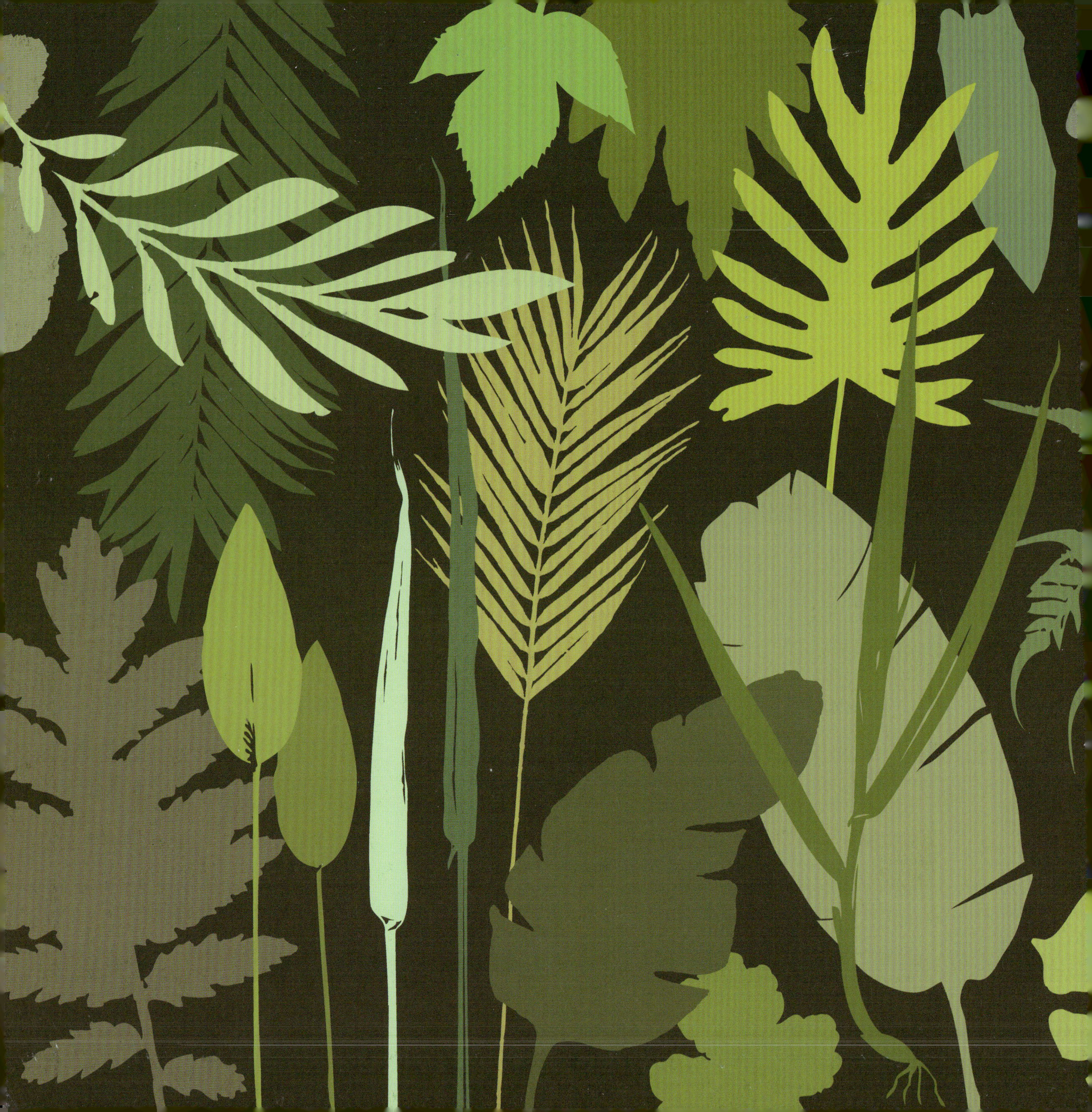